现代财务会计与内部控制管理研究

XIANDAI CAIWU KUAIJI
YU NEIBU KONGZHI
GUANLI YANJIU

谢海红 朱欣冉 陈俊琦 ◎ 著

本书适合内部控制的从业人员
内部控制入门读者
或者对内部控制有浓厚兴趣的读者学习和参考

中国出版集团
中译出版社

图书在版编目（CIP）数据

现代财务会计与内部控制管理研究 / 谢海红，朱欣
冉，陈俊琦著. -- 北京：中译出版社，2024. 6.
ISBN 978-7-5001-7998-6

Ⅰ. F234.4

中国国家版本馆CIP数据核字第2024LV7672号

现代财务会计与内部控制管理研究

XIANDAI CAIWU KUAIJI YU NEIBU KONGZHI GUANLI YANJIU

著　　者：谢海红　朱欣冉　陈俊琦
策划编辑：于　宇
责任编辑：于　宇
文字编辑：田玉肖
营销编辑：马　萱　钟筱童
出版发行：中译出版社
地　　址：北京市西城区新街口外大街28号102号楼4层
电　　话：（010）68002494（编辑部）
由　　编：100088
电子邮箱：book@ctph.com.cn
网　　址：http://www.ctph.com.cn

印　　刷：北京四海锦诚印刷技术有限公司
经　　销：新华书店
规　　格：710 mm×1000 mm　1/16
印　　张：21.75
字　　数：350千字
版　　次：2025年3月第1版
印　　次：2025年3月第1次印刷

ISBN 978-7-5001-7998-6　　　　定价：68.00元

前　言

　　在目前我国经济实力不断提升、国家大力提倡创新型发展的背景下，财务管理与会计工作也应当紧跟时代步伐，与时俱进。然而，在传统财务管理和会计核算工作中，还存在着诸多问题，已无法满足企业在快速发展中不断产生的新需求，且影响会计信息的质量。企业管理者应该对其进行细致的规划，进而逐渐推进财务管理工作实现创新性跨越式发展。财务管理工作对于企业发展十分重要，从某种程度上而言，不仅影响和制约着企业的其他各项经营活动，而且决定着一个企业未来的发展和兴衰成败。由此可见，如何做好企业的财务管理和会计核算工作、如何对陈旧的财务管理和会计工作模式进行创新，是企业中每一位经营管理者必须着重思考的问题。此外，伴随着当今世界不断涌现的经济全球化浪潮，资本市场与跨国公司快速发展，着力推动企业财会工作的创新性发展、实现企业财务管理与会计核算的现代化和科学化已迫在眉睫。新形势下，更新财务管理的理念、方法和技术，制定一套规范性的国际会计准则，以此来协调企业财务会计实务，将成为越来越多企业关注的焦点。由此可见，对于企业财务管理与会计内部控制工作这一问题的研究具有十分重要的理论价值和现实意义。

　　本书首先介绍了财务会计的内涵、财务会计在企业管理中的地位，以及企业财务会计的发展等基础知识；其次论述了企业内部控制的基本原理，在此基础上，阐述了企业内部控制环境、企业风险评估、企业内部控制活动、企业信息沟通、企业内部监督及企业内部控制评价等内容，将控制流程嵌入具体业务，明确业务目标、揭示业务风险、提出业务控制措施，用实践优化流程，让流程规范企业管理；最后讨论了行政事业单位内部控制管理的要点、优化对策，以及大数据时代行政事业单位的内部控制管理。本书适合内部控制的从业人员、内部控制入门读者或者对内部控制有浓厚兴趣的读者学习和参考。

　　由于编者水平有限，书稿难免存在一定的不足与缺陷，希望广大读者多提宝贵意见，以便我们不断改进和完善。

著者

2024年3月

目　录

第一章　企业财务会计概述

第一节　财务会计的内涵

一、财务会计的基本概念

"会计"一词有多种含义，既指会计工作，又指会计人员或会计职业，也是会计学的简称；企业财务会计是应用于企业中的一种专业会计。其以货币计量为主要形式，围绕《企业会计准则》所提出的核算要求，对企业的经济活动进行反映和控制，取得经营管理所需的有效信息资料，借以考核过去、控制现在、策划将来。

会计是以货币为主要计量单位，按照专门的技术方法，对各类企事业单位的经济活动进行连续、系统、完整的登记、核算、监督、控制并参与决策的一种经济管理活动。习惯上，人们把从事会计工作的人员称为"会计"。

现代会计学家一般将会计看成一个信息系统。会计信息是经过会计人员记录、计算、分类和汇总而形成的有用的会计数据。会计信息系统就是一个以会计数据为处理对象的系统。在这里，信息处理既包括收集、存储、传输和加工会计数据，输出会计信息，以满足用户对会计信息的需求，又包括对会计信息进一步加工的工作，并利用加工后的会计信息参与经济管理活动。

现代会计有两个子系统，即财务会计和管理会计。财务会计侧重于为国家实行宏观调控和税收管理，以及为企业外部的投资人、债权人进行财务决策和必要的经济控制提供具有反馈价值和预测价值的财务信息。管理会计侧重于为企业的经营管理人员进行经营规划、加强经营管理、做出经济决策提供以备选方案和业绩评价为主要形式的财务信息和非财务信息。财务会计是会计工作的基础，管理会计是在财务会计的基础上产生和发展起来的。

1

财务会计是会计的一个主要分支，它继承并发展了传统会计的记录、计量、列报等方法与技术，立足主体（主要是企业）、面向市场（主要是资本市场），向市场提供（通过表内确认和表外披露）一个企业整体的、以财务信息为主的经济信息。其中，财务报表确认（列报）的财务信息是核心的、基本的，在财务报表以外的、由报表附注和其他财务报告披露的财务与其他经济和非经济信息是补充的、辅助的，但也是必要的。

二、财务会计的特征与职能

我国企业财务会计所提供的信息，首先必须为整个国民经济的发展服务。财务信息须与国民经济计划相一致，数据可靠、内容全面。财务信息同时也要为企业的经营管理服务，用以提高资金的使用效率，提高整个企业的经济效益。正确理解财务会计的特征，对于充分发挥财务会计的职能作用具有重要意义。

（一）财务会计的特征

1.以货币为计量单位

财务会计在反映经济活动时主要采用货币计量，其他指标和文字说明只是附带内容。因为货币是衡量商品价值的一般等价物，企业最初投资是用货币来计量的，所以对这些投资使用的追踪记录也只能采用货币计量。财务会计有时也采用其他计量单位，如实物数量、劳动工时等，其目的是改善劳动计量的效果和扩大财务信息输出的范围。

经济计量的尺度有实物尺度、劳动尺度和货币尺度三种。而货币作为一般等价物，具有衡量商品价值的职能。企业进行任何经济活动都会涉及人力、物力和财力的投入与耗费，财务会计就是用货币的形式对这些活动进行反映和监督。比如，投资者投入企业的财产可以是现金，也可以是房产、设备等实物财产，还可以是某种专利技术等知识产权。对于这些种类繁多、形态各异的财产，要进行信息汇总，必须采用统一的计量单位，即货币单位。财务会计正是以这种统一的货币计量单位为主要手段，对企业的经济活动进行综合反映的。当然，在财务会计的工作过程中也可能使用实物计量和劳动计量，但这些计量方式通常只是作为货币计量的辅助手段，用于补充说明企业的经济业务内容。可以说，货币计量是财务会计中最主要和最基础的计量手段，这是财务会计区别于其他经济活动的重要特征之一。因此，财务会计的主要特点是以货币计量手段对经济活动过程中所占用的财产物资和所发生的劳动耗费进行系统的计量、记录、分析和监督，通过货币计量取得企业经营管理所必需的综合性指标，据以对企业的经济活动进行总体性评价，考核企业的经济效益。

2.对经济活动进行连续、系统和完整的记录

财务会计反映整个企业的全部经济业务，并连续地对经济业务情况进行记录，使用货币计量把大量的、分散的、不易理解的数据加以分类、汇总、排序，使之成为便于理解的、能说明企业全面发展情况的信息。

信息需求者要求企业提供的信息资料具有连续性、系统性和完整性。所谓连续性是指，在核算时按经济业务发生时间的先后顺序进行不间断的记录。在正常情况下，企业的经营活动是连续不断地进行的，反映企业经营活动的资金也是周而复始地运转着的，财务会计就是以资金的运动为对象，对企业发生的每一项经济业务所涉及的资金的来龙去脉都要进行不间断的记录，而且是按照经济业务发生的时间先后顺序逐笔记录的。因此，财务会计所提供的信息能够反映企业任何一个时点、任何一个时期的经营活动情况。所谓系统性是指，在核算过程中从开始记录第一项经济业务到最后编制财务报表，财务会计要逐步把会计资料系统化，通过分类汇总、加工整理，获得综合性的指标；企业是一个整体，各个部门和人员尽管有不同的分工，但他们的工作却是相互联系、相互影响的，财务会计就是对企业相互联系的经营活动进行反映，其提供的信息也不是孤立的、单独的，而是一个系统的整体，通过财务信息能够了解企业经营活动的全貌。所谓完整性是指，在核算过程中凡是需要财务会计进行核算的经济事项都要逐一记录和计算，既不能遗漏，也不能任意取舍，这样才能获得反映经济活动的综合性指标。

3.有一系列专门的方法和程序

财务会计经过长期的发展，已经形成了不同于其他学科的特有的方法体系，并且在不断丰富和完善。从广义上来讲，财务会计方法主要包括核算方法、分析方法、检查方法、预测方法、决策方法等。核算方法是财务会计的基本方法，也是其他方法的基础，主要包括确认、计量、记录和报告财务信息的方法。分析方法是以核算提供的基本信息为基础，对原始信息进行加工和分析，以取得更多信

息的方法。检查方法主要是指对信息进行检查和验证，以保证信息准确、可靠的方法。预测方法和决策方法主要是指财务会计功能的扩展所产生的方法，是利用核算所提供的基本信息进行深加工，以提供未来决策需要的财务信息。

4.可验证性

财务会计主要反映过去已经发生的经济事实。为此，在每项经济业务发生或完成后，都要编制书面凭证并进行审核，以保证信息的真实性，同时按照财务会计准则和制度的要求对信息进行加工，以保证提供的信息符合规范。因此，财务会计提供的信息具有可验证性。正是财务会计的这一特点，使对企业的审计成为可能，并且使财务数据的可靠性得到社会公认。

5.真实性

真实性是财务会计的基本特征。财务会计的根本属性是反映一种现象，财务会计是会计的一部分。财务会计的主要任务是根据经济发展情况与企业利益分配情况进行信息的收集、处理和反馈。财务会计的本质是开放的，但财务会计原则是要能够如实反映信息结果和复杂的生产关系，原则是不变的。财务会计提供的财务信息直接影响企业做出的发展决策与规划。所以，财务会计的真实性对企业发展有着重要影响。

6.历史性

财务会计为企业提供该企业在某一历史时期的财务信息，所以历史性也是财务会计的本质特征。通过财务报告，人们可以了解企业在某个阶段生产经营活动的真实情况，如这个时期企业的经营活动成果，但是不能预测企业未来的经营成果，也不能判断未来环境对企业发展的影响。了解财务会计的历史性本质特征，可以使人们清楚地获悉企业的历史经营情况。

（二）财务会计的职能

财务会计的职能是指财务会计的功能。财务会计的职能是发展的。最早的财务会计仅具有记录、计量经济活动，反映经济情况的职能。随着社会生产的发展、客观经济环境的变化，新的财务会计职能不断出现，但其基本职能还是核算和监督。我国已从法律上明确了财务会计的基本职能是核算与监督。

1.财务会计的核算职能

财务会计的核算职能是指以货币为主要计量单位，对一定主体一定时期内的经济活动进行连续、系统、完整的记录、计算和报告。它具有以下特点：

（1）财务会计主要利用货币计量，综合反映企业的经济活动情况

财务会计核算主要从价值量上反映企业的经济活动状况。由于企业的日常经济活动具有一定的复杂性，虽然财务会计可以采用货币计量、实物计量和劳动计量，从数量上反映企业的经济活动，但人们不可能单凭观察和记忆掌握企业经济活动的全面情况，也不可能简单地将不同类别的经济业务加以计量和汇总。因此，财务会计核算要从数量上反映企业经济活动的全貌，需要以货币计量为主、以实物计量和劳动计量为辅，并借助一定的程序进行加工处理，生成以价值量表现的财务数据，以综合反映企业经济活动的过程和结果。

（2）财务会计核算要具有完整性、连续性和系统性

所谓完整性是指对属于财务会计核算对象的所有经济活动都要记录；所谓连续性是指对各种经济业务都应按其发生的时间顺序依次记录；所谓系统性是指对财务会计提供的资料应当按照科学的方法进行分类，系统地加工、整理和汇总，以便为企业经济管理提供其所需的财务信息。

（3）财务会计核算主要记录已发生的经济业务

随着管理对财务会计要求的提高，财务会计核算不仅包括对经济活动的事后核算，还应包括事前核算和事中核算。事前核算的主要形式是进行经济预测和参与决策；事中核算的主要形式是在计划执行过程中的核算和监督；事后核算是对已经发生的经济活动进行记录、核算和分析，经过加工处理后提供能够反映企业经济活动的现实状况及历史状况的财务信息，这是财务会计核算的基础。

2.财务会计的监督职能

财务会计的监督职能是指，依据监督标准，利用财务会计核算所提供的信息对一定主体经济活动全过程的合法性、合理性和有效性进行的控制和检查。它具有以下特点：

第一，财务会计监督主要利用价值指标进行货币监督。

第二，财务会计监督既要对正在发生和已经发生的经济业务进行事中监督和事后监督，还要对未来经济活动进行事前监督。

第三，财务会计是企业内部的监督，是企业外部的监督所不能替代的，并同外部监督一起构成了一个完整的监督体系，以保证企业依法、有序、高效地开展经济活动。

3.财务会计核算与监督职能之间的关系

财务会计核算和监督两个基本职能之间存在着密切的内在联系，它们相辅相成、缺一不可。财务会计核算职能是财务会计监督职能的基础，财务会计不能离开核算而孤立地进行监督，离开了核算，监督就没有依据。同时，财务会计监督职能又贯穿于财务会计核算的全过程，只有通过监督才能进行有效的核算，保证核算资料的真实、可靠，离开了监督，核算就没有保证。因此，财务会计既要核算，又要监督。

4.财务会计职能的扩展

随着社会经济的发展和经济管理的现代化，财务会计的职能不是一成不变的，其内容和作用不断扩展。特别是随着数学、管理学、电子计算机技术等广泛应用于财务会计领域，财务会计不仅具有核算和监督两个基本职能，更具备了新的内容。财务会计由事后的记账、算账，逐步转向事前预测、事中控制和事后分析经济效果、参与决策等管理活动。因此，财务会计还具有预测、决策、控制、分析等职能。

财务会计汇总经济活动中资金方面的资料及资金的动态，并运用这些信息组织和控制经济活动，处理好企业各方面的经济关系。财务会计通过对资金结构、资金趋势和资金利用效果等方面的分析，对资金进行控制、供应和调配，把管理资金的职能渗透到经济活动的各个环节中去。管理资金一方面要积极为生产服务，从生产实际出发，积极组织资金供应，保证生产经营活动中的资金需求；另一方面，要坚持勤俭节约原则，千方百计地节约生产消耗、节省费用开支，合理地使用资金，压缩资金占用，充分挖掘资金潜力。如果生产出同样的产值而减少了资金的占用，或者不增加资金的占用而实现了产值的增长，都会加快资金的周转速度，提高资金的使用效果，最终提高企业的经济效益，增加企业的利润。

财务会计的职能扩展主要表现在以下五点：

第一，全面反映企业的经济活动。财务会计对账簿上记录的财务信息进行整理、计量和分析，揭示经济活动的内在联系，掌握经济活动变化的原因和趋势，从而改善企业的经营管理情况。

第二，控制企业的经济活动。财务会计通过会计计量、分析和测算，能较为准确地掌握企业经济活动中各要素之间的数量关系，并据以规定各项财务定额，控制成本和费用，提高企业的经济效益。

第三，评价企业的经营业绩。财务会计通过核算能得出整个企业各部门、各环节的有关成本、费用、盈亏等财务指标的实际数，实际数与定额或预算、计划的差异及产生差异的原因，故而能客观评价企业各部门、各环节的经营业绩。

第四，预测企业的经营前景。财务会计通过对财务信息的分析，如对库存、销量、价格、成本等历史财务信息的分析，可以发现经济活动的变化趋势，结合对未来目标、环境的分析，可以对企业未来经营前景做出合理的预测。

第五，参与企业的经济决策。财务会计能提供经济决策必需的财务资料，可以为企业做出正确的经济决策提供有效的服务。

因此，财务会计要根据当前的资金情况，预测企业经营前景，从节约物资消耗、减少资金占用等方面着手，预测企业在供应、生产和销售活动各阶段所需要的资金，围绕资金使用提出切实可行的压缩资金占用的方案，提出合理使用资金、提高经济效益的措施，为企业经营管理出谋献策。

三、财务会计的影响因素与优化策略

财务会计工作的顺利开展，可以帮助企业更加快速和健康地发展。企业在贯彻可持续发展战略的同时，要明晰财务会计的影响因素，做好财务会计的管理工作，使自身更好地适应新时期的发展节奏，采取有效措施，有针对性地进行改革创新，提高财务信息的质量及利用效率。

（一）财务会计的影响因素

1.经济因素

我国是以生产资料公有制为主体，多种经济成分共同发展的社会主义国家。国有企业在整个经济发展过程中发挥主导作用。在经济体制上，我国实行的是社会主义市场经济体制，在这种体制下，市场调节和国家宏观调控两者缺一不可。在分配制度上，我国以按劳分配为主，其他分配制度为辅。这些特点共同决定了财务会计的中国特色。我国政府宏观调控的力度较大，决定了我国财务会计在管理体制上的特色。在社会主义市场经济体制下，企业自主经营、自负盈亏，国家不再直接管理国有企业。国家势必会通过会计准则的制定来体现其对财务信息质量的要求。政府行为对财务会计的影响是巨大的。

我国自改革开放以来，科学技术受到重视，其与社会发展的关系也越来越紧密。特别是在经济全球化以后，国家与国家之间既相互竞争又相互依赖。而其中高科技领域间的合作与竞争，就是各国间进行经济合作的重要参考因素。知识经济的发展变化，使财务会计的发展环境也发生了变化。当前的知识经济时代，已经开始从根本上改变经济结构，对经济的运行状态等也产生了较大的影响。不可否认的是，财务会计是现代化发展的重要组成部分。随着科技的不断进步，相关企业已经开始使用电子计算机进行财务会计活动。知识经济的发展对财务会计提出了更高的要求，需要财务会计提供更加及时、准确和完整的信息，方便企业在发生突发事件时可以及时地做出决策。在知识经济的推动下，企业需要迎接挑战，对财务会计进行相应的改革。新的财务会计在无形中拓宽了资产核算的范围。在知识经济的前提下，企业要充分认识知识生产力，深入了解新概念、新法律、新变革，从而达到客观上拓展核算范围的目的。企业要不断地转变观念，提升对科学知识的重视程度，进而达到提高企业经济效益的最终目的。

2.政治因素

我国是民主集中制的社会主义国家，公有制经济在国民经济中占主导地位，企业的社会效益目标应高于利润最大化目标。我国国有企业众多，占社会资源的比重大，国有企业是国民经济的支柱，国家必然要通过财务会计准则的制定来体现对财务信息的要求。因此，制定财务会计准则要首先考虑国家利益，政府作为国家权力的执行机关，表现为国家各级行政机关的职能直接关系到财务会计制度的建设。在计划经济时期，政府的机构设置及其职能的运行方式必须服从于计划经济的要求，政府既是国家的行政管理者也是国家的经济管理者，使经济决策权高度集中，我国直接使用行政手段进行经济管理，形成了以国有经济为主体的经济管理格局。

3.科技因素

科学是关于自然界、社会和思维的客观规律的知识体系，是人们在社会实践的基础上产生和发展的经验总结。技术是进行物质资料生产所凭借的方法或能力。科技的发展是人类社会发展的直接动力和源泉，科学技术作为第一生产力，在人类社会的发展进程中已充分显示出其不可替代的作用。

科技的发展带来了人们科技理念的更新，带来了技术手段的变革。在全球科学技术飞速发展，社会经济不断进步的同时，财务会计学科在财务会计的方法体系、财务信息的传播形式等方面，都与飞速发展的形势有着明显的差距。在经济全球一体化的市场环境下，一方面，要求财务信息走向国际化，为企业产品参与市场竞争提供基础条件；另一方面，要求财务信息的组织方式、传递机构等逐步实现国际化和标准化。在知识经济时代下，决定一个企业生存和发展的是人力资本、知识产权、专有技术、信息资产等无形资产。由于无形资产在企业中地位的显著提高，财务会计核算的重点将从有形资产转移到无形资产上。知识产品中无形资产的计价、金融衍生产品的计量、人力资源会计的构建、新经济运行会计模式的建立等，也会给财务会计发展提出新的挑战。

4.教育因素

财务会计是社会经济发展到一定阶段的产物，纵观财务会计发展史，可以看到财务会计的发展深受社会环境的影响。而社会环境中的人文环境，又是影响和制约财务会计管理活动的重要因素。因此，通过人文教育对财务会计影响进行研究，加强人文教育进而创建良好的人文环境，对于当今财务会计行业的发展有着十分重要的作用。由于我国教育水平相对较低，财务会计人员整体素质不高，在财务会计工作中对所采用的方法和技术，以及财务报告的编制要求也不高。总的来说，财务会计人员的学历层次仍然偏低。财务会计人员知识结构的陈旧使许多理论上完善的财务会计方法，要么无法实施，要么在实施时大打折扣。

另外，部分财务信息使用者受教育水平较低，财务信息的有效性也因此降低。随着经济的发展，当前市场条件对于拥有创新精神的复合型财务会计人才的需求越来越大，但各类高校对于此类财务会计人才的供给却远远达不到社会所需。在市场经济环境下，社会各方面要注重对财务会计人才进行社会责任感的教育，加强对学生竞争意识、开拓创新精神的培养，而不仅限于对财务会计技能的熟练掌握。因为仅有财务会计专业知识的人才已经远远不能适应社会发展的需要，新一代的财务会计人员要有深厚的人文底蕴和扎实的专业知识，而这正是通过人文教育的加强才能够使其获得的素质。所以，只有加强人文教育，才能够满足市场经济对财务会计人才的要求。

（二）财务会计影响因素的优化策略

1.完善企业财务制度及内部控制制度

企业要想实现对内部财务工作的控制，就必须对自身的组织结构进行优化，明确各部门及员工的职责，将责任细化并落实到具体的每一个人身上。对企业运营中的各项资金消耗与建设项目支出进行全面的规划和管理，要求财务会计人员将计划有针对性地落实下去。在不同的部门及其工作人员之间要建立监督机制，对工作中所发现的问题及时进行纠正。在开展预算控制工作时，企业要将费用的支出与收入情况作为工作重点，从预算的编制、审核及命令下达等方面入手，详细分析预算结构，及时解决工作过程中发现的问题。企业应完整、准确地记录各项业务活动中的支出及收入，安排专业人员进行财产保全，不允许任何人在未经批准的情况下动用企业款项。企业要增强各部门工作人员的风险意识，使其对工作中可能存在的风险做好防范工作，以避免企业遭受不必要的损失。

另外，在网络经济发展的时代，相关部门要尽快建立和完善电子商务法规，规范网上交易的购销、支付及核算行为，同时借鉴国外有关研究成果和实践经验，制定符合我国国情的网络财务信息管理和财务报告披露的法规、准则，从宏观上加强对信息系统的控制。确保疏通信息传递渠道，调整企业价值链，从而协调各部门、各环节间的协作关系，为企业创造最大化的价值服务，即利用财务会计特有的职能与方法为企业实现最大化的价值增值服务。

2.优化财务会计发展的社会经济环境

影响财务会计的存在、发展及变化的因素共同构成了财务会计的社会经济环境，它涉及诸多因素，从人到物、从自然到社会、从历史到文化，几乎无所不包。为了不断与社会经济环境的变化相适应，企业的财务会计环境也发生了巨大的变化。企业的财务报告遵循特定的财务会计准则，采用通用的模式进行编制。但是随着知识经济时代的来临，现有的企业财务报告因滞后于环境的发展变化而显示出了一些缺陷和不足。随着计算机网络通信技术的快速发展，这些环境上的变化都为企业财务报告的改进带来了机遇。

3.推动财务会计工作信息化改革

在科学技术和信息技术不断发展的当下，企业开展信息化改革已经成为必然趋势，为了确保财务信息的质量，企业可以借助信息化技术手段，在减轻财务会计工作量的基础上，展现企业信息化发展水平。企业应在政府部门的积极倡导之下，寻求管理部门的帮助，在企业中构建起信息交互系统。将财务信息系统与企业各个部门系统进行联系，及时掌握企业各部门的资金流动与资金走向，并在信息化基础的保障之下，确保各个部门的财务往来信息得到及时捕捉。在分析财务信息时，企业还可以利用大数据挖掘技术手段，及时对财务信息潜在的质量隐患与财务信息中的错误进行查询和把控。在信息化技术的大力支撑下，全面开展财务信息化系统构建，可为财务信息的收集、整理、处理和利用等各项工作带来便捷。

4.提高财务会计人员的素质

企业应当建立复合型人才培养机制，从人才的整体素质培养出发，提出严格要求。首先，对现有的财务会计工作人员进行定期培训，增加其专业知识储备，拓宽其知识领域，并配合设置一些实践活动，使其基础知识得到巩固。现代化信息技术在很多行业得到普遍应用，企业也要加强相关工作人员的技术改革及创新，并购进一些先进设备，引进现代化技术，培养工作人员熟练操作的能力。其次，在人才招聘时，企业要对应聘人员进行全面考查，不仅要对其专业技能有严格要求，还要对其道德素养有较高的衡量标准。最后，财务会计人员还要有严谨的学习精神及积极的工作态度，善于沟通和交流，这样有助于各部门间的团结协作，为相关部门的工作人员创造良好的工作氛围，进一步保证财务信息的准确性和可靠性，提高信息的质量。

传统的财务会计人员在企业中担任的角色更多只是事后核算人员，但在财务共享时代，企业的财务与业务需要相互融合，财务会计人员要真正参与到企业经营管理的全过程中。财务会计人员应该能为企业管理提供对决策有价值的建议，而不仅仅是提供财务信息。财务会计人员掌握专业技能，才能使财务工作与企业各项活动进行有效的融合，才能更好地从价值角度对现代企业进行事前、事中、事后控制。比如，在缴纳税款业务方面，企业财务会计人员不仅要能够减轻企业的税收负担，更重要的是利用信息共享实现企业有效的纳税筹划。另外，企业的风险控制、内部审计监督等方面也需要财务会计人员具备综合能力。

在新经济形势下，企业需要财务与业务融合应用的综合型人才。在财务会计人才培养过程中，企业要首先明确影响财务会计技术发展的关键因素，才能从教育教学的根源出发，形成适应社会经济发展和企业经营发展的环境。

第二节 财务会计在企业管理中的地位

一、财务会计是企业管理的重要组成部分

在现代企业管理体系中，财务会计是重要的组成部分。一个企业要正常运行，就离不开各个部门的协同合作，财务部门作为企业的一部分，在整个企业的运行过程中，起着非常重要且不可或缺的作用。财务会计工作不仅是企业内部的一项基础工作，在整个企业的发展过程中，其对于企业经济效益的提高和经营发展的顺利进行也有着极其重要的意义。

（一）财务会计对于企业管理内部控制的相关界定

财务会计是企业实现可持续发展的基础，是管理效率和生产效率的保证，其能保障企业资产安全并保证财务信息质量。财务会计处于企业的重要位置，是企业生产经营活动自我调节和自我制约的内在机制。不断完善企业财务会计内部控制并最大限度地发挥其作用，对于增强企业在市场竞争中的生存能力和适应能力具有重要意义。

在我国的资本市场开始实施全方位对外开放的大背景下企业面临着很多机会，同时也伴随着更多的竞争风险。企业要在变化莫测、充满风险的经济环境中生存和发展，离不开完善的内部控制。财务会计内部控制作为一种先进的组织管理制度，已经成为现代企业管理的重要组成部分。财务会计在追求价值最大化的现代企业生产经营活动中的作用越来越突出，其执行的程度更是直接影响企业目标的实现。内部控制作为十分重要的内容，影响着企业管理质量的提高，对保护企业资产安全有着重要作用。因此，企业必须重视和加强财务会计内部控制工作，对现有的财务会计内部控制机制进行完善和优化，以便更好地规避风险，推动企业的长效发展。有效且稳健运行的财务会计内部控制同样可以保证企业管理制度的执行质量，财务会计内部控制也会对财务信息披露的质量产生一定的影响。合理的企业管理制度就是要平衡与约束各级机构之间的利益和行为，而运行

稳健的财务会计内部控制在保证这样的平衡实现的过程中发挥了重要的作用。由此可知，企业管理制度可以影响财务会计内部控制的实行，进而影响财务信息披露的质量，财务会计内部控制也可以反过来影响企业管理水平且对财务信息披露质量产生影响。财务会计内部控制与企业管理不仅彼此关联而且互相区分，有必要将两者的嵌合效应纳入同一研究框架中以分析两者的嵌合效应是否对财务信息披露质量产生影响。

（二）财务会计对于企业管理内部控制的主要目标

1.资金管理目标

市场经济的迅速发展不仅给企业带来了各种机遇，而且带来了很多挑战。其中最为重要、最不能忽视的便是企业的资金管理问题，这既是一个企业生存发展最基本的问题，也是保证企业在激烈的市场竞争中生存并快速发展的基础，一个健康的企业必须具有健康的资金链条和一系列资金管理的方法程序，完整的资金管理体系是企业资金链安全的基础，是企业稳定发展的前提，更是企业提升其综合实力的保证。现代化的企业不仅要在产品上进行创新，提升其市场竞争力，还要在管理方法和模式上进行创新，保证企业发展的基础，资金管理体系的发展便是在这样一个基础上形成的。

为了使企业发展得更加稳定、快速，企业必须加强企业资金方面的管理，首先，企业必须明确管理的重点内容，以及对岗位的情况进行明确，对管理过程中的一些独立工作要分开处理，这样才能够使财务会计人员都能够明确自身的责任，使财务管理向着精细化的方向发展；其次，对于财务工作的授权，企业管理者必须制定相应的制度，这样才能够保证企业资金在使用过程中的安全性，保证每一笔资金都能够用到合理之处，为企业创造更大的经济效益；最后，企业还要妥善保管财务管理中的一些原始凭证，通过建立一套完善的监督体系，帮助财务会计人员及时发现存在的问题，并且通过有效的方法加以解决，防止出现资金侵占行为。企业在进行资金清点盘查工作时，还应运用合理的管理办法提高资金的管控水平。

2.预算管理目标

财务预算管理是一个综合性的财务计划，其融企业计划、经营、协调与评价等为一体。具体而言，有关企业资本性投资方案的评价及其计划被称为"资本预算"；预计和估算企业的收入、利润及费用便是企业的经营预算；而以资本预算和经营预算为基础和前提，对一定期间内的损益和现金流量所做出的具体安排则是财务预算。财务预算管理对于企业的发展而言至关重要，但是一些中小企业由于过于重视对眼前利润的追求，忽视了对企业长远发展战略的制定，导致其财务预算管理工作未得到应有的重视。预算管理对于企业发展的重要性不言而喻，尤其是对中小企业来说，由于其规模较小，做好预算管理对于企业资金流动的影响较大。换而言之，中小企业的预算管理工作在一定程度上对企业的稳健发展具有决定性的作用。因此，中小企业必须全面加强预算管理工作，为自身的发展做好准备。

企业在进行资金预算管理工作的过程中，要完成好执行管理工作，对相关的责任制度进行完善。在确定领导人员职责的前提下进行管理活动等，对资金支出的规模进行分析，加大资金预算执行检查管理工作的力度，及时指出资金预算超支的情况，运用有效的办法进行解决。并且，企业还应进行预算预警管理工作，在对制度进行完善的前提下采取预算限额的办法，对超出预算等情况进行及时预警。此外，在企业财务管理中，要对绩效预算的管理制定完善的考核机制，从而帮助企业提高绩效预算的准确性。并且，企业管理人员通过管理过程中的大数据对一些信息及时地进行明确，找出其中存在的问题，并且运用妥善的方法进行改善。

3. 采购管理目标

进入21世纪以来，我国社会经济飞速发展，同时我国企业也越来越多，企业之间竞争更加激烈。企业要想在同一领域的市场竞争中占有一席之地，获取更大的经济利益，就要不断地加大企业物品采购的管理力度，促使企业材料成本不断下降的同时还要使企业正常供给得到保障，进而不断推动企业实现进一步的发展。企业物资采购管理在整个企业经营管理过程中占据着关键地位，不断加大对物资采购的管理力度从而使企业采购质量得到保障，进而购买到质量相对较好的产品，可以在完成采购任务的基础上使采购成本得到合理管控。以企业生产经营为依据，按时、按量地选购符合企业标准的产品从而使企业生产需求物资得到保障，并促进企业的生产顺利进行。现代社会竞争日益激烈，企业只有不断提升自身的物资采购管理水平，才能促使其获取更大的经济利益，并促进其在同领域中取得良好的发展。首先，对于企业的采购或付款管理，管理人员必须先对市场经济发展情况进行研究，保证每一项业务都能够符合企业发展的趋势，并且对需要采购的物品进行明确的内容申请与审批，只有经过管理者同意后才能进行采购；其次，对企业财务管理工作要进行重点验收，当采购工作完成后要由财务会计人员对物品进行统一清理，并进行严格的检查，从而保证采购物品的质量；最后，企业在进行付款时，要根据相关管理者的授权审批，对付款环节进行严格的管理，从而帮助财务会计人员提高货款的审批效率，并增强资金审批的控制能力。随着我国经济社会的进一步发展，企业间的市场竞争也越来越激烈，企业在整个发展过程中都要开展物资采购管理工作。因此，企业物资采购人员必须以物资采购管理体制标准为基础进行物资采购，从而使企业成本不断降低，并购买到质量合格的原料，进而使企业获取更多的经济利益。

（三）财务会计对于企业管理内部控制的价值体现

1.降低企业财务风险

财务会计内部控制是企业风险管理中不可或缺的一部分。风险管理与财务会计内部控制的主要目的在于保全企业资产、维护投资者的利益，进而创造出新的价值。财务会计内部控制是企业制度不可分割的一部分。风险管理则是在新的市场环境、新的技术下，基于内部控制框架的三个目标之外，增设了战略目标和风险应对、事件识别、目标设定这三个要素，是对财务会计内部控制的进一步拓展。所以，企业的财务会计内部控制与风险管理这两者之间属于一种主从关系，风险管理进一步地延伸与扩展了财务会计内部控制，最后也会借助财务会计内部控制的一系列手段、方法来促进风险管理战略目标的实现。在持续扩展的过程之中，企业时常需要制定一些重大的决策来帮助其实现扩展的目的，如在市场营销、基础建设、成果转化、产业投资等方面的决策。因此，若缺少一个规范、系统的财务会计内部控制机制，则可能使决策出现偏差或是失误，更严重时，还会带来权益或是经济上的纠纷，进而制约企业的稳定、长远发展；反之，若具备一个健全、完善的财务会计内部控制机制，便可对决策者的行为起到有效的制约作用，进而使之制定的决策方法和程序具有规范性、合理性、系统性，最大限度地避免主观错误，从而保障企业长远、健康的发展。只有有效地预防、控制企业经营过程之中的各类风险，企业才可实现生存且长久发展的目标。而财务会计内部控制通过有效地评估企业经营活动中的风险，使企业对于其薄弱环节的控制不断增强，进而将企业的风险将至可接受的范围内，是防范经营风险最具成效的手段。伴随着全球经济一体化的不断推进，以及我国市场经济制度的持续完善，企业在生产经营过程中必然会遇到更多的风险。企业要想有效地管理与应对这些风险，就一定要清楚地认识并发挥好企业财务会计内部控制在风险管理中的重要作用。

2.优化企业治理工作

财务会计内部控制机构主要由企业的董事会及管理层或是全体企业成员共同参加，以实现企业发展的经营目标为主要目的，并按照一定的规则或相关的程序对企业的生产经营情况进行整体的监督与控制。其可以进一步保证企业的合法经营地位，确保企业各项财务信息的可靠、真实，最终实现企业的预期经营目标。企业管理在现代企业制度不断建立与发展的过程中承担着运营与发展的作用，也是企业进行科学化管理的主要手段，是企业的所有者对企业生产经营情况进行有效监督的一种制度保障。其由内部治理与外部治理所组成。内部治理在人员构成上主要是由企业的股东大会成员，或是由董事会、监事会与相应的经理人员所组成的；外部治理主要通过产品市场与资本市场等外部市场的综合竞争来进行。

财务会计内部控制可对企业的外部资本市场产生一定的发展影响，具有良好外部资本的企业可以实现其自身的经营价值，而财务会计内部控制对其影响主要表现在确保财务信息的准确性与真实性。财务会计内部控制有利于企业潜在市场的发展，可以通过绩效考核或是直接约束企业经理人的行为完成控制，加强经营管理风险的评估，保证经营效率。财务会计内部控制对企业的整体产品市场具有一定的影响，这是因为企业经营情况的评价标准主要是由其生产出的产品所决定的，企业生产的产品要想取得竞争优势，就需要在价格和质量上狠下功夫，以实现企业管理的最终目标。

3.合理控制企业成本

成本控制是企业根据一定时期预先建立的成本管理目标，由成本控制主体在其职权范围内，在生产耗费发生以前和成本控制过程中，对各种影响成本的因素和条件采取的一系列预防和调节措施，以保证成本管理目标实现的管理行为。财务会计内部控制关系到企业运营的方方面面，从采购、销售到存货的管理，从招聘到工资等。为了保证企业的平稳运营，企业管理层会制定出相关政策，就像治家治国一样，使企业管理有法可依。所以财务会计内部控制不仅仅包含对财务报表准确性的影响，还涉及企业运营的状况。其中具体的控制方面主要包括成本控制，因此，实现财务会计内部控制的重要方面是管理层，管理会计所做的成本控制，就是管理层对财务会计内部控制的具体化，其目标具有一致性，即实现企业经营效益的最大化。

同样的成本控制方法在不同的企业会有不同的效果，这是由于内部环境的差异引起的。营造良好的内部环境，能促进企业成本控制工作的有效展开，从而达到企业管理的目标；相反，落后的内部环境会阻碍企业的发展。财务会计内部控制监督是现代企业改善其经营管理、降低重大内部控制缺陷发生可能性的重要措施。在信息系统环境下，财务会计内部控制分成若干个子系统，如生产系统、销售系统等，各系统之间有明确的界限，从而达到相互制约的作用。每个子系统都应当制定严格的内部控制制度，以实现成本监督的效果。内部控制的目的在于保证企业经营管理的合法合规、资金安全，财务报告及相关信息的真实、完整，提高企业经营的效率和效果，促进企业实现其发展战略目标目标。而成本控制的目的在于对与成本相关的因素采取各种预防措施和调节措施，以达到成本控制的目标，从而有效地将成本控制在预期范围内。如果企业有效地控制了成本，在其他因素不变的条件下，必然能提高企业的经营业绩。

4.保障财务数据真实

财务信息必须真实地反映企业的财务状况、经营成果和现金流量等情况，是对财务会计人员的基本要求。从宏观的角度看，企业提供的财务信息是一种社会产品，财务信息与投资者的投资决策、债权人的信贷决策、对企业经济价值与社会价值的评价、政府对微观企业的控制、企业经营管理者的廉政建设等，都密切相关。因此，企业财务信息的质量，不仅影响到与企业有利益关系的投资者、债权人等群体的经济利益，而且影响到整个国家的经济秩序和社会秩序，故而企业必须高度重视企业财务信息的质量问题。其中，财务信息的真实性尤为重要。但在社会主义市场经济条件下，财务信息失真现象大量存在，对我国市场经济建设与发展形成了制约效应。正确、可靠的财务数据是企业经营管理者了解过去、控制现在、预测未来、做出决策的必要条件。而财务会计内部控制系统通过制定和执行业务处理程序，科学地进行职责分工，使会计资料在相互牵制的条件下产生，从而有效地避免错误和弊端的发生，保证会计资料的正确性和可靠性。财务会计内部控制制度对会计资料的处理有着严密的控制措施，如对会计资料的处理进行稽核、复核，以保证凭证、账簿、报表及其他会计记录等信息的准确性。通过核对可以及时发现错误，并予以纠正，从而保证账证、账账、账实、账表相符，保证财务信息的正确性和真实性。财务会计内部控制制度是企业内部控制制度的一个重要方面。

（四）财务会计对于企业管理内部控制的实施策略

1.提升内部控制意识

企业内部控制环境的一项重要组成部分就是内部控制意识，拥有良好的企业内部控制意识是企业内部控制制度得以贯彻和实施的重要基础。加强财务会计内部控制意识建设要从国家、企业和员工三个方面着手。从国家层面上来讲，政府相关职能部门要认识到企业财务会计内部控制的重要性，充分发挥政府部门的主导作用，完善企业财务会计内部控制法律法规建设，为企业的发展营造良好的环境。从企业层面上来讲，其应在遵守国家相关法律法规的前提下，积极建立和完善相应的财务会计内部控制制度和体系，保证财务会计内部控制的顺利进行。企业财务会计内部控制的建设程度还依赖于企业员工的自我内部控制意识，在这个环节中，企业的管理层起到的是引导作用。因此企业要加强这方面的培训，增强员工对财务会计内部控制的认识，营造有效、全面、健康的企业文化氛围，使员工自觉把诚信尽责和职业道德放在首位，并积极贯彻到日常工作中去。

在当前的社会大环境下，我国中小企业的管理者普遍学历不高，企业是自己一手经营创办的，没有在企业管理理论的指导下进行决策，往往判断不够准确，会造成不必要的经营损失。管理层的内部控制意识至关重要，如果从管理层就没有做好，就会影响到企业内部控制实施的效率和效果。虽然企业员工的意识形态也很重要，但是作为企业的管理层是没办法逃避这种责任的。只有增强管理层的财务会计内部控制意识，提升管理层的素质，才能使企业财务会计内部控制得到有效的运行。企业要加强企业文化建设，要经常组织员工进行培训学习，通过教育的方式让员工的内部控制意识不断增强。管理的职能就是要促使员工竭尽全力地为企业做出贡献。

2.丰富企业环境建设

企业控制环境是指对建立、加强或削弱特定政策、秩序及其效率产生影响的各种因素，包括董事会、企业管理者的素质及管理哲学、企业文化、组织结构与权责分派体系、信息系统、人力资源政策及实务等。企业控制环境能够塑造企业文化，影响企业员工的控制意识，影响企业内部各成员实施控制的自觉性，决定着其他控制要素能否发挥作用。控制环境直接影响到企业内部控制的贯彻和执行，以及企业经营目标和整体战略目标的实现。因此，我国企业不但要从形式上建立健全董事会、监事会、总经理体系，而且要切实发挥以董事会为主体和核心的内部控制机制的作用。

首先，要加强董事会博弈规则的建设，发挥董事会的作用和潜能，使股东及其他利益集团的利益真正受到保护；其次，要建立我国的经理人才市场，形成一个比较成熟的，具有长远控制、约束、监督与激励经理人员的外部机制；再次，要加强管理阶层的管理哲学、管理风格、操守及价值观等软控制的培养与建设，塑造长期、全面、健康的企业文化氛围，使企业成员能够自觉地把办事效率和职业道德放在首位，并团结一致使其与企业的战略目标相吻合；最后，要强化企业组织结构建设，界定关键区域的权责分派，建立良好的信息沟通渠道，为有效的企业财务会计内部控制提供良好的环境条件。

3.完善内部审计机制

企业应当根据自身的实际情况和财务会计内部控制的相关要求建立内部审计部门，完善内部审计机制，确定相应部门及相关人员的职责权限，确保内部审计部门及人员具备相应的独立性、良好的职业操守和专业的职业能力。企业的内部审计部门要定期或不定期地对企业的财务会计内部控制系统进行审计监督与评估，对主要风险的监督评审应当是企业日常活动中不可或缺的一部分，对于在内部审计时发现的财务会计内部控制中存在的缺陷和漏洞要及时上报给企业相关领导，并向存在财务会计内部控制缺陷和漏洞的部门下发整改通知书，要求其限期整改，确保财务会计内部控制体系的有效运行。

内部审计既是企业内部控制的一部分，也是企业监督其他环节的主要力量，其作用不仅在于监督企业财务会计内部控制制度是否被执行，还应该帮助组织创建一些程序以期实现组织成功的内部控制环境的营造，并成为内部控制过程设计的顾问。控制自我评估指企业不定期或定期地对自己的财务会计内部控制系统进行有效性及实施效率与效果的评估，以期能更好地实现财务会计内部控制的目标。财务会计内部控制自我评估可由管理部门和员工共同进行，以结构化的方式开展评估活动，密切关注业务过程和控制成效，目的是使人们了解缺陷的位置及可能导致的后果，然后采取改进措施。

4.加强信息流动沟通

企业信息系统不仅处理企业内部所产生的信息，同时也处理与外部事项、活动及环境有关的信息，企业的信息系统既是企业财务会计内部控制环境建设的一个重要方面，也是企业财务会计内部控制的一个因素。

良好的信息系统有助于提高企业财务会计内部控制的效率和效果，企业必须按某种形式及在某段时间内，辨别并取得适当的信息，并加以沟通，使员工顺利履行其职责。良好的信息系统能确保组织中的每个员工清楚地知道其承担的特定职责。每个员工都必须了解财务会计内部控制制度的相关规定，这些规定如何生效及本人在财务会计内部控制制度中所扮演的角色、所担负的责任和所负责的活动怎样与他人的工作发生关联等。员工须知道企业期望他们做出哪些行为、哪种行为被接受、哪种行为不被接受。员工还须知道在其执行职责时，一旦有了非预期的事项发生，除了要注意事项本身外，还应注意导致该事项发生的原因。良好的信息沟通系统不仅要有向下沟通的渠道，更重要的是应有向上的、横向的及对外界的信息沟通的渠道。企业财务信息系统能提供成本、生产、运营、库存等信息，是企业信息系统中最为重要的组成部分，因此企业必须加强财务信息系统及其他方面的信息沟通体系建设。企业需要积极建立其内部信息沟通系统，也就是在进行财务管理的时候，可以实现信息之间的有效的沟通和传递，这就需要建立完善的信息处理系统，这样才能够实现财务信息在企业各部门之间的有效流转，进而实现企业的信息安全。例如，企业可以建立网上的信息查询系统，这样就能够及时地查询当前各项信息，防止出现信息的缺失和不对称。

同时，企业的管理层也需要积极宣传和引导，在整个企业中树立良好的风险控制意识，进而得到有效的财务会计内部控制效果，这样才能够在企业的发展过程中建立有效的控制。所以，信息的内部沟通是进行企业的财务会计内部控制建设的关键一步。

5.健全内部控制制度

建立健全科学合理的企业财务会计内部控制制度离不开科学完善的理论体系。财务会计内部控制设计有三大原则：信息化原则、系统化原则、标准化原则。企业的管理过程就是信息的一种传递过程，要从制度上有效利用信息资源，保证部门间的信息沟通，并及时反馈，遵循系统化的原则进行财务会计内部控制设计。内部控制制度的主体可以是企业内部人员，也可以聘请外部专家来参与，企业人员的自行设计应该在企业管理部门的监督下进行。由企业人员自行设计的优点是其了解企业的实际情况、了解企业的发展背景，能够节约设计时间和成本。外界专家受过专门的训练，有专业的知识技能，经验也比较丰富，并且能从客观的角度上提出意见。最好的设计方式是两者结合，内部人员和外部专家共同协作，扬长避短、相辅相成。

财务会计内部控制的设计步骤是要从了解企业背景，对主要业务的调查入手，分析其中的问题，提出结论与建议，再拟定一个制度来试验，并确定最终的方案。了解企业的背景，可以从企业的历史概况、主要经营业务、组织状况、固定资产状况、财务状况、重要的契约与其他情况入手，对主要业务进行调查的内容可以从销售方式、结算方式、交货方式、有无委托代销的产品、销售有无正式的合同契约等方面入手，在调查分析之后，再提出可行性建议。

二、财务会计提升企业管理的效率

财务会计需要对企业的财务信息进行及时的管理，并在为企业提供财务支持的同时，制订更加科学的财务规划，提高企业财务部门的工作效率，从而提高企业的管理效率，保证企业经营活动的顺利进行。

（一）合理分配并全面控制流动资金

资金是企业生存和发展的保障，企业的流动资金是企业生存和发展的血液，它的流动速率直接反映在企业生产、经营和销售各环节，直接决定着企业能否长久生存和健康发展。财务会计必须全面控制流动资金，合理分配企业内部各部门流动资金数额，进而提高流动资金的使用效率和回款速度，彻底清查挪用公款、贪污受贿、中饱私囊等不良行为，切实保证企业经营活动的良好运行。财务会计人员必须建立流动资金审批流程，控制各部门工作人员随意使用部门资金的问题。当需要调动大额流动资金时，要由该部门主管、财务会计人员、总经理三人同时签字并加盖公章才算生效，才能取走大额流动资金。平时财务部门给各部门拨款时必须由各部门出示项目明细并由部门主管签字，以此来强化流动资金的管理控制工作，提高财务管理工作的实效性。财务会计人员要将流动资金中大部分可运作资金用于企业核心项目生产部门及研发部门，保证核心项目可以如期推进，进而提高企业在行业中的竞争优势。

（二）会计计量影响企业经济效益

财务会计核算工作要结合企业实际销售情况或运行方式，从而选择不同的核算方式，只有这样，企业的财务部门才可以准确地对不同部门或不同类型的账务进行核算。首先，财务会计要对基础性数据进行整合，然后为企业的战略决策提供完整的数据参考，使企业决策层可以集合数据资源，选择科学、合理并且符合企业发展的管理方式。合理的财务会计核算管理方式在企业运营等方面有着显著的特点，其目的是为不同类型的项目资源配置提供有效的信息支撑。所以，相关财务会计人员在核算企业账务时，还需要根据企业的发展情况，合理地运用管理手段进行解决。其次，因为财务会计水平会在很大程度上影响企业信息化管理的工作效率，因此需要根据本阶段企业运行的主要特点，使用科学、有效的财务核算方法，这样才可以确保企业很好地实现其发展战略。

（三）增强企业筹集资金的能力

在企业的发展过程中，难免会遇到资金供应不足的状况。资金短缺会导致一些项目的搁浅，从而引发企业巨大的经济危机，严重的还会导致企业破产、员工失业。因此，企业应该在平时加强自身的资金筹集能力，提前做好保障，如此才可以提升企业自身在市场中的竞争力。让员工持股是一个不错的筹集资金的方法。结合一些企业在遇到经济危机时的情况来看，许多企业因为是私营集权制，没有躲过经济危机的袭击而走向破产灭亡，那些让员工持股分红的企业反而平稳地度过了危机。

员工持股会给员工一种感觉，即"我的劳动与所得是成正比的，我是在为自己工作，企业的效益提高了，我手里的原始股自然会更加值钱"。即使遇到危机，员工也不会因为企业效益差和拖欠工资而离开，他们会共同努力帮助企业度过危机。

三、财务会计为企业管理的科学决策奠定基础

随着企业规模的不断壮大，企业的管理模式也随之发生变化。传统的经营管理模式已不能满足企业的发展需要，企业的管理模式逐步转向精细化管理。企业的各项经营决策越来越依赖于可靠的数据分析，管理层越来越重视财务分析工作，财务分析在企业经营管理过程中发挥的作用不可小觑。在我国企业中，尤其是中小企业，财务分析过于简单，无法充分地满足企业的需要，在财务分析中还存在诸多问题。

（一）财务会计为企业经营决策提供有效参考

1.通过财务分析调整企业资本结构

资本结构是企业融资管理的核心问题，它不仅能够影响企业的治理结构，还会影响投资者对企业的投资决策。企业资本结构是否合理，直接关系到企业的生存和发展。而影响企业资本结构的因素是多方面的，企业应该综合考虑各种因素对企业资本结构的影响。通过财务分析调整企业的资本结构尤为重要。财务会计人员通过了解本企业的基本情况及该行业的基本情况，分析该企业的历史筹资情况、筹资手段、资本结构变化，评估企业资本结构是否合理，进而为企业调整成最佳资本结构提出合理的建议。

2.发现与对标企业的差距

企业要想在日益激烈的市场竞争中立于不败之地，不仅要不断地发展壮大，增强自身的综合实力，还要了解对标企业的经营情况，及时发现自己与对标企业的差距，制定出有效的应对策略，因此企业要注重对竞争对手进行财务分析。通过对竞争对手的分析，了解其目标、战略、优势及劣势，进而判断对方可能会采取的竞争行动，以及对产品营销、市场定位、兼并收购等战略的反应，最后制定出符合本企业发展情况的竞争战略。

3.通过数据指标的异常发现问题

财务会计人员可以根据管理层的需要分析多种指标，通过综合分析各种相关指标，帮助管理层及时掌握企业的经营情况，并且要将指标与企业历史数据进行比较、与行业平均水平进行比较，判断企业指标是否处于正常水平范围内。指标异常则需要进一步分析其中的原因，看其是否存在财务风险，通过调整相应指

标、采取风险应对措施，保证企业朝着既定的目标和方向发展。

（二）企业加强财务分析，增强经营决策有效性的具体措施

第一，树立正确的财务分析观念，明确财务分析对企业经营决策的重要性。从企业的决策层、管理层到基层人员都应该注重财务分析。企业要加强各部门与财务部门之间的业务与信息互动，使财务分析为各部门业务发展提供更好的依据与规划。同时，各业务部门也为财务部门提供真实、可靠的财务分析数据。在经济高速发展的今天，企业管理者也应着眼于未来，将信息化、网络化应用于企业财务分析，通过大数据的分析来为企业经营决策提供更好、更安全的保证。树立正确的财务分析意识需要企业领导者重视及长期的意识渗透，使其形成一种企业文化。

第二，建立科学的财务分析体系，制定相关规章制度。根据企业的自身特点、业务模式，建立科学、全面的财务分析体系。企业管理者、债权人及投资者都要高度关注企业财务分析活动，了解企业的发展及经营状况。一方面，企业应选择专业的财务分析人员，使企业财务分析系统化、日常化，使财务分析体系可以随时为财务报告需求者提供服务；另一方面，财务部门应根据企业的战略目标，结合财务战略来确定财务分析的本质和任务来建立科学的财务分析体系。

第三，提高财务分析人员的素质。首先，企业应加强对财务分析人员的专业培训，使财务分析人员及时地掌握国家政策变动对企业战略及财务状况的影响。同时，企业管理人员也应将企业的重大决策及时地与财务分析人员进行同步分析，听取财务分析人员的建议。其次，财务分析人员不能只利用财务报告中的数据进行分析，也要深入企业内部各个业务部门进行学习，了解企业的运作情况，通过结合具体的业务为决策者提供更真实、有效的分析数据。

第四，落实财务分析结论。应用财务分析指标是企业经营决策的一项有效管理工具，这不仅能在投资和融资决策中给企业管理者提供正确的财务决策，也能帮助管理者展望企业未来发展情况，因此要将财务分析结论落到实处。首先，企业管理者要转变传统管理理念，要注重将财务分析与具体业务结合起来，运用科学、合理的财务分析进行企业决策。其次，企业应建立科学的财务分析框架，提高企业经营决策的准确性。定期分析框架中的比率变化，可以随时了解企业一定时期内的经营状况。最后，要适当扩展财务分析范围，实现财务分析的多角度

化。财务信息化系统等现代化管理工具在财务上的应用，更加方便了相关人员对财务数据的收集及整理，为财务分析提供了更大的空间。

第三节　企业财务会计的发展

一、财务会计新变化

（一）大数据时代的到来

随着新技术模式的不断发展，人们接触的信息类型也呈现出多样化，这些不断增长的海量信息逐渐使人们步入了大数据时代。大数据是指种类众多，数量无法准确判断，在相应时间内不能运用常规的软件处理方法进行计算处理的不断变化的海量数据，这些数据必须通过新形式、新方法进行处理后才能进行使用，分析、提取有用信息，才能为企业创造价值。

大数据是高科技不断发展的产物，这些信息资源原本一直存在于人类的生活中，只是之前的技术能力不允许我们收集和利用这些资源。在如今云计算的创新推动模式之下，这些原来看起来很难集中使用的信息变得容易利用起来，在各方面技术创新的发展之下，数据资源能为人类的商务交往、日常出行和交流带来更多的价值。

就企业而言，大数据分析能为企业提供精确的消费者需求偏好，帮助企业更好地服务小型市场，使得企业能更快速地确定目标消费群体，制定合适的消费广告和商品策略。传统企业也能利用大数据模式明确当下消费者喜好，结合自身的业务模式，成功地实施转型策略，与时俱进，不被快速变化的消费者需求抛弃。当代创业者也能利用大数据成果分得一杯羹，变化的社会必然带来人们对新的生活方式和商品服务需求，这些新进入市场的企业可以从大数据中得知这些变化，从而在市场中获取一份收益。虽然大数据能为这些企业带来无比可靠的信息和资源，但是不可否认，海量且不断变化的信息也会提供误导的、无效的信息。如果能够高效地甄别这些信息资源，实时地分析、处理这些资源，企业将能够制定出更好的商业战略。

（二）大数据兴起对财务会计的影响

会计信息是反映企业财务状况、经营成果、现金流量的财务信息，帮助相关利益者，如管理者、借款人、投资者、员工等快速地了解企业状况。企业良好的业绩会显示在会计信息中。企业失败的投资、负面的社会影响也会在会计信息中展现。所以会计信息是评价企业利益状况的重要依据。

1.会计信息的准确性得到了提高

会计信息能反映企业的财务状况、经营状况、现金流量。在大数据技术的支持下，企业能实时更新财务公允信息，使得会计信息更加符合当下时点企业的财务状况，提高了企业财务状况的准确性和透明性。除此之外，传统的会计信息处理通常采用人工记账的方式，这期间难免发生人工计算误差和核对疏漏，大数据引进的高科技计算模式则可以避免这种错误，企业能够更加快速、准确地处理和记录各种财务信息。促使企业更加有效地认识当前的财务状况，有序地进行日常业务操作，制定出更加合理的商业策略。

2.会计信息资源实现了平台间的共享

大数据技术在云计算的支撑下得以实现，意味着会计信息不再封闭在某一部门之内。一方面，云计算的便捷性能够使大量数据得以储存，并在企业不同部门内共享，比如，采购、生产、销售等不同部门之间能同时明确实时存货数量、销售数量，并做出相应的采购和存储策略；另一方面，云计算也能实现大数据成果在企业和供应商、客户、银行、会计师事务所等相关利益方之间共享，传递企业的实时数据信息，减少信息分享的成本，使得企业与利益方的合作更加透明和稳固。随着大数据技术的不断创新和发展，产业链的上游和下游数据共享将会以更快的速度传递，企业的日常业务能得到更广泛的应用，消费者的生活也会得到极大的便利。

3.更深层次处理财务会计信息

大数据技术将企业一定时间内海量的信息加以整合、处理、分析，从而得出全面的企业财务状况和经营情况数据，帮助企业制定出更加切合企业发展的策略，也帮助相关利益人员分析确定和企业相关的交易决定。在传统采用人工的时代，员工通常无法得出更加有效的信息，仅仅是在简易的财务计算之后就将财务资料存档保留，没有充分利用财务信息的用途和价值，浪费了许多宝贵的财务信息。而大数据技术能够根据不同部门的特色挖掘财务信息的深层价值，或者根据企业业务的特点对比财务数据，从而提供企业需要的市场规律、目标人群、有潜力的商品类型等重要信息，帮助企业更好地获取利益。

（三）大数据时代下财务会计的变化趋势

1.财务会计的信息化程度会大幅度提升

在大数据时代，会计日常工作离不开信息技术，信息技术能够帮助会计工作者快速地整合会计信息，并且在处理会计信息的过程中，信息技术能准确、有效地计算出数据结果，避免人为错误和纰漏。所以未来的财务会计工作必定会在会计信息化技术上投入更多的资本，加大创新型会计软件的研发力度，创造出更多的适合各个产业、便利有效的会计软件。同时，各行业的会计部门都会加大会计信息技术的基础建设，如计算机硬件设施、培养会计从业人员进行相应软件的使用，以提高会计电算化素养。会计信息化在企业内部各部门间的普及，对于企业快速发展和持续经营理念的实现尤为重要。会计信息系统能够在企业内部同一个平台上及时分享最新的部门采购、生产、销售情况，为企业下一步策略的制定和实施提供了重要的依据。因此企业会加速建立和完善一个企业内部部门共享和传递业务信息的平台系统，推进日常业务工作的进行。财务会计信息化程度的全面提升对企业会计工作的有序进行具有重要意义。

2.企业会对内部会计信息采取更多保护措施

大数据技术虽然能够更完整地储存会计信息，方便企业日后查找，但这也将企业的内部信息更加完整地暴露给能攻破企业内部数据技术的其他网络人员。一些核心数据能让竞争企业充分明确企业的竞争优势，从而制定相应竞争策略，这会对企业带来严重的打击。在大数据时代，任何的电子信息都不是百分之百安全的，所以企业会不断地完善安全系统，确保一个安全的财务环境。企业会不断地加大在信息技术安全上的投入，聘请专业的信息安全人员，在挑选会计信息系统时结合企业所有部门的特点，对会计信息系统进行全面的分析和衡量，将财务信息的安全风险降到最低。企业还会重视市场上信息系统资源的变化和电子信息技术的进步，对企业的安全系统进行不断的升级，及时制订新的计划，从而保护电子信息资源的安全和企业的利益。

3.传统的财务会计会逐步向管理会计转变

传统的会计人员通常是将企业会计信息进行简单的确认、计算和记录，然后将记录好的数据用报表形式展示给企业管理者。因为传统的会计人员技术有限，没有会计信息技术的支持，简单的会计处理会占据大量的工作时间，且无法分析出会计信息中深层次的价值。但是大数据时代下的会计人员可以借助会计信息技术快速完成日常的会计记录工作，而且大数据技术能深入挖掘财务信息的价值。这意味着会计人员不会仅仅从事简单的记录工作，而是从不同方面、不同程度对企业的财务状况进行分析，找出企业发展过程中存在的问题，对企业的经营状况进行客观的分析，并提出可能的解决方案，与其他会计人员进行协商，帮助企业管理者做出更好的决策。企业在大数据时代下的企业决策通常是经过数据技术全面的分析和了解之后制定的，这些决策能够更好地保障企业的利益。

从以上的分析来看，大数据的到来为企业的会计工作带来了诸多的好处，提高了会计信息的质量标准，也便利了企业内部之间及企业与外部企业之间的合作，针对这些变化，企业财务会计会逐步向管理会计转变。

二、财务会计发展趋势

随着我国经济社会的快速发展与进步，当代企业的发展已经不再能够完全依靠旧形式的财务会计管理方式来处理日常工作，当代企业若想打破财务会计工作对企业发展所产生的阻碍，就必须对财务会计相关工作进行全面的改革创新。经济社会的快速发展，对于企业的各方面工作都有了更加严格的要求，企业想要在经济发展的浪潮中获得长足的发展，就需要及时地根据自身财务发展的状况，有针对性地调整企业的财务会计工作模式，推进财务会计工作的全方位改革，在顺应市场经济发展大潮流的背景之下，为企业自身的发展创造一个良好的空间。

（一）会计从业人员素质的高标准

1.业务水平的高要求

当前社会经济的快速发展，企业的财务会计对于相关工作人员的整体素质有了更高的需求，企业需要培养更多有素质、有技术的会计工作人员。当前企业需要的财务会计工作人员不仅要拥有足够的创新能力，能够结合时代发展的需求，将自己的工作与新型技术紧密结合起来，从而不断地提升自身工作的效率，还需要财务会计工作人员拥有良好的信息判断及分析能力，能够及时地借助各种方法，深入探究相关信息，加强企业财务会计工作信息化建设，对企业的财务会计工作进行现代化的管理，从而推动企业经济效益的快速增长，为企业营造良好的发展态势。

2.理论知识水平的系统化

企业财务会计工作的建设需要高素质的工作人员，因此企业需要不断地健全员工培养体系，帮助财务会计工作人员掌握最前沿的会计理论知识，并且依据企业发展的实际状况，开展一系列的培训计划，为企业的财务会计工作人员提供相应的学习平台，最终使得财务会计工作人员构建系统化的理论知识框架，形成有效的工作模式。

（二）企业的信息与管理化水平的进一步完善

1.管理者更加重视管理和信息水平的优化

当今社会信息化技术的快速发展，加快了企业财务会计工作信息化建设的进程，企业的财务管理制度是企业能够开展一切工作的保障，能够提升财务管理工作的效率。因此，当前我国企业的管理者更加重视管理和信息水平的优化，以推动企业财务会计工作的良好发展。

2.内部管理体制的进一步优化

企业的财务会计工作需要不断地完善会计信息化的建设，建立更加完善、科学、全面的管理制度，这对于企业的财务会计工作具有重要的制约作用。企业的内部管理体制在持续的优化过程中，也能够激发财务会计相关工作人员的工作热情，最终实现企业财务会计工作整体效率的提升，帮助企业朝着更好的方向发展。

（三）政府监管力度的加大和落实

1.监督管理的进一步提升

我国企业的财务会计工作已经获得了较为全面的发展，其本身的工作划分较为明确，并且相关的财务管理工作人员能够结合自身的工作经验促使工作朝着更有效的方向发展。因此，我国企业的财务会计工作所需要的是更加精准的监督管理制度，企业财务的监督管控能够保证企业财务状况的合理性、有效性，避免企业财务出现重大问题，最大限度地避免企业在财务方面出现损失，能够帮助企业获得更加健康良好的发展，并且提升相关工作人员的工作效率，可谓是一举多得。

2.相关制度法规的制定和健全

当前社会正处于一个快速发展的多元化时代，我国企业的财务会计工作也需要紧跟时代，不断更新相关概念，与社会经济发展保持相同的频率。财务会计工作需要制定和健全相关制度法规，以有效地对财务工作进行制约，推动其朝着正确的方向不断地进步、发展，保证企业的财务会计工作能够更加精准。

（四）安全计算机系统环境的实现

1.专业网络管理人才更加多样化

我国企业的财务会计工作利用信息化技术，最大限度地提升财务会计工作的效率，与此同时，也加强了财务会计相关工作人员的工作技术难度，这就需要企业培养更多的专业网络管理人才。企业的财务会计相关工作人员在掌握互联网相关技术基础之上，利用自身对于会计相关理论知识的系统性把握，将两者进行有效的融合，最大限度地实现企业财务会计工作效率，为企业的持续性发展提供强有力的支撑。

2.网络专项设备更加完善

信息化时代对于网络专项设备的要求逐渐提升，企业在输入财务会计相关信息过程中需要更加安全的网络环境，但是当前企业借助局域网进行工作不满足企业信息的安全性的要求，对于企业的财务会计工作效率也具有非常不利的影响。企业的财务会计工作需要借助不同的网络信息技术，以实现财务会计工作相关信息的传播，拓宽信息传输的渠道，搭建企业独有的财务会计工作专用平台，实现各项信息之间的互动联通，最终提升企业财务会计工作的整体工作效率。

我国市场经济及电子信息技术的发展进步，对企业的财务会计工作也提出了更高的要求。我国的财务会计有了较为深远的发展，其在技术上的改革也是对于时代潮流的一种顺应，是对市场经济发展要求的一种满足。为了推动我国财务会计工作全面性的发展，从而实现我国经济社会更加快速的发展，需要对我国企业的财务会计工作进行有针对性的改进，最大化地提升我国财务会计工作的整体效率，使财务会计工作朝着多元化方向发展，以确保我国企业的财务会计工作能够完全满足社会发展的整体性需求。

第二章 内部控制的基本原理

第一节 内部控制的作用与要素

一、内部控制的作用

（一）保证国家方针政策与法规制度的贯彻执行

贯彻国家的方针政策与法规制度是企业的一项法定义务，而健全有效的内部控制制度则是保证这一任务圆满完成的重要手段。通过内部控制所形成的相互协调与相互制约机制，能够及时地反映、检查、揭示和纠正经营管理中的违法违规行为，从而有效地保证党和国家的方针政策与法规制度在企业内部较好地贯彻执行。

（二）保证企业经营目标的顺利实现

健全的内部控制制度能够对企业内部的各个职能部门和人员进行合理的分工、协调、监督、检查与考核。通过内部控制所规定的各种程序和手段，可以将企业内部各个职能部门和人员执行管理部门的方针政策、计划定额，以及其他内部管理制度的情况反馈给企业管理部门，及时发现和纠正所出现的偏差，保证各项生产经营活动高效、有序地进行，从而全面提高企业的企业经济效益，实现各项预期目标。

（三）保证财务会计信息的质量

财务会计工作涉及企业生产经营的各个方面，企业决策和日常管理所需要的信息绝大多数来自财务会计信息系统。准确可靠的财务会计信息是企业评价过去、控制现在及把握未来的重要条件，也是国家有关部门制定宏观经济政策的依据。内部控制制度通过制定和执行恰当的业务控制程序，科学、合理地划分职责范围，建立相互协调、相互制约的机制，可以使会计活动得到有效控制，避免发生差错，从而保证财务会计信息的质量。保证会计数据的正确性是内部控制最重要的作用。

（四）保证财产物资的安全完整

内部控制制度通过采取严格的控制措施，尤其是不相容职务的分离，使授权人与执行人、执行人与记账人，以及保管、出纳与会计人员，总账与明细账记录人员得以分开，形成一种内部相互牵制的关系。同时，限制接近财产和内部定期盘点核对等制度，使财产的收、付、存、用得到严密控制，从而有效地防止和减少财产物资的损失浪费及贪污舞弊等问题。

（五）便于审计工作的开展

对内部控制制度的评价，有助于审计人员确定合理的审计程序，提高审计效率；有助于审计人员确定审计程序的实施程度，即确定审计的审查方法、抽查重点及审计范围等。此外，健全的内部控制制度还可以保证审计测试的质量，在审计测试中，无论是符合性测试还是实质性测试，都存在抽样误差。如果被审计单位的内部控制制度健全，则抽出的样本代表性强，审计风险减小；反之，则抽样测试所得出的审计结论可能存在较大的审计风险。

二、内部控制的要素

纵观内部控制的发展史可以看到，内部控制的发展过程实际上也是内部控制不断丰富和完善的过程。我国财政部等部门联合发布的《企业内部控制基本规范》提出，企业建立与实施有效的内部控制应当包括内部环境、风险评估、控制活动、信息与沟通、内部监督五大要素。

（一）内部环境

内部环境是企业实施内部控制的基础，一般包括企业治理结构、机构设置及权责分配、内部审计、人力资源政策、企业文化、反舞弊防线等方面，具体包括以下内容：

1.企业治理结构如董事会、监事会、管理层的分工制衡及其在内部控制中的职责权限、审计委员会职能的发挥等。

2.企业内部机构设置及权责分配尽管没有统一模式，但所采用的组织结构应当有利于提升管理效率，并保证信息通畅、流通。

3.企业内部审计机制包括内部审计机构设置、人员配备、工作开展及其独立性的保证等。

4.企业人力资源政策如关键岗位员工的强制休假制度和定期岗位轮换制度、对掌握国家秘密或重要商业秘密的员工离岗限制性规定等。

5.企业文化包括单位整体的风险意识和风险管理理念，董事会、经理层的诚信和道德价值观，单位全体员工的法制观念等。一般而言，董事会及单位负责人在塑造良好的内部环境中发挥着关键的作用。

6.反舞弊防线对企业开展经营活动、应对多变的经营环境和各种不确定因素具有重要意义。企业因其行业、规模、地域、市场、经营模式、发展阶段不同，面对的风险也不尽相同，因此，舞弊有可能在任何企业发生，给企业带来损失。除了"高层管理理念、内部过程控制、内部审计、外部审计"等监督机制，反舞弊防线的设立为企业健康安全的运行筑起了一道强震慑力的防线，更是我国社会经济发展新常态下的必要手段。

（二）风险评估

风险评估是企业及时识别、系统分析经营活动中与实现内部控制目标相关的风险，合理地确定风险应对策略的重要方法。风险评估主要包括目标设定、风险识别、风险分析、风险应对四个环节。企业应当首先确定生产、销售、财务等业务的相关目标；然后建立风险管理机制，了解在经营管理中来自内部与外部的各种风险。在充分识别各种潜在风险因素后，企业首先对固有风险（固有风险是指不采取任何防范措施而可能造成损失的风险）进行分析评估；然后重点分析、评估剩余风险（剩余风险是指采取应对措施之后仍可能造成损失的风险）；企业管理层在分析、评估相关风险的成本效益之后，要制定相应的策略、采取恰当的措施降低风险的发生概率，或者使风险处于企业可承受的范围内。

（三）控制活动

控制活动是指企业根据风险评估结果，采取相应的控制措施，将风险控制在可承受范围内。在企业经营管理中，控制活动主要通过具体业务流程来控制经济业务事项的风险，将不相容职务分离控制、授权审批控制等通过业务流程嵌入生产经营活动中，使内部控制与企业经营管理融合。企业常用的关键业务控制流程主要有全面预算管理控制、货币资金业务控制、采购业务控制、存货业务控制、销售业务控制、工程项目控制、固定资产控制、合同管理控制、信息系统管理控制等。

（四）信息与沟通

信息与沟通是指企业及时、准确地收集、传递与内部控制相关的信息，以确保信息在企业内部和外部之间进行有效的沟通，是实施内部控制的重要条件。信息与沟通的主要环节有：确认、计量、记录有效的经济业务；在财务报告中恰当地揭示财务状况、经营成果和现金流量；保证管理层与企业内部及外部的顺畅沟通，包括与股东、债权人、监管部门、注册会计师、供应商等的沟通。信息与沟通的方式是灵活多样的，但无论采取哪种方式，都应当保证信息的真实性、及时性和有效性。

（五）内部监督

内部监督是指企业对内部控制的建设与实施情况进行监督检查，评价内部控制的有效性，对发现的问题及缺陷及时加以改进，是实施内部控制的重要保证。内部监督包括日常监督和专项监督。企业在内部控制实施中开展的内部监督，也是管理层和员工在经营管理中，共同对企业内部为实现目标、控制风险而进行的对内部控制系统的有效性和恰当性的自我评估。监督情况应当形成书面报告，并在报告中揭示内部控制的问题及缺陷。同时，建立内部控制缺陷纠正机制，充分发挥内部监督功能。

上述内部控制的五要素内容广泛、相互关联。控制环境是其他控制成分的基础，决定着其他内部控制要素能否有效运行。企业在实现目标的过程中会受到内外部环境的影响，因此企业需要对影响目标的相关因素进行风险评估，制定出相应的风险应对策略，并予以实施，这就是企业在经营活动中的控制活动，即将控制活动以业务流程的具体形式嵌入生产运营，有效地控制风险、规避风险，降低企业的损失。在实施内部控制活动中，离不开承上启下的信息与沟通，其他要素的实施必须以信息与沟通结果为依据，其结果就需要通过信息与沟通来反映，缺少了信息传递与内外部的沟通，内部控制的其他要素就难以保持紧密的联系，就不会形成一个整体的系统体系。内部监督是针对内部控制其他要素自上而下的单项检查，是对内部控制的质量进行评价的过程，通过检查评价，发现内部控制中存在的问题及缺陷，并及时有效地进行整改，促进企业内部控制水平的不断提升。

第二节　内部控制的内容与方法

一、内部控制的内容

企业内部控制的内容既丰富又广泛，大到其内部的组织结构，小到某一具体的业务事项。此外，各企业由于业务性质、经营规模等不同，内部控制的具体内容也不尽相同。这里仅就内部控制的一般内容进行探讨。

通常而言，为保证组织目标的有效实现，企业在构建与实施内部控制时应注重以下内容：

（一）企业应建立有效的组织规划

组织规划控制指对企业内部的组织机构设置、职务分工的合理性和有效性进行控制。企业组织机构有两个层面：一是法人治理结构，涉及董事会、监事会、经理的设置及相关关系；二是管理部门的设置及其关系。对内部控制而言，组织规划就是如何确定企业管理中集权和分权的组织模式。至于职务分工，主要解决不相容职务的分离问题，以使职务设置合理、有效。

（二）企业内应实施有效的授权批准

授权批准控制指企业对企业内部部门或人员处理经济业务的权限进行控制。

有效的内部控制要求经济业务事项的开展必须经过适当的授权。交易授权的目标就是确保业务处理的所有重大交易都真实有效，并与企业目标相符合。授权批准按照重要性，分为一般授权和特殊授权。

（三）企业内相关岗位成明确不相容职务分离

不相容职务指集中于一人办理时发生差错或舞弊的可能性会增加的两项或几项职务。不相容职务分离指对不相容的职务分别由不同部门或人员来办理。不相容职务分离基于这样的设想，即两个以上的部门或人员无意识地犯同样错误的可能性很小，而有意识地合伙舞弊的可能性低于一个部门或人员舞弊的可能性。不相容职务必须分离是任何内部控制的基本原则。

（四）企业应制定有效的业务处理程序

业务处理程序指在业务处理过程中必须遵循的流转环节和处理手续。业务处理程序控制指单位内部在明确岗位责任的基础上，为保证各项经济业务活动能够按照一定的流转过程有效运行而制定的相应控制措施。内部控制标准是进行比较分析和评价内部控制实施情况必不可少的依据，也是衡量企业经营活动的指示器。它既是控制程序实施的基础，又是重要的控制技术。现代企业一般都将每一项业务活动划分为授权、主办、核准、执行、记录和复核环节。这种标准化业务处理程序控制方式可以使各级管理人员按照科学的程序办事，避免工作杂乱无序，从而提高工作效率。业务处理程序控制的内容主要有企业决策程序、材料采购业务处理程序、成本核算程序、商品销售业务处理程序等。

（五）企业应实施全面预算控制

全面预算是企业为达到既定目标而编制的经营、资本、财务等年度收支总体计划，是保证内部控制结构运行质量的监督手段。全面预算控制指对企业的各项经济业务编制详细的预算或计划，并通过授权由有关部门对预算或计划执行情况进行的控制。

（六）企业应建立健全风险管理机制

风险是指在特定的环境条件和一定时期，某一事件产生的实际结果与预期结果之间的差异程度。风险控制指对某一事件实际结果与预期结果差异程度的控制。风险控制的目标是在实现经营获利目标的前提下，使企业风险达到最小。企业在风险机制的建立健全中，要强化自上而下、自下而上、横到边、纵到底，全方位、全覆盖的全员风险管理意识，使风险管理常态化。

（七）企业应实施有效的资产保护

资产保护控制的目标是保证资产的安全、完整，并做到保值、增值以实现企业长远发展的战略目标。资产保护控制可以分为资产价值控制与资产实物控制。只有实施有效的资产保护，才能确保企业内部控制的有效性。

（八）企业应规范文件记录

有效的文件记录是进行组织规划控制及授权批准控制的手段，也是企业保持工作效率、贯彻企业经营管理方针的基础。企业应按照国家及行业的法律法规、企业内部管理的有效制度，结合岗位职责、授权审批权限、业务处理手册等，确保内部控制工作留有痕迹、可查询、可追溯、可复盘。

（九）企业应确保会计事项的受控

会计控制是指对企业财务会计信息的生成过程进行的控制。其目的在于协调有关工作及做到相互控制，保证企业财务会计记录、会计信息真实、完整。在会计事项的控制中，应确保财会人员良好的职业操守和专业能力，按照合规的会计核算流程、会计政策，保证财务会计信息反映及时、完整、准确。

（十）企业应建立实施有效的内部报告管理

内部报告控制指对企业编制的各种内部报告进行的控制。企业应建立内部报告体系，以满足内部管理的时效性和针对性。内部报告体系的建立应体现人员职责明晰、报告形式清晰易懂，考虑内部报告的使用层级，同时要做好相关内部资料的保密工作和快捷有效的传递通道。

（十一）企业应强化人员素质的控制

人员素质控制指采用一定的方法和手段，保证企业各级人员具有与其所承担的工作相适应的素质，从而保证业务活动处理的质量。内部控制中采用的一切措施、方法和程序，最终都由人来执行，人是执行控制制度的真正主体。

人员素质的控制，主要是培养员工的忠诚、正直、勤奋等品格。企业应定期对员工进行全面的培训，以提高人员的素养；同时，结合企业核心价值观、企业文化，让员工由衷地为企业着想、以企业为荣，使企业的美誉度根植于每个员工的心里。

（十二）企业应发挥内部审计在管理中的作用

内部审计控制指对企业经营管理活动中的相关业务事项实施再控制，其目的是保证被审计单位财政收支、财务收支及其他经营管理活动合规、合法。内部审计控制的内容主要包括财政财务审计、财经法纪审计、经济效益审计、内部控制审计等。内部审计既是内部控制体系的一个组成部分，又是内部控制的一种特殊形式，是对其他内部控制措施的再控制。

二、内部控制的方法

方法是完成任务、达到目标的手段。内部控制方法是实现内部控制目标、发挥控制效能的技术手段、措施及程序。内部控制方法多种多样，针对不同的经济业务和不同的控制内容，可以采用不同的控制方法。即使是同样的经济业务，不同的单位、不同的时期，采用的控制方法也不完全相同。在企业管理中，内部控制方法主要有不相容职务分离控制、授权批准控制、会计系统控制、预算控制、资产保护控制、风险控制、内部报告控制、电子信息技术控制等。

（一）不相容职务分离控制

不相容职务是指那些如果由一个人担任，既可能发生错误和舞弊行为，又可能掩盖其错误和弊端行为的职务。在企业的实际运营中，某项业务（主要业务）不能全部集中于一个人或一个部门办理，否则其发生差错或舞弊的可能性将会增加。不相容职务分离控制是指全面、系统分析和梳理业务流程中所涉及的不相容职务（岗位、部门），实施相应的分离措施，形成各司其职、各负其责、相互制约的工作机制，即对不相容职务分别由不同的部门或人员来办理，以加强岗位或部门之间的相互制约。

不相容职务必须分离是所有内部控制的基本原则。经济业务活动中应加以分离的不相容职务主要有以下三种：

1.经济业务处理的分工

经济业务处理的分工指一项经济业务全过程不应由一个人或一个部门单独办理，应分割为若干环节，分属不同的岗位或人员办理。其具体业务又可以分为授权进行某项经济业务和执行该项经济业务的职务相分离、执行某项经济业务和审查该项经济业务的职务相分离、执行某项经济业务和记录该项经济业务的职务相分离、记录某项经济业务与审核该项经济业务的职务相分离。

2.资产记录与保管的分工

资产记录与保管分工的目的在于保护资产的安全、完整。其具体要求是保管某项物资和记录该项物资的职务相分离，保管物资与核对该项物资账实是否相符的职务相分离，记录总账与记录明细账的职务相分离，登记日记账与登记总账的职务相分离，贵重物品仓库的钥匙由两名人员分别持有，等等。

3.各个职能部门具有相对独立性

各个职能部门具有相对独立性的要求具体表现为以下方面：各个职能部门之间是平级关系，而非上下级隶属关系；各个职能部门的工作有明确的分工；等等。

保证不相容职务分离作用的发挥，需要各个职务分离的人员各司其职。如果担任不相容职务的人员之间相互串通、勾结，则不相容职务分离的作用就会消失殆尽。因此，对不相容职务分离的再控制也是企业需要加以考虑的。

（二）授权批准控制

授权批准控制指对相关部门或人员处理经济业务权限的控制。授权审批控制是内部控制的一项重要控制措施。授权审批控制可分为常规授权和特殊授权。

1.授权批准控制的种类

授权批准按照重要性，分为以下两种：

（1）常规授权

常规授权指对办理一般经济业务的权力等级和批准条件的规定，通常在单位的规章制度中予以明确，企业应在日常经营管理活动中对既定的职责和程序进行授权。这种授权可以使企业内部员工在日常业务处理中按照规定的权限范围和有关职责，自行办理或执行各项业务，如生产部门领用材料、仓库发出商品等。常规授权的时效较长，在授权期限内可重复使用。

（2）特殊授权

特殊授权指对特定经济业务处理的权力等级和批准条件的规定。这种授权通常由管理部门对特定业务活动采取逐个审批的办法来进行。特殊授权的对象往往是一些例外的经济业务，一般难以预料，因而不能事先规定相应的处理措施。因此，发生这样的业务时应当经过有关部门的特殊批准才能进行。特殊授权的时效一般较短。

企业应当少进行或不进行特殊授权事项。企业应当根据经济业务的性质和重要性来确定这两种授权。

2.授权批准控制的内容

授权批准控制的内容包括以下四个方面：一是授权批准的范围，授权批准的范围通常包括企业所有的经营活动；二是授权批准的层次，授权批准的层次应当根据经济活动的重要性和金额大小确定不同的授权批准层次，从而保证各管理层有权有责；三是授权批准的责任，应当明确被授权者在履行权力时应对哪些方面负责，避免授权责任不清；四是授权批准的程序，即规定每一类经济业务的审批程序，以便按照程序办理审批，避免越级审批及违规审批现象的发生。

3.进行授权控制应注意的问题

进行授权控制应注意的问题主要有以下五点：一是明确授权目的，授权者必须向被授权者明确所授事项的任务目标及权责范围；二是做到责权利相对应，使被授权者"有职有权、有权有责、有责有利"；三是保持命令的统一性，要求一个下级只能接受一个上级的授权，并仅仅对一个上级负责；四是选择好被授权者，这关系着被授权者能否出色地完成工作；五是注意跟踪管理，即通过检查被授权者的权力使用及工作开展情况，对出现的问题及时加以处理，确保内部控制目标的有效实现。

（三）会计系统控制

会计系统控制要求企业依据《中华人民共和国会计法》（以下简称《会计法》）和《企业会计准则》等会计制度，制定适合本单位的会计制度，明确会计凭证、会计账簿和财务会计报告的处理程序，建立和完善会计档案保管和会计工作交接办法，实行会计人员岗位责任制，充分发挥会计的控制职能。会计系统控制的方法主要有以下四种：

1.会计凭证控制

会计凭证控制指在填制或取得会计凭证时实施的相应控制措施，包括原始凭证与记账凭证控制。会计凭证控制的内容主要包括以下五个方面：

①严格审查。对取得的原始凭证要进行严格的审查，对不符合要求的原始凭证予以退回。

②设计科学的凭证格式。凭证格式应当符合规定要求，便于核算与控制，做到内容及项目齐全，能够完整地反映业务活动全貌。

③连续编号。对记载经济业务的凭证按照顺序统一编号，确保每项经济业务入账正确、合理及合法。

④规定合理的凭证传递程序。各个部门应当按照规定的程序在规定期限内传递流转凭证，确保经济业务得到及时的反映和正确的核算。

⑤明确凭证装订与保管手续。凭证传递完毕，各个部门有关人员应当按照顺序，妥善保管，定期整理归档，按照规定存放保管，以备日后查验。

2.财会报告控制

财会报告控制指在编报财会报告时实施的相应控制措施，其具体内容包括以下方面：一是按照规定的方法与时间编制及报送财会报告；二是编报的会计报表（报告）必须由单位负责人、总会计师及会计主管人员审阅、签名并盖章；三是报送给各有关部门的会计报表（报告）要装订成册、加盖公章等。

3.会计分析控制

会计分析控制指会计部门利用财务会计信息及其他信息对计划与规则的执行情况采取的分析、对比和总结等措施，其目的是保证经济业务活动符合计划与规则的要求。会计分析控制的内容主要包括会计分析的主要内容、会计分析的基本要求和组织程序、会计分析的方法和时间、召集形式、参加部门与人员、会计分析报告编写要求等。会计分析控制制度可以使企业掌握计划与指标的完成情况，以及对国家财经法律、法规的执行情况，便于改善财务会计工作。

4.会计复核控制

会计复核控制指对各项经济业务记录采用复查、核对方法进行的控制，其目的是避免发生差错和舞弊，保证财务会计信息的准确与可靠，及时发现并改正会计记录中的错误，做到证、账、表记录相符。

会计复核控制的方法可以分为两种：一是将记录与所记的事物相核实；二是各项记录之间相互复核。

会计复核控制的内容包括以下三个方面：一是凭证之间的复核，如原始凭证之间的复核、原始凭证与记账凭证的复核；二是凭证和账簿之间、账簿和报表之间及账簿之间的复核；三是总账与明细账之间的复核、会计报表与总账、明细账之间的复核、会计账与实物账之间的复核等。复核凭证时，除按照规定审查凭证的内容外，还应审查印章真伪、款项来源、用途是否符合政策及资金管理规定。复核账簿（卡）时，除按照记账要求和记账规则进行复核外，还应着重复核收发货物、收付款项等情况。

复核是保证会计核算质量和财产安全的一项重要手段。会计复核工作应由具有一定会计专业知识、熟悉业务、责任心强、坚持原则的人员担任。复核人员必须对会计凭证、会计账簿、财务会计报表和所附单据认真审查，逐笔复核，复核过的凭证及账表应加盖名章。未经复核人员复核的，出纳人员不得对外付款，会计人员不得对外签发单据或上报报表。

（四）预算控制

预算控制是指企业对各项经济业务编制详细的预算或计划，并通过授权由有关部门对预算或计划执行情况进行的控制。在预算控制中，所编制的预算必须体现单位的经营管理目标。在执行中企业应当允许经过授权批准对预算加以调整，并应当及时或定期反馈预算执行情况。

预算控制应当抓住以下环节：一是预算体系的建立，包括预算项目、标准和程序；二是预算的编制和审定；三是预算指标的下达及相关责任人员或部门的落实；四是预算执行的授权；五是预算执行过程的监控；六是预算差异的分析和调整；七是预算业绩的考核。

（五）资产保护控制

资产保护控制是指企业建立财产日常管理制度和定期清查制度，采取财产记录、实物保护、定期盘点、账实核对等措施，确保企业的财产安全。资产保护控制的目标是保证资产安全、完整，并做到保值增值，以实现企业长远发展的战略目标。资产保护控制可以分为资产价值控制与资产实物控制。对资产的价值控制主要包括一下方面：按照资产保值增值要求实施资产保全控制；根据需要，采用相应的折旧方法足额提取固定资产折旧，及时进行固定资产大修理等，保证企业再生产顺利进行。对资产的实物控制指对实物形态包括债权类资产的安全与完整所采取的控制措施。资产实物保护控制的内容主要有以下七点：

1.接触控制

接触控制指严格限制无关人员对资产的直接接近，只有经过授权批准的人员才能够接触资产。接触控制的内容包括以下上哪个方面：

①限制接近现金。对现金收入的管理应该仅仅局限于指定的出纳人员。同时，出纳人员要与控制现金余额的会计记录人员和登记应收账款的人员相分离。使用现金时，应该通过企业指定负责人员办理签署的办法进行控制。

②限制接近其他易变现的资产。例如，对应收票据和有价证券一般都规定必须由两名人员同时接近，以便对其加以保护。

③限制接近存货。在批发和制造企业中，对存货的实物保护可以由专职仓库保管人员负责，通过设计分离且封闭的仓库区域，以及在工作时间之内和工作时间之后控制进入厂区等办法来实现。在零售企业则可以通过在营业时间或营业时间后限制接近仓库的方式来实现。另外，对于贵重商品，应当使用带锁的营业柜加以控制等。

2.定期盘点

定期盘点指定期对实物资产进行盘查、核对，其内容包括以下三个方面：

①盘点实物并与会计记录核对一致，保证账实准确一致。

②盘点结果与记录差异的调查，资产盘点结果与会计记录差异应当由独立于保管和记录职务的人员进行调查。

③确定盘点和比较的频率，对现金要做到逐日清点并与现金总账和现金出纳机的纸带存根核对。而存货则以较低频率盘点即可达到要求。

3.记录保护

记录保护指对企业各种文件资料尤其是资产、会计等资料妥善保管，避免记录受损、被盗及被毁。对某些重要资料，如定期财务会计报表应当留有后备记录，以便在遭受意外损失或毁坏时重新恢复。

4.财产保险

财产保险指通过对资产投保，增加实物受损后的补偿机会，保护实物安全。

5.财产记录监控

财产记录监控指建立资产档案，对资产增减变动及时记录，以及加强财产所有权证的管理，等等。

6.信誉考评制度及定期对账制度

信誉考评制度指对客户的财务状况、偿债能力、经济实力及企业信誉等方面进行综合评价，为企业未来的经营业务开展做决策提供依据。定期对账制度是指与已成事实经济业务的客户往来款项定期核对，避免不实账务的发生。

7.应收账款催收制度

应收账款催收制度指根据应收账款的账龄进行账龄分析，并根据合同建立一系列与工资奖金挂钩的催款措施，尽快缩短收回账款的时间，防止发生坏账。

（六）风险控制

按照企业经营管理分类，企业经营管理中的风险可分为战略风险、财务风险、市场风险、运营风险、法律风险等。在运营管理中具体又可以分为以下四个方面：

1.筹资风险控制，即对企业财务结构、筹资结构等做出妥当的安排。

2.投资风险控制，即对各种债权及股权投资进行可行性研究并确定有关的审批权限而加以控制，同时对投资过程中可能出现的负面因素制定应对预案。

3.信用风险控制，即对企业应收账款制定客户信用评估指标体系，确定信用评估授予标准，规定客户信用审批程序，进行信用实施中的实时跟踪。

4.合同风险控制，即对企业建立合同起草、审批、签订、履行监督和违约时采取应对措施的控制流程。

（七）内部报告控制

内部报告控制指对企业编制的各种内部报告进行的控制。企业应当建立内部管理报告体系，以满足内部管理的时效性和针对性。内部报告体系的建立应当做到以下三点：①反映部门（人员）的经营管理责任，符合"例外"管理要求；

②报告形式与内容简明易懂，并要统筹规划，避免重复；③内部报告应当根据管理层次设计报告频率。

企业常用的内部报告主要有以下七种：①资金分析报告，包括资金日报、借款还款进度表、货款担保抵押表、银行账户及印鉴管理表、资金调度表等；②经营分析报告；③内部控制（季度、年度）报告；④全面风险管理报告；⑤资产分析报告；⑥投资分析报告；⑦财务分析报告；⑧HSE（健康、安全、环境）、人力资源等与企业运营相关的各类报告。

（八）电子信息技术控制

电子信息技术控制要求运用电子信息技术手段建立健全企业的内部控制系统，减少和消除人为操纵因素，确保内部控制的有效实施，同时加强对企业电子信息系统的开发与维护、数据输入与输出、文件储存与保管、网络安全等方面的控制。电子信息技术控制包括以下具体内容：

1.实现内部控制手段的电子信息化

通过采取电子信息技术来控制单位的经济活动，尽可能地减少和消除人为操纵因素，变人工管理、人工控制为电子计算机和网络管理与控制。

2.对电子信息系统的控制

对电子信息系统的控制主要包括规划控制、组织控制、系统开发与维护控制、系统安全控制及应用控制。

第三节 内部控制的原则与前提

一、内部控制的原则

原则通常指观察问题、解决问题的准绳。内部控制的原则指对建立和设计内部控制制度具有指导性的法则和标准。内部控制的原则回答了为实现控制目标应当如何科学地建立和设计内部控制制度的问题。没有正确的原则指导，就不可能设计出科学的内部控制制度。

（一）全面性原则

内部控制应当贯穿决策、执行和监督全过程，覆盖企业及其所属单位的各种业务事项。全面控制原则的含义有两个方面。一是全过程控制，即对企业整个经营管理活动过程进行全面控制，其受控的业务事项在企业中应当"横到边、纵到底"，既包括企业管理部门用来授权与指导、购货、生产等经营管理活动的各种方式、方法，也包括核算、审核、分析各种信息及进行报告的程序与步骤等。因此，企业应针对人、财、物、信息等要素及各个业务活动领域，制定全面的控制制度。二是全员控制，即对企业全体员工进行控制，应该覆盖企业董事会、管理层和全体员工。企业每一成员既是施控主体，又是受控客体，应保证每一位员工（从基层执行操作的人员到高层管理人员）都受到相应的控制。

贯彻全面性原则可以保证企业生产经营活动有序进行。全面控制原则是建立内部控制制度的重要基本原则之一，在实际工作中，常常出现仅仅因为一个细节的疏忽而导致企业整个经营活动失败的例子。

（二）重要性原则

内部控制应当在全面控制的基础上，关注重要事项和高风险领域。企业内部控制应当在兼顾全面的基础上突出重点，针对重要业务和事项，以及高风险领域、环节等采取更为严格的控制措施，确保不存在重大缺陷。由于企业资源是有限的，在设计内部控制制度时不应平均分配资源，而应该寻找关键控制点，并对关键控制点投入更多的人、财、物等资源。

（三）制衡性原则

内部控制应当在治理结构、机构设置及权责分配、业务流程等方面相互制约、相互监督，同时兼顾企业运营效率。企业在办理经济业务事项时涉及的不相容职务应该严格加以分离，不得由一个人或一个部门包办到底，减少舞弊的可能性。所以制衡原则是建立内部控制制度应当遵循的又一个重要基本原则。

（四）适应性原则

内部控制应当与企业经营规模、业务范围、竞争状况和风险水平等相适应，并随着情况的变化及时加以调整。由于在性质、行业、规模、组织形式和内部管理体制及管理要求等方面往往存在差异，所以各个企业具有不同的特点。因此，企业应当根据各自的实际情况，根据企业中人与人、人与物、部门与部门、领导与职工之间交往的特点，恰当地设置适用的控制措施、手段、程序等，并且随着内外环境的变化及时调整，发挥应有的控制作用，满足管理的需要。

（五）成本效益原则

内部控制应当权衡实施成本与预期效益，以适当的成本实现有效控制。企业的内部控制成本应该低于制度带来的预期收益。在建立和实施内部控制中应树立成本收益观念，避免控制制度的烦琐与复杂。那种不顾企业实际、过分强调所谓的"严密"要求，从而设计出十分庞杂的控制制度做法，不但浪费企业的人力、物力与财力，也会导致职工产生厌烦情绪，不利于调动职工的积极性。贯彻这一原则应注意，当一些业务通过不断增加控制点来达到较高的控制程序时，就应当注意考虑采用多少控制点才能够使控制收益减去控制成本的值最大化；而当控制收益难以确定时，则应当考虑在满足既定控制目标的前提下，如何使制度控制的成本最小化。

二、内部控制的基本前提

内部控制原则体现在企业相应的内部控制基础规范中，这些基础规范包括各类信息记录（如会计、统计、生产运营等）和报告制度，授权、监督、责任考核制度，鉴别责任的依据、标准、计量工具手段和相关制度，部门和岗位设置规范，人员任用、考评、奖惩制度等，是企业内部控制有效实施的基础和前提。

（一）严格人员控制制度

对经营管理人员进行控制是人员素质控制的一种。对企业内部控制体系来说，经营管理人员无疑是最为重要的因素。对经营管理人员的控制是内部控制中的重要组成部分，对其他控制起着基础性作用。真正的内部控制必须在经营管理人员的控制上下功夫。

人员控制的目的在于保证职工的忠诚、正直、勤奋及形成有效的工作能力，从而保证其他控制措施的有效实施。人员控制的内容主要包括以下六个方面：①建立严格的招聘程序，保证应聘人员符合招聘要求；②制定员工工作规范，用以引导、考核员工的行为；③定期对员工进行培训，帮助员工提高业务素质，更好地完成规定的任务；④加强考核和奖惩力度，定期对员工的业绩进行考核，做到奖惩分明；⑤对重要岗位员工建立职业信用保险机制，如签订信用承诺书、由保荐人推荐或办理商业信用保险等；⑥轮换工作岗位，通过轮换工作岗位，可以及时发现错弊情况，并加以纠正。

（二）规范部门及岗位职责

内部控制目标的实现不仅要有完整的控制制度、规范的流程，还必须具有合理的控制部门和适当的岗位设置。规范部门和岗位设置应该实现以下四个目标：

1.有利于各项业务的履行

控制和效率是矛盾的，不恰当的控制会损害效率，甚至影响企业经济活动的正常开展，违背内部控制的初衷。

2.有利于日常监督的实施

内部控制促使所设立的部门及其责任人重视各自职责范围内内部控制体系的建立、控制措施的实施，使每个岗位员工忠诚地执行各项制度，履行相应职责，既保障了企业对相关业务的日常监督，也保障了相应经济利益的实现。

3.分清职责

内部控制有利于分清每个组织或岗位的责任，明确各自应负的责任。

4.保证实施全面业务考核

考核业务或职责的分配、作业程序的执行及控制效果，为进一步完善内部控制提供依据。

（三）明确授权、监督及责任考核制度

企业必须为各项业务的内部控制建立相应授权、监督和责任考核制度。授权制度应当分层次制定，同时明确相关业务环节授权的批准规定。例如，采购与付款业务中请购授权，包括提出请购与请购审批的权限，这些权限应当按照一定的标准进行划分，并区分一般授权和特定授权，明确各自的层次、范围和责任。请购审批、采购审批、验收审批、会计记录与付款审批按照一定的程序进行。

对各项业务的监督，特别是对被授予权力的部门或个人进行监督是各项业务内部控制有效的保证，一方面，可以促进内部控制制度的有效实施；另一方面，也可以对企业现行内部控制的恰当性和有效性进行分析与评价，为以后修订和改进提供依据。

责任考核制度是授权正确行使的保证。企业必须为每个岗位、每项授权订立明确的责任制度和相应的考核制度，责任制度和考核制度要明确制定各项责任的量化条款考核标准，包括成本费用控制责任和考核标准、质量标准、经济效益和效率标准、合法性和合规性标准等，这样才有利于会计控制制度的有效实施。

（四）健全鉴别责任的依据、标准、计量工具和手段

鉴别责任的依据、标准，以及相应的计量工具和手段是企业管理的基础，也是有效落实责任、有效实施内部控制的必要条件。为了对各项具体业务进行控制，企业必须对明确各项业务活动责任的相应依据、标准加以规定，并对计量这些标准或依据的手段和工具加以规范、检测和校正，便于企业明确各个业务内部控制活动中各项控制的责任，促进各项业务内部控制的落实。

（五）强化会计信息记录和报告制度

会计记录和报告一开始就通过货币计量的形式反映经济业务活动情况、界定管理层受托经营责任，不管从会计历史的角度，还是会计信息的角度，会计记录和报告所起的作用都不容置疑。但是，对于以权责发生制为基础的会计系统，不同的确认和计量基础所对应的计量报告结果不可比较，所以规范相应的制度和标准尤为重要。同样，规范、可比、完整、真实及可靠的会计记录和报告是企业实施内部控制的基础资料，如果缺乏相应的会计信息记录报告制度，不管是对企业的经营管理，还是对企业各项业务的会计控制，其后果都不堪设想。所以，进行内部控制，首先要做的工作是建立健全会计信息记录和报告制度。

第三章 企业内部控制环境与风险评估

第一节 企业内部控制环境

一、企业的组织架构

（一）组织架构的含义

组织架构是指企业按照国家有关法律法规，依据股东（大）会或国有资产监督管理机构决议和企业章程，结合企业实际，明确股东（大）会或国有资产监督管理机构、董事会、监事会、经理层和企业内部各层级机构设置、职责权限、人员编制、工作程序和相关要求的制度安排。其中，核心是完善公司治理结构、管理体制和运行机制。

组织架构涵盖了治理结构和内部机构两个层次。其中，治理结构即企业治理层面的组织结构，是与外部主体发生各项经济关系的法人所必备的组织基础，可以使企业成为法律上具有独立责任的主体，从而在法律许可的框架下拥有特定权利、履行相应义务，以保障各利益相关方的基本权益。内部机构则是企业内部机构层面的组织架构，是指企业根据业务发展的需要，分别设置不同层次的管理人员及相应的专业人员管理团队，针对各项业务功能行使决策、计划、执行、监督、评价的权利并承担相应的义务，从而为业务顺利开展并实现企业发展战略提供支撑平台。企业应当根据发展战略、业务需要和控制要求，选择适合本企业的内部组织机构类型。

一个现代企业，无论处于新建、重组改制或存续状态，要实现发展战略，都要充分利用组织架构提供的规划、执行、控制和监督活动的框架，构建实施内部控制的载体。企业组织架构的设置直接影响企业的经营成果及控制效果，设置合理的组织结构可以为计划、指导及控制打下基础，有助于形成良好的内部控制环境。任何企业都应该把建立和健全组织架构放在首位，否则其他方面无从谈起。建立和完善组织架构可以促进企业建立现代企业制度，有助于防范和化解各种风险，并在内部控制制度的建设中起到结构性支撑作用。

（二）企业组织架构控制目标

一是建立和完善组织架构，明确决策、执行、监督等方面的职责权限，形成科学、有效的职责分工和制衡机制，有效防范和化解各种舞弊风险。

企业作为一个系统，其组织架构对企业获得利润、满足社会需求也同样具有重要的作用。因此，组织架构是企业的基本框架，科学、合理、正确的架构从管理的上游形成防范风险的屏障，为企业健康稳定地运行打下了基础，为效益最大化和效率最大化增添了保障。

而是持续优化治理结构、管理体制和运行机制，促进企业实现发展战略。

企业为了保持组织架构的先进性，就要持续地优化治理结构、管理体制和运行机制，使企业保持良好的竞争态势，及时地适应社会发展和市场竞争的需求，促进企业各项目标的实现。

（三）企业组织架构主要风险点

企业在组织架构的设计与运行中至少要关注下列主要风险：

一是治理结构形同虚设，缺乏科学决策、良性运行机制和执行力，可能导致企业经营失败，难以实现发展战略，如内部监督没有实施到位，导致企业违反监管要求，被监管机构处罚等。

二是内部机构设置不科学，权责分配不合理，可能导致机构重叠、职能交叉或缺失，一旦出现问题就推诿扯皮，运行效率低下，如部门设置不当、不相容岗位设置不当、人员选任不当、没有科学的决策体系等。

（四）企业组织架构主要控制点要求

1.治理结构要求

（1）对企业的要求

企业应根据国家有关法律法规的规定，按照决策机构、执行机构和监督机构相互独立、权责明确、相互制衡的原则，明确公司董事会、总经理办公会和经理，，以及公司股东大会、董事会、监事会职责权限、任职条件、议事规则和工作程序等。

（2）对董事、监事、高级管理人员的要求

董事、监事、高级管理人员应当遵守法律、行政法规和公司章程，对企业负有忠实和勤勉义务。董事会对股东（大）会负责，依法行使企业的专门经营决策权，并代表股东履行出资人职责。

①依法治定公司章程，在章程中明确出资人、董事会、总经理、监事会的职权、性质、议事规则及授权。

②建立独立董事会制度。上市公司董事会应当建立独立董事会制度。独立董事应独立于所受聘的公司及其主要股东，且不得在上市公司担任除独立董事外的其他任何职务。为了确保独立董事能够独立、恰当且充分地履行其职责，企业应根据国家有关法律法规、上市地监管机构的法规指引及公司章程等制定独立董事工作制度。

③设立董事会专门委员会。董事会下应设战略、提名、薪酬与考核、审计与风险管理、社会责任等专门委员会，作为董事会的专门工作机构，为董事会决策提供咨询意见和建议。

④设立董事会秘书。董事会秘书作为公司高级管理人员，对企业董事会负责。同时，还应设立了董事会办公室，作为董事会秘书履行职责的日常办事机构。

⑤实行总经理负责制。总经理对董事会负责，主持企业的生产经营管理工作，副总经理、总会计师等高级管理人员根据总经理授权，协助总经理工作，对总经理负责。企业可以通过总经理办公会议等多种形式，研究总经理职责范围内的生产经营管理重要事项。

⑥依法依规对其全资企业、控股企业、参股企业的有关资产行使资产受益、重大决策和选择管理者等出资人的权力，对所属资产依法经营、管理和监督，并承担相应保值增值责任。

⑦在中国境内的企业按照《中华人民共和国工会法》（简称《工会法》），依照法律规定组织职工，采取与企业、事业单位等相适应的形式，参与企业单位民主管理和监督。

（3）对国有独资企业的要求

国有独资公司在我国是比较独特的企业，是具有中国国民经济特色的国家骨干力量。

①国家独资设立的国有公司、国家授权投资的机构和国家控股的公司，由国有资产监督管理机构代表国务院履行出资人职责。

②国有独资公司原则上按照《中华人民共和国公司法》（简称《公司法》）的具体要求开展运营工作。

③国有企业职工代表大会是国有企业实行民主管理的基本形式，是职工行使民主管理权力的机构，依照法律规定行使职权。企业工会可以依照法律规定通过职工代表大会或者其他形式，组织职工参与本单位的民主决策、民主管理和民主监督。

企业通过职工代表大会制度确保职工参与民主决策、民主管理和民主监督。职工代表大会的职权包括以下方面：对企业的经营管理方针、中长期发展规划、改制方案和重大改革措施等重要事项进行审议并提出建议；对企业改革职工安置方案、绩效考核及奖惩方案、涉及职工切身利益的重要制度和重大事项等进行表决；听取企业领导班子及成员履职报告和廉洁自律的情况，并进行民主评议；选举、监督和罢免职工董事、职工监事，选举职代会专门委员会成员等。职工代表大会的工作机构是企业工会组织。职工代表大会制度在企业经营管理中发挥了积极作用。

（4）加大治理结构的运行力度

企业应当根据组织架构的设计规范，对现有治理结构和内部机构进行全面的梳理，确保本企业的治理结构、内部机构和运行机制等符合现代企业制度要求。企业应对治理结构进行梳理，包括以下方面：一是重点关注董事、监事、经理及其他高层的任职资格和履职情况，如职业操守、经营业绩、合规经营等；二是关注董事会、监事会、经理层的运行效果，如董事会向股东大会定期或不定期地汇报相关决议和"三重一大"（重大决策、重大事项、重要人事任免及大额资金支付业务）等执行力，监事会对人、财、物等方面的监督执行力度，经理层严格履行董事会指令等的运行情况。

2.内部机构设计要求

（1）内部组织机构的设置

企业应根据发展战略、业务需要，结合内部控制要求设置内部组织机构，明确职责权限，将权利与责任落实到各责任单位，并致力于内部结构紧密化，完善产业链，优化产业结构。

企业应有归口部门负责内部组织机构的设置。内部组织机构既可划分层次管理，也可实行扁平化管理，只要有利于企业的战略发展与合规经营的需求。在具体机构设置中，应明确在发展战略、综合计划、重大投资、重大资源配置、资金管理、重大科研开发和对外合作等方面承担决策、运行协调、监督检查的职能部门，明确各项经营管理指标的落实，以及有效运营以实现公司整体战略和经营目标的责任单位。在科学、合理、有效的运营模式和机构设置框架下实施具体的业务活动。

（2）组织架构

企业应明示自身的组织架构，并制定组织结构图、业务流程图、岗（职）位说明书和权限指引等管理制度或相关控制要件，使员工了解和掌握组织架构设计及权责分配情况，正确履行职责。

（3）内部机构的全面梳理

明确相关部门作为牵头部门，在各自的职责范围内，会同相关业务部门，对企业内部机构设置情况进行梳理，梳理工作侧重于机构设置的合理性和运行的有效性。

（4）内部控制职责

内部控制在企业的建立健全，重要的一步就是将内部控制的职责层层落实，实施到位。

①董事会负责内部控制的建立健全和有效实施。

②监事会对董事会建立与实施内部控制情况进行监督。

③总经理层对内部控制工作的重要计划和方案进行审定。

④明确企业内部控制工作的日常管理机构，对企业的内部控制工作进行指导、协调、定期监督检查评价等。

⑤企业应成立内部控制或全面风险管理领导小组，组长由企业主要负责人担任，全面风险管理领导小组下设办公室，作为企业内部控制或风险日常管理机构。内部控制、风险管理机构的主要职责应包括组织制订可修定本单位内控手册或内控实施细则、制定或修订风险识别清单，组织对所属企业的检查，并协调本单位内部控制和风险管理工作等。

企业应当按照科学、精简、高效、透明、制衡的原则，综合考虑企业性质、发展战略、文化理念和管理要求等因素，合理地设置内部职能机构，明确各机构的职责权限，避免职能交叉、缺失或权责过于集中，形成各司其职、各负其责、相互制约、相互协调的工作机制。

3.岗位职责的划分

企业应当对各机构的职能进行科学、合理的分解，确定具体岗位的名称、职责和工作要求等，明确各个岗位的权限和相互关系。

企业应当对内部机构或岗位实行不相容职务、岗位分离制度。遵循互相制约、权力分割、稽核对证等原则，关键岗位的设置体现不相容职务分离原则，使不同岗位真正起到相互制约、相互监督的作用。

4.组织架构的评估调整

企业在对治理结构和内部机构全面梳理的基础上，对组织架构设计与运行的效率和效果进行综合评价，发现可能存在的缺陷，及时进行必要的优化调整。企业管理人员在对组织架构进行调整时，应充分听取董事、监事、高级管理人员和其他员工的意见，按照规定的权限和程序进行决策审批。

5.岗位设置

企业在确定职权和岗位分工过程中，应当体现不相容职务相互分离的要求。

①企业人力资源部门应当遵照定编、定员、定岗"三定"方针，合理地进行企业的岗位设置。同时，企业将岗位分析纳入生产经营管理的日常内容，通过岗位分析，明确各个岗位的权限和相互关系。

②企业通过编写岗位职责说明书等形式，对各岗位的具体职责、工作权限、任职资格等加以明确界定，确保岗位配备胜任的人员，避免因人设岗。企业的岗位职责说明书由相应的人力资源部门组织编写、汇总和审核发布。

6.对子公司的管控

①企业在业务规模不断发展壮大的过程中，充分认识到建立科学的投资管控制度的重要性，在保持母子公司独立性的前提下，对全资及控股子公司特别是异地、境外子公司的发展规划、年度财务预决算、利润分配，增减注册资本、合并、分立、解散、清算或变更公司形式、重大投融资、担保、大额资金使用、理财业务及金融衍生业务，重要产权转让、重大资产处置和重大债务重组，重要人事任免，内部控制体系建设等重要事项给予了特别关注。

②企业可以通过委派股东代表，推荐董事、监事等方式履行出资人职责，维护出资人利益。由公司提名并出任子公司董事、监事的人员，企业应对其职责及工作程序进行明确的规定，以确保其充分、正确地履职。

二、企业的权责分配

（一）权责分配的含义

权责分配，是指通过建立权限指引和授权机制，明确决策、执行和监督检查等方面的职责权限，以形成科学有效的职责分工和制衡机制。建立权限指引旨在使不同层级的员工清晰地知晓如何行使权力并承担相应的责任；授权机制则有助于确保企业各项决策和业务由具备适当权限的人员办理。

（二）企业权责分配控制目标

1.确保企业经营过程中的决策和业务执行经过适当的授权，避免权力交叉、冲突、越权或权力真空。

2.确保企业经营过程中的重大决策、重大事项、重要人事任免及大额资金使用经过集体决策，避免权力集中化，实现岗位间的相互制约和监督。

（三）企业权责分配主要风险点

经营活动未经适当委托授权或超越委托授权，单独决策或擅自改变决策，对企业管控不当，损害企业利益。

（四）企业权责分配主要控制点要求

1.权责分配原则

①企业的权责体系应当遵循的八条原则有不相容原则、匹配原则、书面原则、逐级授权原则、适当原则、合规原则、回避原则、公开原则。

②企业实行分级授权制度，严格授权管理，通过颁布权限指引，针对各业务和事项，明确各层级的授权原则与权限划分标准。

2.授权机制和权限指引

（1）授权机制

企业各级员工必须获得相应的授权，才能实施决策或执行业务，严禁越权办理。按照授权对象和形式，授权分为常规性授权和特别授权。

（2）权限指引

根据《企业内部控制基本规范》有关授权要求，企业应根据公司章程，结合"三重一大"集体决策制度，制定本企业的权限指引，明确办理业务和事项的权限范围、审批程序和相应责任，更好地落实分级授权制度。

①权限指引管理。授权审批控制是内部控制的一项重要控制措施。授权审批控制可分为常规授权和特别授权。

常规授权是指企业在日常经营管理活动中对既定的职责和程序进行授权。常规授权在授权期限内可重复使用。企业如果没有特殊事项，一般不进行特别授权事项。在权限指引管理中应该注意以下上哪点：

第一，对外从事法律活动前，相关权利人、被授权人应按照权限指引或内部规章中的具体权限，办理授权委托。授权委托事项由归口部门负责。

第二，权限指引中的权限，是指权利人为履行职责所享有的决策审批、审核权力及承担的责任。各管理人员应当在授权范围内行使职权和承担责任。

第三，权限履行包括集体决策和个人履行规定的职责。对于重大业务和事项，应实行集体决策批准制度，任何个人不得单独进行决策或者擅自改变集体决策。

②权限指引内容。企业的权限指引以矩阵式表格形式描述，由横向、纵向两个指标体系构成，横向主要包括审批层级、主办协办会签部门及职责，纵向指标是业务类别，即设置权限的各类型业务和事项。权限设置分为定性和定量两种指标类型。

企业应根据自身实际情况建立本单位的权限指引，审批权限至少应该包括企业高层集体决策、企业负责人、企业分管负责人、总会计师、部门负责人、相关经办人等，具体层级由企业根据实际情况确定。

根据权限指引享有审批、审核权力的人员应严格按照权限指引规范行使权力，不得越级审批（审核）或不履行审批（审核）责任，也不得将权力违反规定授予他人。未经授权的部门和人员，不得行使审批（审核）权限。各企业应建立审批（审核）程序或审批（审核）制度，对权责行使应有规范要求，应有相应的前提或必要条件加以约束，防止权力行使的随意或滥用。企业的相关监督部门（纪检监察部门、审计部门、内部控制部门等）应加强对行使权力的监督。

3."三重一大"集体决策制度

企业应根据实际情况制定适合本单位的"三重一大"（重大决策、重大事项、重要人事任免、大额资金使用）集体决策制度，对"三重一大"事项进行集体决策，并按权限规定审批。

4.对权责分配的评估调整

企业内部控制或风险管理部门负责定期对权限指引和其他授权制度进行更新调整。企业相关管理部门负责组织对"三重一大"集体决策事项及标准的更新调整。

三、企业的发展战略

（一）发展战略的含义

发展战略是指企业在对现实状况和未来趋势进行综合分析和科学预测的基础上，制定并实施的中长期发展目标与战略规划。

企业发展战略是决定企业未来发展的关键性因素。也就是说，决定企业发展成败的一个极其重要的问题，就是企业发展战略是否科学、合理。如果发展战略选择失误，那么企业的整个经营活动就必然会受到重创。

（二）企业发展战略控制目标

1.确保企业战略目标和战略规划具备可行性和适当性，能够为企业找准市场定位，赢得竞争优势。

2.确保企业战略规划得到有效的执行和落实，促进企业增强核心竞争力和可持续发展能力。

（三）企业发展战略主要风险点

1.宏观层面的风险

国家战略及宏观经济政策、产业政策变化，国内外市场需求变化，政府出台或修订法律法规，以及政府准入控制变动等对企业的经营产生影响。

2.战略规划风险

战略决策不当、战略调整不及时或过于频繁、战略决策未被认同，影响企业的经营和持续发展。

3.战略执行风险

组织架构与战略不匹配，资源分配与战略脱节，商业模式不适应战略需要，战略目标分解不充分，所属企业未落实战略，战略未能有效传达，战略合作伙伴缺失或选择、维护不当，考核评价与战略不匹配，影响企业战略目标实现。

4.产业链衔接和竞争风险

未发挥产业链协同效应，导致资源浪费；未能恰当地应对竞争对手，导致企业市场份额下降或流失重要客户；行业进入门槛降低或提高，导致竞争力度加大、成本上升或被迫退出相关市场。

（四）企业发展战略主要控制点要求

1.发展战略的制定

①企业应当在充分调查研究、科学分析预测和广泛征求意见的基础上制定发展目标。按照国家及企业发展要求，企业应当提出与之相匹配的发展目标，同时将此目标告知全体员工，并围绕这一目标制订战略发展规划。

②企业董事会下设战略委员会，通过制定相关工作规则，明确战略委员会在发展战略管理方面的职责和议事程序（议事规则）。对战略委员会会议的召开程序、表决方式、提案审议、保密要求和会议记录等进行规定，确保议事过程规范透明、决策程序科学、民主。

明确归口部门作为战略委员会办事机构及发展战略的牵头部门，负责组织各部门及相关专家参与中长期发展规划的编制和修订工作，并根据需要编制企业阶段性发展计划。

③战略规划应当明确发展的阶段性和发展程度，确定每个发展阶段的具体目标、工作任务和实施路径。企业中长期发展规划的主要内容包括发展基础、发展环境、重要举措，各项业务实现有效发展的战略举措，深入实施科技和人才战略方面的举措，强化企业管理、提高经济效益方面的举措，注重资源节约、环境建设等方面的重点举措。

2.发展战略的实施

①企业的战略管理体系应当通过总战略、中长期发展规划、阶段性发展计划、年度工作计划、全面预算、业绩管理等机制和流程来支撑。通过将目标分解、将指标落实等措施来保障发展战略的有效实施。

②企业建立健全保障发展战略有效实施的措施，包括培育与发展战略相匹配的企业文化、优化调整组织结构、整合内外部资源、优化调整管理模式等。

③企业应当通过内部各层级会议和教育培训等有效方式，将发展战略及其分解落实情况传递到内部各管理层级和全体员工，使员工明确目标、找准方向，更好地为企业的发展贡献力量。

3.发展战略的监控

由于经济形势、产业政策、技术进步、行业状况及不可抗力等因素发生重大变化，企业应重视对发展战略实施中及实施后的效果进行监控和评估。战略委员会应当加强对发展战略实施情况的监控，定期收集和分析相关信息，对明显偏离发展战略的情况，应当及时报告，确须对发展战略进行调整时，应当按照规定权限和程序来调整。因此，企业应定期进行年度工作计划和预算指标完成情况的统计分析工作，明确实际完成情况与预算目标之间的差距，分析造成差距的主要原因，并制定整改措施。

四、企业的人力资源

（一）人力资源的含义

人力资源是指企业组织生产经营活动而录（任）用的各种人员，包括董事、监事、高级管理人员和全体员工。人力资源实质上是企业中各类脑力劳动者和体力劳动者的总和。

企业应当重视人力资源建设，根据发展战略，结合人力资源的现状和未来需求预测人力资源发展方向，建立人力资源发展目标，制定人力资源总体规划和能力框架体系，优化人力资源整体布局，明确人力资源的引进、开发、使用、培养、考核、激励、退出等管理要求，实现人力资源的合理配置，全面提升企业的核心竞争力。

（二）企业人力资源控制目标

1.加强人力资源规划，合理配置人力资源，优化人力资源布局，充分发挥人力资源对实现企业发展战略的支撑作用。

2.加强人力资源培养开发和队伍建设，充分调动企业员工的积极性，有效发挥员工潜能和创造性，实现企业与员工的共同发展。

3.形成科学的人力资源管理制度和机制，防范人力资源风险，全面提升企业的核心竞争力。

（三）企业人力资源主要风险点

1.人力资源规划评估不当、相关管理人才短缺。

2.人力资源引进或开发不力、招聘规划设置不当、未履行岗位人员回避制度；人员任用不当、未签订保密协议、激励约束机制不合理，影响企业实现经营目标。

3.人力资源管理违规、就业歧视引发纠纷、适合市场发展需求的人才短缺、人力资源退出机制不当，引发纠纷或诉讼，导致企业声誉受损。

（四）企业人力资源主要控制点要求

1.人力资源总体规划

企业人力资源是内部环境的核心要素，若人才缺乏，企业在市场的竞争力就无从谈起。因此，企业要充分做好人力资源的规划工作，为企业的发展做好人才的储备。

①紧紧围绕企业的战略目标，实施人才强企战略，明确人力资源总体规划。

②根据国家规定及企业发展的要求，企业应制订人才队伍建设中长期规划，提出人才队伍建设的总体要求，包括预测的岗位优化员工需求、企业平衡供需的指导原则和总体政策，具体表现为员工补充计划、员工配置计划、人才成长通道计划、员工培训与开发计划、员工激励计划、员工退休解聘等。

③企业应根据国家有关精神和企业发展战略，并结合人才成长通道资源，制订企业未来中间骨干队伍建设规划。

2.人力资源的引进与开发

企业应当根据人力资源总体规划，结合生产经营需要，制订年度人力资源需求计划，完善人力资源引进制度，规范工作流程，按照计划、制度和程序组织人力资源引进工作。

①围绕企业发展战略和人才队伍建设需要，企业按照"注重专业，择优录用，公开操作，加强监督"的总体原则，选拔社会人才和应届高校毕业生，并根据业务发展需要，适当招聘高级别的专业技术员工以带动企业的创新发展。

②根据人力资源能力框架要求，明确各岗位的职责权限、任职条件和工作要求，遵循德才兼备、以德为先和公开、公平、公正的原则，通过公开招聘、竞争上岗等多种方式选聘优秀人才，重点关注选聘对象的价值取向和责任意识。在选拔高级管理人员和聘用中层及以下员工时，应当切实做到因事设岗、以岗选人，避免因人设岗，确保选聘人员能够胜任岗位职责要求。在选聘人员中应当实行岗位回避制度。

③企业确定选聘人员后，应当依法签订劳动合同，建立劳动用工关系。对于在产品技术、市场、管理等方面掌握或涉及关键技术、知识产权、商业秘密和国家机密的工作岗位，应当与该岗位员工签订岗位保密协议，明确保密义务。

④企业应当建立选聘人员试用期和岗前培训制度，对试用人员进行严格考察，促进选聘员工全面了解岗位职责，掌握岗位基本技能，适应工作要求。试用期满考核合格后，方可正式上岗；试用期考核不合格者，应当及时解除劳动关系。

⑤企业应当重视人力资源开发工作，建立员工培训长效机制，营造尊重知识、尊重人才和关心员工职业发展的文化氛围，加强后备人才队伍建设，促进员工的知识、技能持续更新，不断提升员工的服务效能。

开发人力资源是充分发挥人力资源作用的重要手段，是实现人力资源保值增值的基础工作。坚持员工是企业可持续发展的宝贵资源理念，为每位员工开辟适合其自身发展的职业成长通道。针对人力资源的不同类型和层次，按照高级管理人员、中层管理人员（专业技术人员）、一般员工等分类进行有效开发，最大化地提升员工成长空间。

3.人力资源的使用与退出

建立健全人力资源管理的退出机制。恰当的退出机制对员工与企业的发展有着重要影响。因此，人力资源退出机制可以保证企业的高效精干，也给予了员工适合自己成长的空间。

①企业应当执行激励与约束相结合的人力资源策略，根据阶段性的业绩评价结果，对员工予以指导和奖罚。

②设置适合企业特点的业绩考核指标体系。通常考核指标可以分为效益类指标、管理类指标和约束性指标三类。效益指标主要是指企业利润指标、成本费用指标等。管理类指标主要指企业通过管理推动目标完成的指标，如能耗率、风险管理及内部控制执行情况、党风廉政建设情况等。约束性指标主要是指一票否决性指标，如安全指标等。

③根据国家和政府相关规定，结合市场调查，制定高级管理人员、技术人员和普通员工的薪酬标准。企业人力资源部门应该对薪酬政策和方案的实施进行监控。

④根据国家法律法规，并结合企业实际情况，制定员工退出制度和程序，明确员工辞职、解除劳动合同、退休等退出程序，真正地做到员工"能上能下，能进能出"。

⑤做好人力资源的年初计划与年末总结工作，定期（一般为每年度末）对人力资源的计划执行情况进行评价，通过评价对企业的人力资源实行最优配置，发挥出员工的最佳能力。

五、企业的社会责任

（一）社会责任的含义

社会责任是指企业在生产经营发展过程中应当履行的社会职责和义务，主要包括安全生产、产品质量、环境保护、节约能源、促进就业、员工合法权益保护及社会公益等。

企业在创造利润、对股东负责的同时，还应承担起对劳动者、消费者、环境、社区等利益相关方的责任，企业责任的核心是保护劳动者合法权益，包括不歧视、不使用童工，不使用强迫性劳动，安全卫生工作环境和制度等。

企业作为社会的重要细胞，不仅是经济活动中的经营主体，在社会活动中同样担任着重要角色，在企业发展的同时其会直接或间接地对社会产生重要影响，社会进步与企业发展之间相互作用，公民的权利意识和公民自我保护的意识不断增强，因此，企业对社会的责任是社会文明发展的必然趋势。企业承担社会责任，有助于改善企业形象、增强企业竞争力，更好地提高经济效益，同时对员工的综合素质提升有积极的作用。企业在履行社会责任的同时，既可以实现可持续发展，也可以赢得社会美誉，使未来的发展更具后劲。

（二）企业社会责任控制目标

企业对社会责任的控制目标通常有以下七种。

1.全面贯彻落实"安全第一、预防为主、全员动手、综合治理，改善环境、保护健康、科学管理、持续发展"方针，最大限度地不发生事故、不损害人身健康、不破坏环境，促进企业全面、协调、可持续发展。

2.遵守国家环保标准，有效利用资源，促进清洁生产，减少或杜绝污染物排放。

3.优化能源结构和配置，减少能源的损失和浪费，更加科学、合理、高效地利用能源。

4.建立健全并严格执行产品质量标准体系，在生产中实现全过程质量控制，提升职工质量意识，走质量效益型发展道路。

5.保障职工合法权益，构建企业和谐劳动关系；强化"以人为本"理念，关心爱护员工，预防职业病危害。

6.公开招聘、公平竞争、公正录用，为社会提供尽可能多的就业岗位。

7.积极履行社会公益方面的责任和义务，关心帮助社会弱势群体，支持慈善事业，提升企业社会形象。

（三）企业社会责任主要风险点

1.HSE（健康、安全、环境）风险

HSE包括健康（Health）、安全（Safety）和环境（Environment）三个方面。HSE风险有以下三个方面：

①HSE管理体制不当或规章制度执行不力，HSE投入不足，HSE专业管理人员素质不达标，安全和环保隐患发现、报告或治理不及时，员工生产工作环境

恶劣、个体防护用品配备不规范，引发安全环保事故，损害公司利益。

②违反安全环保规定，迟报、谎报和瞒报安全环保事故，清洁生产工作开展不力，"三废"综合利用不当，被安监部门处罚。

③应急预警和报告体系不当，未制定应急预案；未落实安全环保责任追究制度，未定期开展安全环保考核；对下属企业设备管理缺乏监督，无法有效地进行安全环保管控。

2.质量管理风险

质量标准体系不健全、质量控制执行不当，违反国家质量标准；发生质量事故时，未及时上报有关部门，调查不充分、处理不妥当；质量纠纷处理不当，导致企业被监管机构处罚，利益受损。

3.其他社会责任风险

公益慈善管理不当，促进就业不当，员工权益保护不当，社会责任危机公关不当；发生劳动争议、法律诉讼或群体上访事件；股东大会等（职工代表大会）职权落实不到位，损害企业声誉或导致被监管机构处罚。

4.外部事件风险

外部事件应急管理不当，导致生产经营中断、信息数据丢失，影响企业的运营。

（四）企业社会责任主要控制点要求

1.社会责任管理体系

①企业应设社会责任管理委员会或归口管理部门，研究企业社会责任管理的政策、治理、战略、规划，审阅企业社会责任年度计划和执行情况等。

②企业应成立企业社会责任工作领导小组或明确归口管理部门，负责监督、管理企业社会责任工作开展情况。

③企业治理层对社会责任战略等工作进行决策；管理层及相关部门负责落实企业治理层决策，领导企业社会责任的日常工作，制定安全、环境、健康、预防及科学管理和持续发展等方针。

④企业应设置安全、能源与环境保护等部门，并同时在相关部门设置职业健康、节能环保、安全生产等管理岗位，配备人员，落实开展安全生产与环境保护工作。

⑤有条件的企业可设置部门或岗位，处理企业外部公共安全，负责组织、协调、指导和监督外部公共安全等工作。

2.安全生产与环境保护

在任何企业中，"安全无小事"的理念越发根植于企业的上上下下，国家及各级政府对安全均采取"一票否决"制，安全的严格管理及问责越来越规范、越来越严厉。因此，保障劳动者在生产过程中的生命安全健康，是企业必须遵循的原则，更是企业义不容辞的责任。

（1）建立健全安全生产及环境保护管理机构和安全环保责任制

安全与环境是企业的硬性指标，随着社会发展及文明程度的提高，安全与环境也成为社会关注的焦点。为了保证安全环保在控制范围内，企业每年应通过签订"HSE责任书"等形式，向管理部门及具体实施部门下达年度安全环保职业健康考核指标，并根据总体控制目标进行分解和细化，建立各级次的安全环保职业健康管理责任制。

（2）建立健全安全生产与环境保护管理制度

①制定安全管理制度体系，如企业一体化管理手册等，努力实现安全环保各项工作有章可循、有据可依，为企业的安全环保工作保驾护航。

②在环境保护方面，企业在遵守国家的有关环境保护法律法规的同时，应制定具有自身特点的环境保护管理制度，规范企业环保工作管理。

（3）设备设施的使用维护管理

企业的生产运行离不开各种设备设施，设备设施在企业的资产中占有重要的位置。企业应根据自身特点，建立健全安全设备设施及环保设备设施使用维护管理办法，量化设备设施维护保养指标，切实做到维护保养工作经常化，及时消除隐患问题，确保设备设施的平稳运行。

（4）清洁生产

企业应设立清洁生产归口管理部门，负责组织企业清洁生产的培训、审核工作，并在必要时聘请外部专家对各企业的清洁生产情况进行评估，以促进企业全员增强环保意识，提高清洁生产管理水平。

（5）环境监测分析

建立环境监测网络，为企业有效地实施全过程污染控制管理、污染物达标排放及总量控制计划服务。

（6）应急管理

①企业应根据总体应急预案及专项应急预案要求，认真开展危害识别和风险评估，制定本单位的应急预案，建立健全应急网络，整合应急资源，并在实践中持续完善应急救援体系，不断提高企业综合处置突发性事件的能力和水平。

②企业安全环保管理部门应定期组织其他相关部门及员工，进行应急救援预案的培训和综合性演练，并及时总结和评价演练情况，增强全员安全环保意识和应急救援能力。

（7）职业健康管理

健康是每一个员工的基本需求，企业应本着"科学管理，以人为本"的理念，重视为员工提供符合劳动安全健康的工作场所和工作环境，为员工提供符合要求的防护用品和健康福利设施，及时发现和处置可能对员工健康造成影响的设施，促进企业、员工和谐健康可持续发展。

（8）安全环保检查监督

①日常检查。企业坚持综合检查、日常检查和专项检查相结合的原则，做到安全环保检查制度化、标准化、经常化，并对检查过程及情况进行详细的记录。企业应针对查出的安全环保违章违纪情况，进行限期整改，企业安全环保管理部门应追踪整改情况。

②关键部位。企业应重点加强对关键生产装置、要害生产部位等重大危险源的安全监督管理，进行重点检查和巡查，发现问题及时报告有关部门。

（9）安全环保教育

企业应建立健全本单位的安全环保教育培训制度。人力资源或教育培训等部门负责安全环保教育培训工作的组织实施；企业安全环保管理部门负责对安全环保教育培训工作实施监督管理和检查考核。

3.节能管理

（1）节能规划

企业应制定科学、合理的节能目标，要遵照国家有关方针、政策、法律、法规，对能源生产和消费进行科学的管理，采取技术上可行、经济上合理，以及环境和社会可以承受的措施，优化能源结构和配置，减少从能源生产到消费全过程各个环节中的损失和浪费，更加科学、合理、高效地利用能源。

（2）节能管理体系

①编制节能工作统计台账，对能源消耗情况进行统计、分析和核查，并将统计数据和分析报告定期上报企业管理层或上级部门。

②建立节能目标责任制和评价考核体系，根据国家和政府的相关要求，制定节能与达标工作考核奖励办法。

（3）节能技术和节能专项投入

企业应每年编制节能专项投入资金计划，有计划、分重点地开展节能技术更新改造项目，加快淘汰高耗能的落后工艺、技术和设备，定期检查计划的执行情况。

4.产品质量管理

质量是企业产品的生命，没有良好的质量，再多的产品也是空谈。企业产品粗制滥造将对社会产生负面影响，严重影响企业的声誉，降低企业的生命周期。

（1）产品质量管理机构和管理责任制

①企业应制定自身的经营理念，并将经营理念告知社会及员工，更好地接受社会的监督。企业应当视质量为产品的生命、信誉为企业的根本，即以市场为导向、以产品为载体、以质量为生命、以诚信为根本、以客户为中心，秉承企业的质量方针和质量目标，从高质量服务、规范化服务、增值性服务、多功能服务、保障性服务等角度出发，致力于为客户提供优质的产品和服务，努力追求客户的满意度和忠诚度，通过服务为客户创造价值，谋求与客户共同成长和发展。

②企业的产品质量管理应实行总经理（或厂长）责任制，各管理部门及具体执行部门的负责人是企业质量管理工作的第一责任人，形成层层问责的态势。企业应设置质量管理机构或专职岗位，负责执行本单位的质量管理工作。

（2）产品质量监督抽查

企业可以实行以抽查为主要方式的质量监督检查机制，主要包括年度质量监督抽查和临时质量监督抽查两个层级的控制面或其他相关形式。

（3）产品质量事故管理

①发生质量事故后，根据质量事故的程度在规定时间内向上级部门或政府部门汇报事故情况。按照国家要求，任何单位和个人对质量事故不得隐瞒不报、虚报或故意拖延报告。

②质量事故的调查工作必须坚持实事求是、尊重科学的原则。事故调查单位

应按照规定程序对产品进料（采购）、生产、储运、交付、销售过程中出现的质量问题进行责任的划分界定，追究责任单位及责任人质量事故责任。

③质量事故责任单位及责任人应及时分析原因，采取合理措施，及时整改，减少损失。

（4）质量教育培训

企业应开展全员质量教育培训活动，组织开展取样员、化验工及质检员的技能培训和持证上岗的考核，提高员工的质量意识，提高员工操作技能，确保生产优质产品。

5.促进就业与保护员工合法权益

企业应当依法保护员工的合法权益，贯彻人力资源政策，保护员工依法享有劳动权利和履行劳动义务，保持工作岗位相对稳定，积极促进充分就业，切实履行社会责任。

（1）促进就业

①企业秉承公开招聘、公平竞争、公正录用的原则进行招聘，在满足自身发展的基础上，为社会提供尽可能多的就业岗位。

②企业依法订立、履行、变更、解除或者终止劳动合同，努力构建和谐劳动关系。

（2）保护员工合法权益

企业遵循按劳分配、同工同薪的原则，及时足额缴纳员工社会保险，认真落实带薪休假制度，尊重员工人格，维护员工尊严。关注员工生活，按照"真困难、真帮助"的原则，努力为员工创造良好的工作条件和生活条件。

企业应当加强职工代表大会和工会组织建设，维护员工合法权益，积极开展员工职业教育培训，创造平等发展机会。按照有关规定做好健康管理工作，预防、控制和消除职业危害，重视员工健康保障。

6.社会公益

社会公益从字面来看是对社会公众的利益，实质是社会财富的再次分配。公益活动是指一定的组织或个人向社会捐赠财物，付出时间、精力和知识等活动。公益活动的内容包括社区服务、环境保护、知识传播、公共福利、帮助他人、社会援助、社会治安、紧急援助、青年服务、慈善、社团活动、专业服务、文化艺术活动、国际合作等。

①企业应支持和参与社会公益事业，履行好扶贫、助学、赈灾、文体公益等方面的责任与义务。

②按照产学研用相结合的社会需求，积极创建实习基地，大力支持有关方面培养、锻炼社会需要的应用型人才。

③企业应建立对社会公益活动的相关管理制度。在社会公益活动中应遵循预算管理、量力而行、注重效果的原则。

六、企业的文化建设与评估

（一）企业文化含义

关于企业文化，国内外企业界与理论界有大致两种看法：从狭义上看，企业文化仅仅包括企业思想、意识、精神、习惯与情感领域；从广义上看，企业文化是企业在建设和发展中所形成的物质财富和精神财富的总和。专家预言，未来企业的竞争将是文化的竞争。一个企业要做到最优秀、最具竞争力，必须在企业核心价值上下功夫。科技可以学，制度可以定，但是企业全体员工内在的"思想、理念"等追求，是很难移植、模仿的。从这个意义上说，企业理念才是最终意义上的第一核心。

企业文化是指企业在生产经营实践中逐步形成的、为全体员工所认同并遵守的价值观、经营理念和企业精神，以及在此基础上形成的行为规范总称。企业文化是企业的灵魂，是推动企业发展的不竭动力。企业文化包含着非常丰富的内容，其核心是企业精神和企业价值。这里的价值观不是泛指企业管理中的各种文化现象，而是企业或企业中的员工在从事经营活动中所秉持的价值观念。

（二）企业文化控制目标

1.打造优秀的企业文化，为内部控制有效性提供有力的保证。

2.企业通过扩大产能、重组并购等，加强企业文化建设，提高经营效率、核心竞争力，形成竞争优势，创造发展机遇和动力，防止过度扩张，增加企业市场占有率，实现企业的战略目标，保证企业的持续发展。

（三）企业文化主要风险点

1.缺乏积极向上的企业文化或没有建立起符合核心价值理念的企业文化，员工缺乏诚实守信的经营理念，导致公司缺乏凝聚力和竞争力，阻碍公司的发展。

2.缺乏开拓创新、团队协作和风险意识，导致企业发展目标难以实现。

3.企业文化宣传教育不当，影响企业文化在内部各层级的有效沟通；企业文化评估不当，导致企业文化建设流于形式。

4.企业品牌管理混乱、品牌结构失衡、品牌宣传不力、品牌保护不力，影响公司的品牌声誉。

（四）企业文化主要控制点要求

1.企业文化的表现形式

企业文化常常通过企业制度和物质范畴的形态表现出来，其较为流行的表现形式主要分为以下四个层次：

①精神文化。精神文化是指在内外环境的影响下，企业在长期生产经营过程中形成的精神和文化理念，主要包括经营哲学、道德理念等，属于企业的核心文化。

②制度文化。制度文化是由企业的法律形态、组织形态和管理形态构成的外显文化，主要包括企业的规章制度和管理办法等。

③行为文化。行为文化是指企业员工在生产经营、学习娱乐中产生的活动文化，主要包括生产经营、教育娱乐、人际关系等。

④物质文化。物质文化是指以客观事物及其相应组合为表现形式的文化，主要包括物质环境、设备设施、品牌包装等。

2.企业文化的建设

企业应当采取切实有效的措施，积极培育具有自身特色的企业文化，引导规范员工行为，打造以主业为核心的企业品牌，形成整体团队的向心力，促进企业长远发展。

①在企业文化的建设中，应制定和颁布《企业文化建设纲要》，明确企业文化建设的原则、愿景、核心价值观。根据企业发展战略和实际情况，总结优良传统，挖掘文化底蕴，提炼核心价值，确定文化建设的目标内容，形成企业文化规范。企业文化规范构成了员工行为守则的重要组成部分。

②在企业文化建设中，董事、监事、经理和其他高级管理人员应当发挥主导和垂范的作用，以自身的优秀品格和脚踏实地的工作作风带动并影响整个团队，

形成全员参与文化建设的氛围，共同经营积极向上的企业文化。

③企业文化建设应当融入生产经营的全过程，切实做好文化建设与发展战略的有机结合，增强员工的责任感和使命感，规范员工行为方式，使员工的自身价值在企业发展中得到充分体现。加强对员工的教育，全面提升员工的文化修养和内在素质。

④企业应持续加强文化建设，遵循企业核心价值理念，并促进价值理念与管理制度的融合，以塑造符合自身特点的管理模式。坚持依靠规章制度，如相关经营管理制度，企业形象识别手册、员工守则、重组并购等相关文化建设制度等管理企业，营造遵守规章制度的良好氛围，切实做到有章必循、违章必纠。

3.企业文化的评估和创新

①企业应当建立企业文化评估制度，明确评估的内容、程序和方法，落实评估责任制，避免企业文化建设流于形式，建立企业文化建设考核评价办法等相关制度。企业文化评估制度主要考核内容应包括组织管理、工作落实、工作效果三个方面。

②企业应定期对企业文化工作的进展和实际效果进行检查及评估，重点关注企业高层在文化建设中的履职情况，重视评估结果。巩固和发扬文化建设成果，针对评估过程中发现的问题，分析原因，及时采取措施。同时要不断地对评估体系进行完善。

③企业文化建设是一个长期过程，要注重企业文化的不断创新，坚持实事求是的精神并立足国情，同时综合考虑经济全球化的特点和影响。针对企业文化评估过程中发现的企业文化缺失问题，应及时完善丰富调整，以推进企业文化不断实现创新和跨越。

第二节　企业风险评估

一、企业的风险识别

风险识别是风险管理的第一步，也是风险管理的基础。只有正确识别自身所面临的风险，人们才能够主动选择适当、有效的方法进行处理。

（一）风险识别的含义

风险识别指对尚未发生的、潜在的，以及客观存在的各种风险进行系统、连续的预测、识别、推断和归纳，并分析产生风险的原因和发展过程。风险识别是风险评估的第一步，也是最为重要的过程。

1.企业识别内部风险应关注的因素

企业识别内部风险，应当关注的要素有以下六点：

①董事、监事、经理及其他高级管理人员的职业操守、员工专业胜任能力等人力资源因素。

②组织机构、经营方式、资产管理、业务流程等管理因素。

③研究开发、技术投入、信息技术运用等自主创新因素。

④财务状况、经营成果、现金流量等财务因素。

⑤营运安全、员工健康、环境保护等安全环保因素。

⑥其他有关内部风险因素。

2.企业识别外部风险应关注的因素

企业识别外部风险，应当关注的要素有以下六点：

①经济形势、产业政策、融资环境、市场竞争、资源供给等经济因素。

②法律法规、监管要求等法律因素。

③安全稳定、文化传统、社会信用、教育水平、消费者行为等社会因素。

④技术进步、工艺改进等科学技术因素。

⑤自然灾害、环境状况等自然环境因素。

⑥其他有关外部风险因素。

企业应制定发展目标和发展战略。各层级企业应根据发展目标和发展战略，分解制定年度生产经营管理目标，从战略风险、财务风险、市场风险、运营风险、法律风险等层面及上述内外部风险的具体方面来识别影响目标实现的相关风险。

（二）企业风险识别的基本内容

风险评估的目的在于正确地发现及识别风险，进行分析与评估，有效地控制风险。企业通过识别出来的具体风险，加以基础性的分析工作，对企业在目标的完成中，如何规避或降低当前和未来所面临的潜在风险加以判断、归类，并对风险性质进行鉴定。

1.风险识别的基本内容是感知和识别风险

感知风险是通过调查了解，识别风险的存在；识别风险是通过分析风险产生的原因、条件，并鉴别风险的性质，为采取风险处理措施提供依据。另外，风险识别不仅要识别所面临的较明显风险，更重要也是最困难的是识别各种潜在的风险。

2.风险识别的动态性

由于风险具有可变性，因此风险识别工作应该连续、系统地进行，成为一项持续性、制度化的工作。

3.风险识别是风险管理过程中最基本和最重要的程序

风险识别工作是否扎实，直接影响到整个风险管理工作的最终效果。

（三）企业风险识别的途径与方法

1.风险识别途径

风险识别途径通常有两种：一是借助企业外部力量，利用外界信息、资料来识别风险；二是依靠企业自身力量，利用内部信息及数据识别风险。

一般来讲，企业为了有效地识别所面临的潜在风险，需要充分利用外界的风险信息资料。风险信息资料可以从各种信息网络、情报资料中获得，但企业获得的风险信息资料通常由保险公司及相关的咨询机构和学术团体提供。

2.风险识别方法

风险识别的目的并不是罗列每个可能存在的风险，而是识别那些可能对运营产生影响的风险。因此，在具体识别风险时，需要综合利用一些专门技术和工具，以保证高效率地识别风险并不发生遗漏。风险识别方法包括现场调查分析法、风险清单分析法、德尔菲技术法、财务报表分析法、流程图分析法、事故树分析法等。

由于自身情况的特殊性，企业可以针对内部特有状况，自行设计风险识别方法。目前，较多企业采用风险清单分析法，以及若干种方法相结合的方式进行风险识别。企业可通过建立风险清单，收集企业及国内外同行业的风险信息；通过分类整理和分析汇总，定期对风险清单进行完善和更新。

（1）现场调查分析法

现场调查分析法，是指风险管理部门、保险部门、有关咨询机构、研究机构等机构的工作人员，就风险管理单位可能面临的损失，深入相关现场进行详尽的调查，并出具调查报告。

（2）风险清单分析法

风险清单分析法也称检查表法，是指企业根据专业人员设计的较为全面的风险损失清单来排查企业可能面临的风险。风险清单列示的一般是此前已经存在的、较为普遍的基本风险。由于所列示的是企业基本的风险项目，所以风险清单通常内容繁多，企业可根据风险的成因采取分部门、分单位、分关键岗位等方法来制定恰当的风险识别清单，以供风险管理人员使用。

企业风险管理人员，应参照风险清单逐一检查，预见企业可能面临的各种风险，使用者需要对照清单上列示的项目关注风险、分析风险，并视风险事故可能造成危害的程度，确定风险管理的先后顺序，采取不同措施。

目前，我国较多企业在风险管理上采用风险清单分析法。

（3）德尔菲技术法

德尔菲技术法也称专家意见法，是基于专家的知识、经验和直觉，发现潜在风险的分析方法。企业组织多位专家在风险识别时，就相关风险进行反复咨询及意见反馈，最终达成比较一致的主要风险识别意见，并以此来确定企业的相关风险。采用该方法时，风险管理专家通常以匿名方式参与此项活动，往往通过问卷等方式征询专家对相关风险的见解，并在专家中反复咨询反馈，请他们进一步发表意见。此项过程进行若干轮之后，就不难得出对主要风险的一致看法。德尔菲技术法有助于减少数据中的偏差，并防止任何个人对分析结果产生过大的影响。

（4）财务报表分析法

财务报表分析法也称杜邦分析法，通过分析资产负债表等财务报表和相关的支持性文件，风险管理人员可以识别出风险管理单位的财产风险、责任风险和人力资本风险等。需要分析的财务报表主要包括资产负债表、利润及利润分配表和现金流量表三大财务报表。通过水平分析、趋势分析、比率分析等方法，从财务角度发现企业面临的风险。

（5）流程图分析法

流程图分析法，是指将风险主体按照生产经营的过程、活动内在的逻辑联系绘成流程图，针对流程中的关键环节和薄弱环节调查风险、识别风险的办法。一般来说，风险主体的经营规模越大，生产工艺越复杂，流程图分析法就越具有优势。

（6）事故树分析法

事故树分析法，是指从某一事故出发，运用逻辑推理的方法寻找引发事故的原因，即从结果推导出引发风险事故原因的方法。这是我国国家标准局规定的事故分析方法之一。任何一个事故的发生，必定是一系列事件按时间顺序相继出现的结果，前一事件的出现是随后事件发生的条件，在事件发展过程中，每一事件都有两种可能的状态，即成功和失败。

二、企业的风险评估

根据《企业内部控制基本规范》《中央企业全面风险管理指引》等规定，企业的风险管理意识不断强化，并将风险管理嵌入日常的运营中，使管理者能够有效地应对不确定性带来的风险，增进企业稳健运行、创造价值的能力。

（一）风险评估简述

风险评估是通过风险识别，对可能存在的潜在风险进行估计、分析和评价，进一步及时发现各类风险，深入分析风险成因和管理现状，明确风险管理重点的过程。风险评估是风险管理的重要环节，是风险应对的前提和基础。风险评估的目的是在识别风险的基础上，进行分析与评估，从而有效地控制风险。

企业在进行风险评估的过程中，应考虑潜在事项影响目标实现的程度。可以从两个角度——可能性和影响——对事项进行评估，并且通常采用定性和定量相结合的方法，从个别或分类整体考虑主体中潜在事项的正面和负面影响。

通过考虑风险的可能性和影响来对其加以分析评估，并以此作为决定风险管理方式的依据。风险评估应立足于固有风险和剩余风险。

固有风险是指企业在没有采取任何措施来改变风险可能性或影响的情况下，所面临的风险。

剩余风险是在企业实施了风险应对措施之后所剩余的风险。一旦风险应对措施已经就绪，企业就应更加关注剩余风险。

（二）企业风险衡量的内容与程序

风险衡量是指对企业某一特定风险的性质、发生的可能性及可能造成的损失进行的估算与测量。风险衡量是风险管理中最重要的部分，也是难度最大的部分。

1.风险衡量的内容

风险衡量中的重要内容是风险估计，即运用概率统计方法，对风险事件的发生及其后果加以估计，从而给出一个较为准确的概率水平，即在进行风险分析时，风险衡量包括对风险事件发生频率的衡量和对损失严重程度的衡量。

2.风险衡量的程序

风险衡量首先要确定风险事件在确定的时间内，比如，一年、一个月或者一周内发生的可能性，即频率大小。估计这些风险事件会造成何种程度的损失后果，即损失的严重性。其次，根据风险事件发生的数量和损失严重程度，估计总损失额。最后，风险管理者应预测这些风险事件的发生次数、损失严重程度及总损失额度等，以便为决策者提供资料。

（三）企业损失频率与程度衡量

1.损失频率衡量

损失频率指一定时期内损失可能发生的次数。对损失频率的测定可以估算某一风险单位因为某种损失原因而受损的概率，比如，一幢建筑物因为火灾受损的概率，也可以估算几幢建筑物因为火灾受损的概率。

损失频率衡量的具体方法有定性分级和概率测算两种。定性分级是风险管理者根据自己对风险的观念，将风险事件按照发生的可能性分级；概率测算是根据统计资料，应用概率统计方法进行计算。定性分级不够精确，但具有不必依赖有关风险高标准信息的优点。

企业在分析损失发生的频率时，如果能够掌握较为充分的信息，那么各种潜在损失发生的概率就较容易准确计算。损失概率越大，出现损失的可能性就越大。确定潜在损失发生的概率对风险管理决策的制定意义重大。通常，损失的频率比损失的严重程度更具有可预测性。尤其是对于一些大公司来说，由于风险标的集中，所以对风险事件的预测较为准确。但是，对于一般企业来说，要准确地预测损失频率是比较困难的，因为大多数严重的损失并非天天发生，并且单个企业的风险标的也很难多到足以准确地预测损失发生的频率。

2. 损失程度衡量

损失程度衡量是企业风险衡量中最重要的部分。损失程度指每次损失可能的规模，即损失金额大小。损失程度衡量实际上就是对损失的严重性进行估算，企业在确定损失程度时，必须考虑每一特定风险可能造成的各类损失及其对企业财务及总体经营的最终影响，既要评估潜在的直接损失，也要估计潜在的间接损失。

企业应当注意，损失程度不仅与损失类型有关，而且与遭受损失的风险单位个数有关。涉及同一风险的单位越多，则该风险的潜在损失越大，尤其是在各单位发生损失的事件不独立时更是如此。此外，也应当考虑损失金额的时间效应。比如，持续10年的每年10 000元的损失不比立即发生一次10万元的损失严重，因为货币具有时间价值。

估计潜在损失程度的最重要途径或方法是，估计一个单位在每次风险事件中的最大可信损失及最大可能损失。前者指估计在通常情况下可能遭受的最大损失额；后者指一个风险单位发生一次风险事件时在最不利的情况下可能遭受的最大损失。比如，某企业有一套价值100万元的设备，那么发生一次风险事件时，就该设备而言的最大可能损失是100万元。因为在企业存续期内，该设备的最坏情况是全部损毁。另外，如果某风险管理者估计该设备在5年内会有一次损失金额接近50万元的损失，则该风险管理者预计的最大可信损失是50万元。最大可能损失金额比最大可信损失金额大，但前者发生的机会比后者要小。在两种衡量途径或方法中，最大可信损失较难估计，不同的风险管理者对可能损失价值的看法常常会有所不同，但它用处最大。

衡量损失程度的另一种方法是，估计一年内由单一风险事件造成的损失额和多种风险事件造成的损失额总和，即最大可能年总损失金额。这种损失或成因于单一风险，或成因于多种风险，是面临风险的一个或多个单位在一年内可能遭受的最大总损失量。这种方法与上述方法的相同点是损失数量在很大程度上取决于风险管理者选择的概率水平，不同点在于损失的严重程度也许是由多种结果造成的。

以上对损失发生频率和损失程度的衡量只是从风险估计的角度分析。风险估计应该采用概率分布方法加以定量化分析。企业衡量潜在风险是为了今后能够选择适当的控制风险的方法。

三、企业的风险应对

在对风险进行估计、分析和评价之后，企业就要确定如何应对风险。风险应对是指企业根据自身条件和外部环境，依据发展战略、风险偏好、风险承受度、风险管理有效性标准和风险评估结果，选择风险承担、风险规避、风险转移、风险转换、风险对冲、风险补偿、风险控制等适合风险管理工具的总体策略，并确定风险管理所需人力和财力资源的配置原则，综合平衡成本与收益，针对企业存在的不同风险，采取适当的方法，确定相应应对措施并有效实施，以降低风险的过程。

（一）企业风险应对策略的原则

企业应当结合不同发展阶段和业务拓展情况，持续收集与风险变化相关的信息，进行风险识别和风险分析，及时调整风险应对策略。同时，综合运用风险规避、风险降低、风险分担和风险承受等策略，实现对风险的有效控制。主要原则包括以下四个方面。

1.风险规避

风险规避是指企业对超出风险承受度的风险，通过放弃或者停止与该风险相关的业务活动以避免和减轻损失的策略。在企业生产运营中，风险规避可能包括退出一条生产线、拒绝向一个新的地区拓展市场，或者对存在或有风险的资产进行处置等，总之，退出会产生风险的运营活动。

2.风险降低

风险降低是指企业在权衡成本效益之后，准备采取适当的控制措施降低风险或者减轻损失，将风险控制在风险承受度之内的策略。风险降低包括采取措施降低风险的可能性或影响，或者同时降低两者，它涉及各种日常的经营决策。

3.风险分担

风险分担是指企业准备借助他人力量，采取业务分包、购买保险等方式和适当的控制措施，将风险控制在风险承受度之内的策略。风险分析包括通过转移来降低风险的可能性或影响，或者分担一部分风险。常见的风险分担技术包括购买保险产品、从事避险交易或外包一项业务等。

4.风险承受

风险承受是指企业对在风险承受度之内的风险，在权衡成本效益之后，不准备采取控制措施降低风险或者减轻损失的策略。风险承受意味着企业不采取任何措施去干预风险的可能性或影响。

（二）企业风险应对的基本要求

1.在一般情况下，对战略、财务、运营和法律风险，可采取风险承担、风险规避、风险转换、风险控制等方法。对能够通过保险、期货、对冲等金融手段进行理财的风险，可以采用风险转移、风险对冲、风险补偿等方法。

2.企业应根据不同业务特点，统一确定风险偏好和风险承受度，即明确企业愿意承担哪些风险，企业能够承担风险的最低限度和不能超过的最高限度是多少，并据此确定风险的预警线及相应采取的对策。确定风险偏好和风险承受度，要正确地认识和把握风险与收益的平衡，防止和纠正忽视风险，片面追求收益而不讲条件、范围，认为风险越大、收益越高的观念和做法；同时，也要防止单纯为规避风险而放弃发展机遇。

3.企业应根据风险与收益相平衡的原则，以及各风险在风险坐标图上的位置，进一步确定风险管理的优先顺序，明确风险管理成本的资金预算和控制风险的组织体系、人力资源、应对措施等总体安排。

4.企业应定期总结和分析已制定的风险管理策略，确定其有效性和合理性，结合实际不断修订和完善风险管理策略。其中，应重点检查依据风险偏好、风险承受度和风险控制预警线实施的结果，并提出定性或定量的有效性标准。

（三）企业风险应对的主要措施

1.企业应根据风险管理策略，针对各类风险或每一项重大风险制订风险管理解决方案。方案一般应包括风险解决的具体目标，所需的组织领导，所涉及的管理及业务流程，所需的条件、手段等资源，风险事件发生前、中、后所采取的具体应对措施及风险管理工具。

2.企业制订风险管理解决的外包方案，应注重成本与收益的平衡、外包工作的质量、商业秘密的保护，以及防止自身对风险解决外包产生依赖性风险等，并制定相应的预防和控制措施。

3.企业制订风险解决的内部控制方案，应满足合规的要求，坚持经营战略与风险策略一致、风险控制与运营效率及效果相平衡的原则，针对重大风险所涉及的各管理及业务流程，制定涵盖各个环节的全流程控制措施；对其他风险所涉及的业务流程，要把关键环节作为控制点，采取相应的控制措施。

4.企业应通过制定内部控制措施，减少或降低风险发生的概率，一般至少包括以下内容：

建立内部控制岗位授权制度，对内部控制所涉及的各岗位明确规定授权对象、条件、范围和额度等，任何组织和个人不得超越授权做出风险性决定。

建立内部控制报告制度，明确规定报告人与接受报告人，报告的时间、内容、频率、传递路线、负责处理报告的部门和人员等。

建立内部控制批准制度，对内部控制所涉及的重要事项，明确规定批准的程序、条件、范围和额度、必备文件，以及有权批准的部门和人员及其相应责任。

建立内部控制责任制度，按照权利、义务和责任相统一的原则，明确规定各有关部门和业务单位、岗位、人员应负的责任和奖惩制度。

建立内部控制审计检查制度，结合内控的有关要求、方法、标准与流程，明确规定审计检查的对象、内容、方式和负责审计检查的部门等。

建立内部控制考核评价制度，具备条件的企业应把各业务单位风险管理执行情况与绩效薪酬挂钩。

建立重大风险预警制度，对重大风险进行持续不断的监测，及时发布预警信息，制定应急预案，并根据情况变化调整控制措施。

建立健全以总法律顾问制度为核心的企业法律顾问制度，大力加强企业法律风险防范机制建设，形成由企业决策层主导、企业总法律顾问牵头、企业法律顾问提供业务保障、全体员工共同参与的法律风险责任体系。完善企业重大法律纠纷案件的备案管理制度。

建立重要岗位权力制衡制度，明确规定不相容职责的分离。主要包括：授权批准、业务经办、会计记录、财产保管和稽核检查等职责；对内部控制所涉及的重要岗位，可设置一岗双人、双职、双责，相互制约；明确该岗位的上级部门或人员对其应采取的监督措施和应负的监督责任；将该岗位作为内部审计的重点等。

⑤企业应当按照各有关部门和业务单位的职责分工，认真组织实施风险管理解决方案，确保各项措施落实到位。

第四章 企业内部控制活动

第一节 货币资金的内部控制

一、货币资金控制程序

（一）现金收支业务流程控制

货币资金中库存现金和银行存款所占比重较大，因此货币资金内部控制，重点就是对现金和银行存款实施内部控制。

1.现金收支业务基本流程

按照我国财政部发布的《现金管理暂行条例》及现金核算办法等规定，办理现金收支业务，通常需要按照下述业务处理程序进行：

（1）授予权限

单位决策层或者部门负责人按照组织机构的设置情况对相关人员授予办理有关现金结算的权限。其中主要是对现金支付业务进行审批的授权，因为只有经过授权审批人批准的款项才能由出纳人员办理支付。

（2）制取原始凭证

单位发生有关现金收支业务必须填制或者取得原始凭证，作为自制原始凭证，经办人员必须在上面盖章，作为收付现金的书面证明。例如：支出采购货款，要取得对方的销货发票和本单位的验货入库单作为付款的证明；企业向银行提取现金，要签发现金支票，以支票存根作为提取现金的证明；收到职工的交款，应该以开出的收款收据作为收款的证明。

（3）审签原始凭证

业务部门负责人对原始凭证审核签章，证明经济业务的真实性。只有经过部门审核的原始凭证才能传递给会计部门。例如：企业向银行提取现金，要由出纳员在现金支票上注明款项用途并签章，财会部门负责人审核后加盖财务专用章；支付采购货款，要由采购员在相关凭证上签字，采购部门负责人审签。

（4）审核原始凭证

会计部门收到有关现金收支业务原始凭证后，由会计主管或者授权的主办会计负责对其进行审核，如现金支付项目超过授权审批的范围，应上报领导审核签字，不能进行越权审批。对于不符合规定的凭证，可拒不受理或者责成经办人员补办手续。

（5）编制记账凭证

主办会计根据审核后的原始凭证，填制收款凭证或者付款凭证。会计审核原始凭证并填制报销凭单，相关各领导签字后，出纳再次审核原始凭证和填写金额并报销现金或开具支票。出纳不定期地按照提取的现金支票存根和相应金额的报销凭单加盖收、付讫章后交会计记账。会计记账后将原始凭证会同记账凭证一同交与出纳，出纳登记日期并记账。

（6）复核凭证

稽核人员或者指定人员对收、付款凭证进行复核，应特别注意复核是否存在越权审批，复核合格后签章，通知出纳办理现金的收付。具体地说，包括查看发票的真假，核对票面金额与合同单价和金额是否相符，核对发票数量与入库单数量是否一致，审核有关人员是否签名，如果是增值税专用发票还要核对是否超过抵扣期限等。

（7）收付现金

出纳人员按凭证所开列金额收付现金，并在凭证上加盖"收讫""付讫"戳记。一般来说，必须遵循下列原则：

①营业前，经办现金收付的出纳人员按照工作需要和便于操作的要求，将出纳机具、办公用品合理、科学地摆放在适当位置。

②办理现金收付业务必须配备专职出纳员，坚持"钱账分管、双人临柜"的原则，必须做到换人复核、手续清楚、责任分明。

③收入款项和付出款项应分别放置、保管，不得混放在一起或收付抵用。当日收入的现金做当日付出使用时，必须经过整点复核，并应轧平现金账，核对收入无误后，按规定办理款项交接手续，方可对外支付。

办理现金收付，必须坚持"收入现金先收款后记账，付出现金先记账后付款"的原则。做到当面点准，一笔一清，不得混淆，日清日结。

收付大宗现金，必须做到先点捆、卡大把，核对封签，散把点数。拆捆时，确认每捆10把后，再拆捆。

（8）登记日记账

出纳人员根据复核后的收、付款凭证，登记现金日记账。现金日记账通常由出纳人员根据审核后的现金收、付款凭证，逐日逐笔顺序登记。同时，由其他会计人员根据收、付款凭证，汇总登记总分类账。对于从银行提取现金的业务，由于只填制银行存款付款凭证，不填制现金收款凭证，因而现金的收入数，应根据银行存款付款凭证登记。每日收付款项逐笔登记完毕后，应分别计算现金收入和支出的合计数及账面的结余额，并将现金日记账的账面余额与库存现金实存数相核对，借以检查每日现金收、支和结存情况。

（9）登记明细账

主办会计根据复核后的收、付款凭证，登记相关明细账。明细分类账簿亦称明细账，是根据各单位的实际需要，按照总分类科目的二级科目或三级科目分类设置并登记全部经济业务的会计账簿。根据经济管理的需要和各明细分类账记录内容的不同，明细账可以采用三栏式、多栏式和数量金额式三种格式。

（10）登记总账

总账会计定期编制汇总记账凭证，经过复核后登记现金总分类账。总分类账账页中各栏目都必须填写清楚，这些栏目包括日期栏、凭证字号栏、摘要栏、对方科目栏、借贷方金额栏、借或贷栏等。

（11）清点现金

出纳人员每日营业结束后，结出现金日记账的收入、支出、余额，同时清点库存现金，进行账实核对。出纳员的现金日记账余额必须与库存现金的实有金额一致，如果不一致则必须查找原因，实在查找不出不一致原因的，出纳员则必须及时向负责人报告。

（12）送存银行

对于超过库存限额的现金，由出纳员及时送存银行，并收取现金进账回单。

（13）核对账簿

月末由稽核员或者其他非记账人员对现金日记账、有关明细账及总账进行核对，如果发生差异，应及时查明原因上报后予以处理。

（14）盘点库存

除了出纳员在每日营业结束时必须盘点库存现金以外，单位还必须定期或者不定期地由内部审计人员、会计主管和相关人员组成清查小组对库存现金进行盘点，并与现金日记账余额进行核对，根据清点结果编制现金盘点报告。

2.现金收支业务流程控制要点

企业根据规模的不同，其现金收支业务流程的复杂程度也可能存在差异，但是对于上述基本业务流程，应把握其中的关键环节，抓重点才能有效地对内部会计进行控制。现金收支业务流程的控制大致由以下内容组成：

（1）以实际发生的经济业务为基础

现金的收支必须以真实发生的经济业务事项为基础，也就是必须取得真实合法的原始凭证，没有真实合法的原始凭证不得进行现金的收支活动。因此，对原始凭证的审核成为现金收支业务控制的重点之一。

（2）原始凭证的审核

原始凭证的审核可以分为以下层次：

①初级审核由业务部门的负责人完成，主要证明经济业务的真实性。

②第二层次的审核由会计或财务部门负责人完成，主要负责审核报销的原始凭证是否符合财经规定和企业内部管理的要求。

③第三层次的审核由出纳员完成，主要审核是否有假发票等虚假单据。

④最高层次的审核由单位负责人完成，主要是对重大的现金收支项目进行最终审核，保证现金收支的安全性。

（3）账账核对、账实核对

进行账账核对和账实核对也是发现现金收支业务中舞弊行为的有效措施之一，是现金收支业务控制的另一个重点。企业会计或者财务部门应组织专门的人员对涉及现金收支的相关账簿进行定期核对，对库存现金进行定期或者不定期盘点，发现差异，应立即查找原因，追究相关人员的责任。

（二）银行结算业务流程控制

1.银行结算业务的基本流程

银行存款业务流程，包括银行存款收入和支出结算程序。银行结算方式主要包括支票、银行本票、银行汇票、商业汇票、托收承付、委托收款、汇兑和信用证等，企业可以根据需要进行选择。选择不同的结算方式，其业务流程和结算手续也存在一定差别。下面介绍的是共同业务的一般程序。

（1）授予权限

同现金授权相似，单位决策层或部门负责人根据单位规定和业务需要，授予相关人员办理涉及银行存款收支的权限。

（2）签订结算契约

经办人员办理经济业务，应同对方商定收付结算方式和结算时间，并以合同或其他契约方式加以明确。

（3）制取原始凭证

业务经办人员按照财务会计制度规定，填制或者取得原始凭证，如为自制原始凭证，经办人员必须在上面签章，作为办理银行存款收、付业务的书面凭证，如取得购货发票、开具销货发票等。

（4）审签原始凭证

业务部门负责人或授权人员对原始凭证审核签字，批准办理相关结算手续。

（5）审核原始凭证

会计主管或者授权人员审核原始凭证及其反映的经济业务，批准办理银行存款收支结算，对于不合规定的凭证，应拒绝受理或责成经办人员补正手续。

（6）制取结算凭证

出纳员根据已经审核的原始凭证，按照会计规定手续和结算方式填制或取得银行存款结算凭证。如办理货款托收须填制托收承付结算凭证，办理货款承付须取得银行承付通知单，等等。

（7）办理结算业务

出纳员送交或留存结算凭证及有关记录，向银行办理存款收付业务。

（8）审核结算凭证

会计主管或授权人员审核结算凭证回联，并与原始凭证进行核对。

（9）编制记账凭证

会计人员根据审核的结算凭证及原始凭证，编制银行存款收、付凭证。

（10）复核记账凭证

稽核员或指定人员复核记账凭证及所附结算凭证、原始凭证。

（11）登记日记账

出纳员根据复核后的记账凭证、逐笔登记银行存款日记账。银行存款日记账的审核包括三个环节：第一，银行存款日记账与银行收付凭证相互核对，做到账实相符；第二，银行存款日记账和银行总账要互相核对，做到账账相符；第三，银行存款日记账与银行存款对账单要相互核对，以便准确地掌握企业可运用的银行存款实有数。

（12）登记明细账

相关会计人员根据复核后的记账凭证，登记相应的明细分类账。

（13）登记总账

总账会计定期编制汇总记账凭证，经复核后登记银行存款总账分类。

（14）核对账单

定期由非出纳人员逐笔核对银行存款日记账，与银行对账单进行对账，清查未达账项。

（15）编制调节表

由对账人员编制银行存款余额调节表，经审核后作为调账核对的依据。编制银行存款余额调节表的一般步骤如下：

首先，检查银行寄来的对账单及附来的借方和贷方通知单，逐一核对各笔收入款与企业存入银行的款项是否相符。凡是银行尚未入账的，须在调节时加在银行对账单的余额上。

其次，将在本月已经兑付注销的支票，按照支票号码一一顺序排列，与现金支出日记账上的记录逐一加以比较核对。

再次，从银行记载的往来银行的存款余额上应扣除企业尚未入账的、由银行随银行对账单附送的借项通知单上的金额。

最后，从企业记载的往来银行的存款余额上应扣除企业尚未入账的、由银行随银行对账单附送的贷项通知单上的金额。

（16）核对账簿

月末由稽核人员对非记账人员对银行存款日记账、有关明细账和总分类账进行核对，如发生差异及时查明原因上报予以处理。

2.银行结算业务流程控制要点

由于现金结算金额的限制，企业在商品交易过程中，可能会更频繁地使用银行结算方式，因此必须把握银行结算业务控制的重点。

银行结算方式具有多样性，相关人员在进行商品交易或提供劳务等经济活动过程中必须首先与对方签订合同契约，确定适当的银行结算方式。结算方式的确定应符合企业内部的规定或事前应得到相关负责人的批准，为避免不必要的损失，经办人员不得擅自确定结算方式。

与现金收支相似，进行银行结算也必须以真实发生的经济事项为基础，必须取得正式合法的原始凭证。对原始凭证的审核是银行结算控制的重点，其审核的原则与现金收支类似，在此不再赘述。

此外，进行账账核对和账实核对对银行结算也同样重要。为确保账实相符，应定期由会计或财务部门的非出纳人员将银行对账单和银行存款日记账进行核对，编制银行存款余额调节表，确定企业账面记录是否与银行存款相一致。对账账核对和账实核对中发生的非正常差异，应组织专人查明原因、及时处理。

（三）货币资金收支业务控制程序示例

不同的企业根据生产经营特点不同，货币资金具体控制程序及相应模型也不一定相同。下面介绍四种常见的货币资金收支业务程序控制模型。

1.出纳部门收入现金程序的控制

（1）出纳部门收入现金的控制流程

企业的小部分零星现金收入可能会通过出纳直接进行，如客户的小额违约金、押金等。出纳部门直接收取现金的控制流程大致由以下环节组成：

①由业务部门开出收款通知单，如果是商品销售，收款单应附销售商品的相关明细单据，收款通知单由业务部门的主管人员审核签字，对一些重要的大额收款除了业务部门的主管人员审核签章以外，单位负责人也要审核签章。收款通知单一式多联（具体联数视需要确定），业务主管部门留存一联，送交财务部门一联，其余联数交给缴款人作为缴款凭据。

②出纳员根据收款通知单所列明的数额收取现金，同时开具一式多联的收据（或发票）。一联收据（发票）送交客户，一联收据（发票）出纳留底与业务部门签发的收款通知单一起作为登记现金日记账的依据。

③出纳员定期将留底的收据（发票）和收款通知书送交会计员，由会计员与

业务部门原送交的收款通知单核对无误后，编制记账凭证登记相关明细账和总分类账。

④会计员现金总分类账定期与出纳员的现金日记账核对。

（2）出纳部门收入现金的岗位分工和控制方法

出纳部门收入现金的岗位分工和控制方法如表4-1所示：

表4-1　出纳部门收入现金的岗位分工和控制方法

项目	业务部门	出纳员	会计
职责	审核业务性质，明确收款范围及收款金额	收取保管现金、将现金送存银行，登记现金日记账和银行存款日记账	登记现金总账、银行存款总账、收入明细账
控制方法及手段	业务主管人员开具收款单，由业务部门领导审核，金额大或重要的收款业务须经单位领导审核批准	审核现金收款单，收入现金后，签字盖章予以确认	审核出纳员转来的现金收据（发票）与业务部门送来的现金收款单核对，编制记账凭证
控制工具	现金收款单、销售商品的明细表	现金收据（发票）、现金日记账、银行存款日记账	记账凭证、现金总账、银行存款总账、收入明细账
控制关系	①会计员的现金收款单与出纳员转来的收据（发票）核对相符；②出纳员的现金日记账、银行存款日记账与会计员的现金总账、银行存款总账核对相符		

（3）由出纳直接收款的内部控制要点

在上述内部控制图示中，控制的关键点在于：首先，收款通知单必须由业务部门开出，经审核后才能交给出纳，未经业务部门内部审核的收款单应视为无效凭证；其次，出纳只能根据审核后的收款单金额收款和开票；再次，现金日记账和现金总分类账由出纳和会计人员分别登记并保管；最后，现金总账与现金日记账必须定期核对。

2.门市部门收入现金程序的控制

（1）门市部门收入现金的控制流程

对一般的企业而言，大部分货款是通过银行结算方式收取的。但是，如果企业为加强营销，也可能自己设立门市部门，面向最终客户直接进行销售。此外，零售商场都是直接面向客户的直接销售。在这种情况下，门市（零售商场）部门应加强对销售和收款环节的控制。控制环节由以下内容组成：

①由销售人员按照实际销售金额开出销售票据（注意：不是发票），具体一式几联视实际情况决定。

②由缴款人持销售票据到收银台缴款，收银员按销售票据收款后在销售票据上加盖货款收讫章，将其中一联留下，其余几联返还缴款人，缴款人凭款项收讫的销售票据提取商品。

③销售人员根据货款收讫的销售票据将商品交给客户，留存其中一联，将销售票据的客户联交与顾客，客户凭销售票据到财务部门开具发票。

每日营业结束，销售人员根据留存的销售票据统计当日销售情况，编制销售日报表（一式几份，根据实际情况决定）。随后，将销售票据附在销售日报表后送交会计部门的出纳员。

④收银员根据留下的销售票据统计当日货款的收入情况，编制现金收入日报表（一式几份，视实际需要决定），现金收入日报表的金额必须与实际收取的现金核对无误。随后，将留存的销售票据附在核对无误的现金收入日报表之后，与实际收入的现金一起交出纳员（也有的单位是由收款人员直接将现金交存银行，将银行的进账单作为缴款的依据送交出纳员）。

⑤出纳员将销售部门提交的销售日报表上所列金额和收款人员的现金收入日报表所列金额核对无误后，按现金收入日报表所列金额点收实际收到的现金。现金点收完毕，出纳员和收银员应分别在现金收入日报表上签字确认。经签字确认的现金收入日报表，一份返还收款人员，一份留存作为登记现金日记账的依据。

⑥出纳员应定期将收到的销售日报表、现金收入日报表送交会计人员，由会计人员编制记账凭证，登记现金总分类账、银行存款总分类账及其他相关明细分类账。月末结账时，会计人员的总分类账余额应当和出纳员的现金日记账、银行存款日记账余额核对相符。

（2）门市部门收入现金岗位分工和控制方法

集中收取现金控制流程中的岗位分工和控制方法如表4-2所示：

表4-2 门市部门收入现金的岗位分工和控制方法

项目	销售员（柜台）	收款员	出纳员	会计
职责	销售商品、开具销货票	收取现金、将现金交给出纳员	集中收取保管现金、将现金送存银行，登记现金日记账和银行存款日记账	登记现金总账、银行存款总账、收入明细账
控制方法及手段	注明销售的商品数量金额经手人及所在商品柜台	根据销货票收款、在已收款的销货票上盖货款收讫章及经手人章	审核现金收入日报表、现金收入日报表的金额与实际交纳现金一致，填写现金交接单，分别由收款员和出纳员签字认可	审核收入日报表和银行存款进账单编制记账凭证
控制工具	销货票据、销售日报表	货款收讫章、现金收入报表	现金交接单、现金日记账、银行存款日记账	记账凭证、现金总账、银行存款总账、收入明细账
控制关系	①销售员的销售日报表与收款员的现金收入报表核对相符；②收款员的现金日报表与出纳员的现金记账核对相符；③出纳员的现金日记账银行存款日记账与会计员的现金总账、银行存款总账核对相符			

注：在表4-2的内部会计控制的环节中，省略了一个环节。如果购买商品的客户需要发票，在收款员收完款以后，客户可以凭加盖了货款收讫章的销货票，到指定的开票地点开具发票（一般情况是到财务部门开具发票），有的单位（特别是零售单位）也把这项工作作为收款员的职责之一，即收款员在收款的同时向客户开具发票。

（3）门市部门收入现金内部控制要点

门市部门收入现金程序控制的关键点在于岗位分离和账证、账表的核对。

①岗位分离是指销售人员、收款人员、现金保管人员、记账人员相分离。销售人员只负责销售，销售人员不得接触收入现金事宜；收款人员只负责收款，并及时将现金交存出纳员处，不负责销售和现金保管工作，收款人员的收款依据是销售人员开具的销售票据，收款人员不得任意收取没有销售票据的款项或收取超过销售票据金额的款项；出纳员只负责集中收取并保管现金，将现金及时交存银行，不负责收款和销售；记账人员只负责记账，不直接经手现金收支业务。

②账证、账表核对是指销售员的销售日报表与收款员的现金收入日报表核对相符；收款员的现金日报表与出纳员的现金日记账核对相符；出纳员的现金日记账、银行存款日记账与会计员的现金总账、银行存款总账核对相符。

3.费用报销现金支付程序的控制

（1）费用报销现金支付的控制流程

企业各项业务发生费用支出时要按照一定的程序进行报销，如报销差旅费、业务招待费等。费用的报销应由业务部门相关人员根据原始凭证填制费用报销单，经本部门主管内部审核签字后交会计部门。会计主管或授权的会计人员再对其进行审核签字，经审核签字的报销单交出纳员办理付款，出纳付款后登记现金日记账并将报销单返还给会计人员登记相关明细账。

（2）费用报销岗位分工及控制方法

费用报销的岗位分工及控制方法见表4-3。

表4-3　费用报销的岗位分工和控制方法

项目	业务部门	会计员	出纳员
职责	指派或发生相关业务，如出差、采购商品、购买办公用品等	审核原始凭证的真实性、审核费用发生的合规性及费用开支标准的合理性、登记费用账等	根据审核无误的支付凭证报销费用，登记现金日记账或银行存款日记账
控制方法及手段	提供经济业务发生的发票单据等原始凭证，并证明这些发票单据确实是为了完成这些经济业务而发生的	对审核无误的费用报销单签字认可	核对各项原始凭证与费用报销单的金额
控制工具	承办人员填写的费用报销单，承担人员和业务主管部门负责人签字认可的各种原始单据等	记账凭证、现金总账、银行存款总账收入明细账	现金日记账、银行存款日记账

（3）费用报销支付现金的内部控制要点

费用报销程序控制的关键点在于必须根据合法的原始凭证填制费用报销单，费用报销单必须经过部门主管和会计主管审核签字后才能予以付款，总账、明细账与日记账定期进行核对。

4.支票付款结算程序的控制

（1）支票付款的结算控制流程

支票付款是使用最广泛的结算方式，企业在购入货物或者劳务时通常会通过开具支票的方式与对方进行结算，为确保现金流出的正确性，应特别注意支票付款结算的程序控制。业务部门收到外单位付款通知单或者自制付款通知单后，经部门主管进行内部审核签字，然后交会计部门。会计部门主管根据原始凭证对付款业务进行审核签字，再交出纳员签发支票，出纳签发支票后在登记簿上登记支票金额、编号、付款单位等，最后出纳和会计人员根据银行回单分别登记银行存款日记账和相关明细账。

（2）支票付款的内部控制要点

支票付款控制程序的关键点在于以下方面：支票签发前，付款通知单必须经过业务部门主管和会计主管审核签字；支票签发时应进行备查登记；签发支票的印鉴章由不同的人员分开保管；总账、明细账与日记账定期进行核对。

二、货币资金控制制度

在了解和熟悉企业内部控制的程序之后，企业应该结合自身的经营特征，按照内部控制设计的原则，制定货币资金内部控制制度，形成正式的书面文档，供全体员工遵守执行。

（一）建立货币资金内部会计控制制度的原则

1.职务分离原则

对于货币资金的收入与支付，一般都要经过授权、执行、记录、审核、保管等几个环节，这些环节应由两个以上的人员合理分工、共同负责，以达到相互牵制的目的，这就是通常所说的不相容的职务分离的原则。进行职务分离有利于实现货币资金控制的目的。货币资金业务需要分离的职务主要有七种。

①出纳员和会计人员职务相分离，出纳人员专门负责货币资金业务的管理。

②出纳人员不得兼管收入、费用、债权、债务账簿的记账工作。

③出纳和编制收付凭证的会计人员不能负责编制银行存款余额调节表。

④出纳人员不得负责稽核工作和会计档案的保管工作。

⑤货币资金业务的全过程不能由一人单独办理完成。

⑥对货币资金的清查应由出纳之外的会计或审计人员完成。

⑦定期或不定期地调换出纳员的工作，实行会计人员内部轮换制度。

2.授权审批原则

办理货币资金业务的相关人员必须经过授权和批准，授权批准控制要求规定相关人员的职责范围和业务权限，相关人员只能在其职责范围内处理业务，这样可以加快业务的处理速度，防止相互推诿现象的产生。企业可按照下列要点进行授权批准：

①对货币资金业务建立严格的授权批准制度，明确审批人对货币资金业务的授权批准方式、权限、程序、责任和相关控制措施，规定经办人办理货币资金业务的职责范围和工作要求。

②审批人应当根据货币资金授权批准的规定，在授权范围内进行审批，不得超越审批权限。

③经办人应当在职责范围内，按照审批人的批准意见办理货币资金业务。对于审批人超越授权范围审批的货币资金业务，经办人员有权拒绝办理，并及时向审批人的上级授权部门报告。

④对于重要货币资金支付业务，应当实行集体决策和审批，并建立责任追究制度，防范贪污、侵占、挪用货币资金等行为发生。

⑤严禁未经授权的机构或者人员办理货币资金业务或者直接接触货币资金。

授权批准可以分为一般授权和特殊授权两种。前者是授予相关人员处理正常范围内经济业务的权限；后者是授予相关人员处理超出一般授权范围时的特殊业务的权限。进行授权控制时，应特别注意其范围，范围太大，会使企业控制风险增加：范围太小则会影响人员的积极性，使授权批准形同虚设。

（二）货币资金内部会计控制制度的内容

在充分考虑以上原则的基础上，根据程序控制要求，企业应建立现金收支控制制度、定额备用金管理制度、现金预算管理制度、银行存款控制制度、其他货币资金制度、票据和印章的管理制度等内部控制制度。

1.现金收支控制制度

（1）现金收入控制制度

现金收入的控制制度应当由以下七个方面的内容组成：

①现金收入由授权收款的收银员（收银员、出纳员）专人负责，收款员只负

责收款，不得开具收款单。

②收款单由业务部门人员开具，如销售员等，单据必须连续编号。

③现金收款必须根据相关人员提交的原始凭证（收款单）进行。

④每天收到的现金，应在当日或次日存入开户银行，不得"坐支"。

⑤会计部门根据收款单编制收款凭证。

⑥出纳员和会计部门根据收款凭证分别登记现金日记账和相关明细账。

⑦定期进行账账核对、账实核对，发现问题及时处理。

（2）现金支出控制制度

现金支出控制制度由以下内容组成：

①现金支出范围必须满足《现金管理暂行条例》。

②企业需要支付现金时，必须先由付款申请人填制付款单，然后将付款单随同有关单证一起送业务部门主管、会计主管或总经理审核签字。

③出纳员收到审核无误后的付款单后支付款项，并在相关凭证上盖上"现金付讫"戳记，以免重复支付。

④付款单据送会计部门编制付款凭证。

⑤出纳员和会计部门根据付款凭证分别登记现金日记账和相关明细账。

⑥定期进行账账核对、账实核对，发现问题及时处理。

2.定额备用金制度

（1）建立定额备用金制度的意义

对企业一些频繁发生的日常小额零星开支，可以建立定额备用金进行管理。建立定额备用金制度，一方面，可以使相关部门和人员在一定职权范围内拥有资金的调度权，提高工作积极性和主动性；另一方面，可以减少日常繁杂的报销手续，有利于节省工作时间，提高工作效率。由此可见，建立定额备用金制度是企业对一些程序化的现金支出项目进行管理的有效方式。

（2）现金定额备用金制度的内容

现金定额备用金制度由以下内容组成：

①由财务部门统一确定定额备用金项目。例如，建立差旅费备用金、业务招待费备用金、工资备用金等。

②确定每项定额备用金的定额。各个部门的定额备用金定额不应当千篇一律，财务部门应根据各个不同部门所承担业务的具体情况，确定各部门定额备用

金定额。通常情况下，除工资备用基金外，其他备用金的金额都不能过大。金额一旦确定，任何超过该备用金定额的现金支出，都应事先特别审批后才能支付，并在一般现金中支付，而不在备用金中支付。

③确定备用金的保管人。备用金应由专人负责保管，备用金保管人要建立备用金登记簿记录备用金使用情况。备用金保管人须根据经过授权审批的发票、单据等原始凭证支付现金。备用金保管人应及时结账，到财务核销已经支付的备用金，并补足已经支付的备用金。备用金保管人上岗前应接受财务部门的专门培训，使其充分了解作为备用金保管员的职责和权利，懂得如何保管现金、如何登记备用金登记簿，以及其他作为备用金保管员应当了解的内容。必须注意的是，备用金保管人没有审批报销费用的权力，审批报销的权限必须由其他经授权的专门人员担任，备用金保管员只能凭经过审核批准的原始凭证支付现金。

④备用金的使用必须有发票等原始凭证来证实该笔支出。发票应由备用金使用人签字和审批人签字。在某些情况下，备用金的支付必须得到事先批准。

⑤内部审计人员或其他授权人员应不定期地清查备用金，确保备用金余额和已支付凭证的合计数与备用金的固定金额相等。

⑥当备用金余额在规定数额以下时，备用金保管人可将已支付凭证按用途汇总结账后交会计部门。会计部门审批后，交出纳部门按定额补足该备用金。补足备用金的付款凭证，应由会计部门妥善保管，不能返还给备用金保管人。

⑦各备用金的余额应定期与控制该备用金的总账余额相核对。

（3）银行存款形式的备用金

除用现金作为备用金外，也可替备用金使用人在银行开设备用金专户。采用这种形式的工作原理同上述的现金定额备用金制度基本相同。此时，企业应书面告知银行，该专户存款只能以企业开出的补足备用金支票为依据，取款时只能由企业指定的备用金使用者才能提取，防止经常性的现金收入流入该账户和非备用金使用者提取该现金。

3.现金预算管理制度

（1）建立现金预算管理制度的意义

对现金建立预算管理制度的目的是通过定期编制有关现金的预算计划，对一定时期企业现金流入与流出进行统筹安排，促进现金的有效周转，提高资金的使用效率。因为现金预算的资料主要来源于销售、采购、生产等日常业务预算，所以加强现金预算管理可以有效地促进其他预算工作，使企业对现金收入与支出有全局性的把握，可以减少现金过剩造成的资金浪费和现金短缺给企业造成的经济损失。

（2）现金预算管理制度的内容

现金预算管理制度主要针对预算期内的现金和银行存款（以下简称现金）的流入和流出编制预算。其主要内容包括以下四点：

①对企业现金收支进行科学预测。根据企业的经营特点，预测预算内的现金收入和支出。现金收入主要是企业的主营业务收入中现金回收部分和收回以前的应收账款。现金支出包括预算期内材料现金采购成本、工资、其他期间费用支出和预计的资本性支出。

②将可能的现金收支逐一列示，反映出各项预算的金额。

③根据期初现金加现金收入减现金支出，计算出预算期现金余缺。

④结合企业最低现金需求，当现金发生节余时对其进行运用（如短期投资等），而现金发生短缺时必须通过各种方式进行筹集（如向银行借款、发行债券等），以满足企业正常的生产经营。

通过较为详细和较为远期的现金收支预测和现金预算的编制来规划期望的现金收入和所需的现金支出，从而较为精确地测算出有多少闲置现金可以用来临时性投资或在经营中需要筹集多少现金。

现金预算编制者应与出纳和从事现金账务工作的会计人员分离，一般由财务部门的专职人员完成，将货币资金预算与实际执行情况相比较，分析差异进行评价，也可视为货币资金控制的组成部分。

4.银行存款控制制度

银行存款账户的开设与终止，应由授权批准人员进行审批，在办理银行收付业务时，应严格遵守银行结算纪律。银行存款的收入项目包括存入的现金、收到的票据或其他账户转存，支出项目包括提现、开出票据、转存其他账户。在收支过程中，企业大部分业务可能通过支票结算的方式进行，所以下面主要以支票为例介绍企业应如何建立银行存款收、支和核对的控制制度。

（1）支票收入控制制度

企业收到支票收入款项时按以下程序进行控制：

①企业收到支票时，应检查其内容是否填列正确，如出票日期是否正确、金

额是否正确、有无出票人印章等。

②支票送交银行后，应根据银行回单和其他原始凭证编制收款凭证。

③出纳和会计部门根据收款凭证分别登记银行存款日记账和相关明细账。

（2）支票支出控制制度

企业签发支票支付款项时按以下程序进行控制：

①每项支票支出，都必须经过授权的支票签署者的审核签发。在某些情况下，可设立支票会签制度，但必须注意，每个签署者都必须独立审核支票及其附属凭证，否则这种会签制度将隐藏更大的风险。

②每项支票支出，都必须由经核准的发票和其他必要的凭证作为依据。

③支票的签发应满足《票据法》的要求，特别应明确地写明受款人和金额，并与相应的应付凭证进行核对，无受款人和金额的支票风险非常大，应当禁止。已经作为签署支票依据的有关凭证，应于签署支票后，加盖"已付讫"戳记，以防它们被用来作为重复付款的凭证。支票签发时应在备查簿中登记。

④作废的支票必须加盖"作废"戳记，防止再被使用。并且应和其他支票存放在一起，按顺序加以留存。

⑤会计部门根据支票存根编制付款凭证。

⑥出纳员和会计部门根据凭证分别登记银行存款日记账和相关明细账。

（3）银行存款的核对

银行存款占企业货币资金的绝大部分，为准确掌握银行存款的实际金额，防止资金贪污、挪用，企业应定期核对银行存款账目。定期核对的内容包括银行存款日记账与银行收付凭证相互核对，银行存款日记账与银行存款总账相互核对，银行存款日记账与银行对账单相互核对。

在企业核对银行存款日记账与银行对账单时，应首先编制银行存款余额调节表，对未达账项进行调整。为防止舞弊，根据不相容职务分离原则的要求，银行存款余额调节表应由出纳和编制收付凭证以外的会计人员编制。

5.其他货币资金控制制度

其他货币资金包括外埠存款、银行汇票存款、银行本票存款和在途货币资金等，由于这些资金已脱离银行存款账户，对其管理也应引起密切关注。

外埠存款应为专门的采购需要而进行，防止为其他单位或个人付款；通过函询或索取对账单，审核余额是否正确；采购价款应及时结算，采购业务结束后应将外埠存款转入结算户存款，防止长期占用或移作他用。

银行汇票、银行本票等的办理应符合《票据法》的要求，手续健全、完备；必须为正常的业务需求签发票据；按时结算货款，并进行账务处理；余款或超过付款期限的票据应及时办理转账收回。

在途货币资金应由经营人员在下月及时查询，以防凭证丢失或被挪作他用。

6.票据和有关印章的保管制度

（1）建立票据和印章控制制度的意义

企业在进行现金收支或办理银行结算时可能会使用相关票据或印章，为保证现金和银行存款的安全完整，必须加强对票据和印章的管理工作。建立和完善票据及印章保管制度，一方面，可以减少涉及现金和银行存款的舞弊行为，确保实现其安全完整的控制目标；另一方面，也可以明确相关责任人的职责，避免由职责不清造成的损失，在出现问题后可以及时追究责任。所以企业应该制定书面形式的票据和印章保管制度，明确保管人的责任，建立相关奖惩条例，为加强对现金和银行存款的控制奠定坚实的基础。

（2）票据和印章保管制度的内容

票据和印章的保管制度应当涵盖以下内容：

①票据的购买应由相关会计人员提出申请，经会计主管审批后进行。同时，对购入的票据应建立备查簿，反映购入种类、数量、编号等情况。

②所有票据均应指定专人负责保管。

③票据领用时应该在备查簿上进行登记，反映领用数量、票据编号、领用人及领用时间等。

④对无须使用的票据，应退回给票据保管人，由其向会计主管提出申请，经批准后按规定注销。

⑤对使用完的票据应统一编号存档。

⑥银行印鉴章一般应由两人分管，不得擅自将自己保管的印章交他人使用，也不得私自接受他人保管使用的印章。

⑦使用时，掌管印鉴章的两人都要对收付款原始凭证进行审查，审核无误后，才能在有关凭证（支票）上盖章。

三、现金流量指标分析

（一）现金流量指标分析的作用

现金流量指标分析的主要作用是：第一，提供本企业现金流量的实际情况；第二，有助于评价本期收益质量；第三，有助于评价企业的财务弹性；第四，有助于评价企业的流动性；第五，用于预测企业未来的现金流量。

（二）现金流量指标体系的机理

现金流量指标体系是企业进行现金流量管理控制的重要手段，它在企业的财务计划和控制活动如财务预算、价值评估、业绩评价、财务预警中发挥着越来越重要的作用。当前，现金流量指标体系已成为企业的一个重要的信息支持系统和绩效评价手段。同时，随着现金流量管理基本目标的演变，现金流量指标体系的角色定位和关注重点亦有所变化。

作为一个信息支持系统，现金流量管理融入企业的核算体系和预算体系中，为企业内部管理提供了现金控制的关卡；作为一种绩效评价手段，现金流量指标体系起到了较好的业绩考核和风险管理作用，并能通过关键指标值的观察有效揭示现金控制的重点。

通过对现有现金流量指标的梳理和归纳，我们按照不同的作用机理和关注点将其分成三类，分别是基于管理导向、基于状态结构和基于财务预警。其中，基于管理导向的指标体系是根据现金流量管理的目标整理得到；基于状态结构的指标体系立足于企业的生命周期特性，将现金流量管理放在了更长的时段中，同时考虑了现金的流量和流向；基于财务预警的指标体系则是关注企业的未来状况，具有风险预测性。

（三）现金流量指标体系的内容

1.基于管理导向的现金流量指标体系

现金流量指标体系的构建作为企业战略的一部分具有管理导向。这种管理导向形成了现金管理中的关注重点。

（1）流动性管理指标

评价企业的流动性主要根据现金流量和资产转化的时机及偿还债务的能力，

有关流动性的最常见指标有流动比率、速动比率、应收账款周转率和存货周转率等，这些比率尽管能说明一些问题，但由于反映的是企业某一时点上的流动性水平，容易歪曲事实，造成认识的错觉和分析误区。现金流量指标能较好地克服这类缺陷，这些指标包括现金流动负债比（现金净流量/流动负债）、现金长期负债比（现金净流量/长期负债）、现金债务总额比（现金净流量/债务总额）、债务偿还期（债务总额/经营活动现金流量净额）、现金到期债务比（现金净流量/本期到期的债务）、现金利息保障倍数（经营现金净流量/债务利息）、现金股利保障倍数（经营现金净流量/现金股利）。

（2）盈余现金管理指标

当前，高效的现金管理者认识到现金是一种稀有紧缺资源，应该节约使用并获得最大的投资回报率。人们关注的视角开始转向如何进行有效的盈余现金管理。

①盈利能力指标。常见的盈利能力评价指标，如净资产报酬率、资产报酬率等，以权责发生制为基础，不能反映伴随企业现金流入的盈利状况，只能评价企业盈利能力"数"的量、不能评价企业盈利能力"质"的量。因此，在进行企业盈利能力评价和分析时，对企业伴随有现金流入的盈利能力指标进行评价显得十分必要。现金盈利能力常见指标主要有销售现金比率（经营现金净流量/主营业务收入）、每股现金净流量[（经营现金净流量-优先股股利）/普通股股数]、自有资本金现金流量比率（经营活动现金净流量/自有资本金总额）、经营现金净流量与净利润比率（经营现金净流量/净利润）、经营现金净流量与营业利润比率（经营现金净流量/营业利润）、经营现金贡献率（经营现金净流量/总现金净流量）、现金流量偏离标准比率[经营现金流量净额/（净利润+折旧+摊销）]。

②收益质量指标。收益质量与经营风险是密切联系的，经营风险大、收益不稳定，会极大地降低收益质量。尽管前述盈利能力类指标纳入了现金流因素，既能反映盈利的数量，也能反映盈利的质量，但缺乏能综合反映报告收益与公司业绩之间相关性的指标。收益质量主要以两个较为综合的现金流量类指标来衡量，即净收益营运指数（经营活动净收益/企业净收益）、现金营运指数（经营现金净流量/经营所得现金）。

③成长能力类指标。现金流量的成长能力类指标主要是从增量比角度考察增长速度，或者从企业扩张角度考察投资规模，包括以下几个指标：总现金净流量

增长率（分析期总现金净流量/基期总现金净流量-1）、经营现金净流量增长率（分析期经营现金净流量/基期经营现金净流量-1）、现金投资成长率[投资活动现金净流量/（固定资产＋无形资产＋长期投资＋其他长期资产）]。

（3）短缺现金管理指标

随着经济环境的变化，企业的发展速度也大幅提升。但是飞速发展带来的结果是现金的短缺。许多账面盈利的企业却出现经营失败，这主要是因为企业在存货、应收账款和生产等环节投入了大量资金以支持销售的快速增长，导致了现金流量的紧张，使得企业在现金的使用上往往出现捉襟见肘的尴尬局面。这时，除了流动性指标，全面考量企业的经营能力、现金充足能力和现金平衡性的指标也成为人们关注的重点。

①经营能力类指标。经营能力类指标主要包括总资产现金回收率（经营现金净流量/资产总额）和净资产现金回收率（经营现金净流量/净资产）这两个指标。

②现金充足能力指标。现金充足能力指标包括现金充足比率[经营现金净流量/（存货投资＋现金股利＋资本性支出）]和资本支出比率（经营现金净流量/资本性支出）。

③现金平衡类指标。常见的现金平衡类指标为经营现金满足内部需要率[经营现金净流量/（购置固定资产支出＋现金股利＋财务费用）]。指标反映企业经营现金流量满足内部需要的能力。虽然企业从外部筹集资金是正常的，但如果企业长期依靠外部融资来维持经营活动所需要现金和支付利息费用，则无论如何都是不正常的。如果这样，债权人可能会认为风险过大而拒绝提供信贷。一般来说，企业正常经营活动的现金流量，应当能够满足其对营运资本的追加投入、支付股利和利息费用。这才是一个健康企业的标志。

2.基于状态结构的现金流量指标体系

基于状态结构的现金流量指标体系是从总量和内部结构两个角度对企业一定会计期间的现金流量进行分析的指标体系。这可以使投资者和企业管理者对企业的经营活动尤其是主营业务的运行状况有所了解，把握企业的现有状态，形成对企业的初步诊断从而制定正确决策，为企业的存续和发展奠定坚实的基础。

对经营活动、筹资活动和投资活动现金流量的状态分析可以对企业构成初步的判别，并形成对企业某些活动领域的特别关注，见表4-4。

表4-4　现金流量状态分析表

经营活动	投资活动	筹资活动	企业状态判别	重点关注
正	正	正	发展期主营业务稳定且占主要地位，没有可供投资的项目	筹集资金的目的和用途
正	正	负	产品成熟期没有可供投资的项目，抗风险能力弱	行业前景和企业的产品后续发展能力
正	负	正	高速发展期仅靠经营活动现金流入净额无法满足所需的投资，必须通过筹集必要的外部资金作为补充	投资决策的正确与否和投资前景
正	负	负	经营状况良好，一方面在偿还以前的债务，另一方面正在为未来发展新的盈利模式	经营活动应对意外事件的能力
负	正	负	衰退期经营活动出现困难，靠借款来维持生产经营的需要	投资活动的正现金流量的来源（如来自以前投资的新业务，则实现了主营业务的转型，仍然有好的前景；如为处置经营资产，则到了经营危机的境地）
负	正	负	加速衰退期市场萎缩，为应付债务不得不收回投资，已处于破产边缘，须高度警惕	经营业绩和债务情况
负	负	正	如为初创企业，则说明在投入大量资金开拓市场；如为长期稳定企业，则财务状况具有较大不确定性	企业的发展阶段
负	负	负	陷入严重的财务危机，可能破产	该状态的持续时间

注："正"表示现金流入量大于现金流出量；"负"表示现金流出量大于现金流入量。

3.基于财务预警的现金流量指标体系

以现金为基础的财务困境或者财务危机预测在40多年前就已经开始，至今已经积累了较为丰富的研究成果。以现金流量为基础的财务困境预测已经和以财务指标为基础的财务困境预测，以及市场收益率为基础的财务困境预测发展成为三种预测方法，并且产生了很多预测模型。研究发现，以现金流量为基础的财务困境预测具有较高的准确性，如果选取的指标合理、构造模型得当，其比以其余两种指标为基础的模型更加精确，误判概率更低。

（1）修正的杜邦分析体系

有学者认为，传统的杜邦系统数据资料来源于资产负债表和利润表，但随着人们对现金流量信息的日益关注，传统杜邦系统需要引入现金流量分析以更全面地反映企业的信息。在修正杜邦系统的基础上，可以帮助企业更好地进行分析、预测和警示。

（2）财务预警综合指数预警体系

国内有学者基于财务预警模式构建了一套现金指标预警系。该体系在财务预警与经营风险、投资风险、筹资风险之间搭建了逻辑关系，分别设置了反映资本周转、资本扩张和资本结构的预警综合指数指标。该体系引入了现金盈利值CEV和现金增加值CAV两个重要指标。

第二节　采购与付款循环的内部控制

一、采购与付款循环内部会计控制目标

采购与付款循环的基本控制目标是：规范采购与付款行为，防范采购与付款过程中的差错与舞弊行为，提高采购活动的经济效益。为了实现这个目标，商品或劳务应该满足生产销售的需求，并在一个合适的时间范围内以最合理的价格获得，确保企业对已采购的和企业有效运营所必需的商品或劳务承担责任，准确地反映企业对外的负债情况，保证应付款项的真实、合理及授权支付，合理地揭示采购业务中所享有的折扣与折让，等等。

二、采购与付款循环的业务流程与信息流程

（一）采购与付款循环的业务流程

采购与付款循环的业务流程包括与商品和劳务的采购有关的所有活动。这些

业务活动的最终结果会反映到存货总分类账和相应明细分类账中。大型制造业企业的采购与付款循环的业务流程一般包括以下五个环节：

1.请购

企业生产或管理部门根据生产经营需要和仓储情况，按照采购预算或采购计划提出请求采购的申请。审批人按照相关规定对请购单做出审批。

2.订货

采购部门依据经批准的请购单向符合信用标准的供货商采购订货。

3.验收

采购的物资抵达后，应按照订单或合同进行验收，并在验收单上记录验收的情况，确保实际收到的商品与订单或合同规定相一致，然后将物资运送到商店或工厂车间。

4.付款

财会部门收到供货商转来的发票及银行的结算凭证后，认真地检查发票的详细内容，并与入库单、订货单核对一致后办理付款结算手续，支付货款。

5.记账

财会人员根据上述有关原始凭证，及时编制记账凭证并据以登记总账、明细账和相关账簿。

（二）采购与付款循环的信息流程

按照上述业务流程，采购与付款循环应设计相应格式的单证和单证的流动程序，以反映动态的信息流程。这些单证主要有以下九种：

1.请购单

企业按照采购计划或采购预算，由仓储部门或领用部门根据需要提出并填写请购单，经过各部门负责人批准后，递交给采购部门，作为申请购买商品、劳务或其他资产的书面凭证。

2.购货订单

购货订单是由采购部门和供应商共同签订，说明购买指定物资的书面凭证，也称采购合同。购货订单应当包括如下信息：采购数量、规格、价格及相关费用、结算方式和期限等。

3.验收单

验收单，也称入库单，是由仓储部门或收货部门在收到货物时，进行验收和检验所编制的凭证。验收单一式四联（或一式多联）：一联给仓储部门，一联给采购部门用于与订单核对，一联给财会部门用于与发票核对，一联留存。

4.供应商发票

供应商发票是由供应商开具，交给买方以证明提供货物等事项的凭证。财会部门收到后，将其与验收单、订单等核对一致，据此记账并办理结算手续。

5.付款凭单

付款凭单是由财会部门根据订单、验收单和发票编制的授权证明文件。付款凭单供内部使用，是记录采购业务的基础，也是付款的基础。

6.转账凭证和付款凭证

转账凭证和付款凭证是财会部门根据上述各种原始凭证编制的、记录企业采购业务和付款业务的记账凭证。

7.材料采购和应付账款明细账

材料采购和应付账款明细账是财会部门根据验收单、供应商发票及记账凭证记录采购明细账，根据应付款项变化的情况记录明细分类账。

8.现金和银行存款日记账

现金和银行存款日记账对于用支票结算的，应记录银行存款日记账；对于用现金结算的，应记录现金日记账。记录依据是付款凭单、支票存根及付款记账凭证。

9.对账单

对账单是用来核对交易双方债权债务的单据，一般由供应商提供，需要买方核实确认。

三、采购与付款循环的岗位分工与授权管理

（一）岗位分工

在采购与付款循环中的每一个环节企业都应设置相应的岗位，实行岗位责任制，明确相关部门和岗位的职责、权限，确保办理采购与付款循环的不相容

岗位的相互分离、相互制约、相互监督。采购与付款业务不相容的岗位包括以下六对：

1.请购与审批

商品采购由生产、销售、仓库及其他职能部门根据其需要提出，并经分管采购工作的负责人进行审批，审批人不能超越权力审批，应由采购部门组织采购。

2.询价与确定供应商

采购部门与使用部门共同参与询价程序并确定供应商，不能由采购部门单独完成询价与确定供应商工作。

3.采购合同的订立与审计

由采购部门下订单或起草购货合同并由授权部门或人员审核、审批或适当审计。

4.采购与验收

采购部门不能进行货物的验收工作，应由专职人员或质检人员进行。

5.采购、验收与相关会计记录

商品的采购、储存保管人员不能担任会计记录工作，以减少误记商品数量金额的可能。

6.付款审批与实际付款

付款的审核人应与付款的执行人职务相分离。记录应付账款的会计人员不能同时担任出纳职务，支票的签字和应付账款的记账应相互独立。

企业不能将采购与付款业务的全过程交给同一部门或同一个人办理，应根据具体情况对办理采购与付款业务的人员进行轮岗。同时，企业应配备合格的人员办理采购与付款业务，这些人员必须具备良好的业务素质和职业道德，如具备一定的专业教育水平，有一定的实践经验，不断接受继续教育，诚实守信、爱岗敬业，等等。

（二）授权管理

授权管理是企业组织机构设置和人员岗位分工的权责管理机制。为了保证采购与付款循环控制目标的实现，企业要建立严格的授权批准制度。

1.明确审批人对采购与付款业务的授权审批方式、权限、程序、责任和相关控制措施，规定经办人办理采购与付款业务的职责范围和工作要求。

2.审批人应当根据采购与付款循环授权批准制度的规定，在授权范围内进行审批，不得超越审批权限。

3.经办人应当在职责范围内，按照审批人的批准意见办理采购与付款业务。对于审批人超越权限的审批，经办人有权拒绝办理，并及时向审批人的上级授权部门报告。

4.对于重要的、技术性较强的采购与付款业务，应当组织专家进行论证，实行集体决策和审批，防止出现决策失误。

5.不允许未经授权的机构或个人经办采购与付款业务。

6.企业应当按照规定的程序办理采购与付款业务，并在各环节编制相关的记录，填制相应的凭证，建立完整的采购登记制度，加强请购手续、采购订单、验收单、入库凭证、采购发票等文件和凭证的相互核对工作。

四、采购与付款循环内部会计控制的具体要点

（一）常见的错弊

采购与付款循环常见的弊端主要有以下四个方面，这些错弊如果不加以合理控制可能会导致采购成本上升、现金大量流失，甚至财物被侵吞。

1.盲目采购或采购不及时

采购部门或人员没有按照采购计划或请购单进行采购，造成超储积压或供应脱节。其原因有以下两个方面：一方面,可能是控制制度不健全，对需求和市场估计不足；另一方面,可能是采购人员故意所为，以满足个人私利。

2.采购中价格不实

由于采购价格不透明，采购人员在采购时接受各种形式的回扣是较为普遍的现象，这就导致采购价格虚高、虚开发票、截留资金、采购质量难以保证。

3.验收不严格

验收人员不认真核对采购物资的质量和数量，或对验收时发现的问题未能及时报告。其原因主要是验收人员玩忽职守、对控制制度认识不足，存在以少报多、以次充好、人情过关等现象，也容易诱发采购人员舞弊。

4.付款控制不严格

采购结算时，审核不严或单证不齐就付款，或应付账款管理混乱，导致重复

付款、货款流失。

（二）采购与付款循环内部会计控制的要点

采购与付款的内部会计控制涉及采购、验收、储存、财会等众多部门，健全、有效的采购与付款的内部会计控制应包括以下内容：

1.采购、验收、储存、会计与财务部门在人员安排及职责分工等方面应相互独立、实行不相容岗位的相互分离。采购与付款应经上述部门进行相应的确认或批准。

2.一切购货业务，应编制购货订单，购货订单应通过采购及有关部门如生产、销售等部门的签单批准。订单的副本应及时提交会计、财务部门。

3.收到货物并验收后，应编制验收单，验收单必须按顺序编号，验收单的副本应及时送交采购、会计部门。

4.收到供货商的发票后，应及时送给采购部门，采购部门将发票与购货订单及验收单比较，确认货物种类、数量、价格、折扣条件、付款金额及支付方式是否相符。

5.会计部门将收到的购货发票、验收单、结算凭证与购货订单、购货合同等进行复核，检查其真实性、合法性、合规性和正确性。

6.实行付款凭单制。有关现金支付须经采购部门填制应付凭单，并经各有关部门及人员授权批准后方可支付货款。

7.已确认的负债都应及时支付，以便按规定获得现金折扣，维护同供应商的良好关系，增强企业信用。

8.应付账款总分类账和明细分类账应按月结账，并且相互核对，出现差异时应编制调节表进行调节。

9.按月向供货商取得对账单，将其与应付账款明细账或未付凭单明细表相互核对，如有差异应进行调节，并查明发生差异的原因。

同时，企业应当建立预付账款和定金的授权批准制度，加强预付账款和定金的管理。应付账款和应付票据应由专人按约定的付款日期、折扣条件等进行管理，已到期的应付账款须经有关授权人员审批后方可办理结算与支付。企业也应当建立退货管理制度，对退货条件、手续、货物出库、退货货款的收回等做出明确规定，及时收回退货款。

（三）请购的具体内部会计控制

企业应当建立采购申请制度，依据购置的物资或劳务类型等，确定归口管理部门，授予相应的请购权，并明确相关部门或人员的职责权限及相应的请购程序。

企业可以有各种不同的请购制度，并根据不同的请购内容采用相应的控制程序和控制制度。请购环节主要关注采购申请控制和审批控制两个方面的控制。企业要按照以销定产和库存合理的原则，根据预算和实际需要及时请购，超过一定金额的采购需求必须由采购部门统一进行，领用部门不得自行采购；审批人员根据职责、权限和程序对采购申请进行审批。对不符合规定的采购申请，审批人应要求请购人员调整采购内容或拒绝批准。

具体来说，采购决策制定后，随着三联请购单的编制，采购与付款循环从仓储或生产部门开始。请购单是由仓储或生产人员向采购部门做出的一个内部书面的关于商品和劳务采购的请求书，第一联发给采购部门，第二联发给付款部门以便将来核对，而仓储部门保留第三联，以便与采购部门的购货订单和收货部门的验收单核对。

在制造业企业里，请购单最初是由仓库经理、个别使用部门或者生产部门形成的。在这些部门里只有特定人员可以申购，而且在许多情况下都有一个上限（按金额计），超过限制就要获得上级的批准。

由于请购单来自各个部门，每份请购单必须由相关部门的主管人员签名。请购单一般不预先编号，因为它们是从企业里众多的部门中形成的。

如果由计算机保存存货记录，企业通常的做法是设计一个程序，当存货水平降低到一定数量或者达到了一定生产水平，计算机就能自动地生成请购单；还可以用同样的程序自动地记录与采购有关的负债和费用。

企业请购的各相关部门应该加强对请购需求的审核、管理，确保请购需求的依据充分、要求合理，请购单填制正确，同时，还要加强采购预算管理。对于预算内采购项目，具有请购权的部门应严格按照预算执行进度办理请购手续；对于超预算和预算外采购项目，应当明确审批权限，由审批人员根据其职责权限及实际需要等对请购申请进行审批。

（四）订购的具体内部会计控制

订购是以审批过的请购为依据实施采购的过程。在这一过程中，要决定供应商、采购价格、签订购货合同等重要事项，是整个采购业务的关键控制环节。企业应当建立采购环节的管理制度，对采购方式的确定、供应商的选择等做出明确的规定，确保采购过程的透明化。

1.供应商控制

对大多数的企业来说，通常都有许多核准的供货商。企业应通过一定的选择标准确定供应商，包括建立供应商选择标准、供应商选择机制和供应商选择程序。既要考察供应商的信用状况，更要从企业的战略角度出发，考虑物资供应的长期、稳定性。企业应当充分了解和掌握供应商的信誉、供货能力等有关情况，采取由采购、使用等部门共同参与比质比价的程序，并按规定的授权批准程序确定供应商。

2.购货订单控制

请购一旦批准，就可以用请购单来编制预先编号的多联购货订单。购货订单是从一个企业向另一个企业发出的购买货物和劳务的书面要约。购货订单只能在采购部门确信他们可以从有信用的供货商那里获得有利条款的货物之后签订。多联的购货订单应该包含所有要顺利完成订单所需的信息（如数量、品名、价格、条款、地址和发货说明等）。企业至少应该编制五联的购货订单：第一联给供应商，而其他几联给付款部门、仓储部门和收货部门。第五联应由购货部门保留，用来与收货单核对。需要注意的是，在大多数企业里通常的做法是从收货部门的购货订单联上删去订货的数量，由此促使收货人员认真盘点收到的货物。在计算机操作系统中，可以在计算机里保存公开的购货订单文件。此文件可以在后续步骤用来与验收单据核对是否一致。

购货订单是授权执行并记录经济业务的凭据，因此对它的控制非常重要。主要有：每份订单都要预先编号，以确保日后能完整保存和进行会计处理；在订单发出前，必须有专人检查订单是否得到授权人的签字，以及是否存在核准的请购单作为凭证，以确保订单的有效；由专人复查订单的编制过程和内容，以保证订单的正确性；订单的副本应提交请购部门以证实订单内容符合他们的要求，同时提交收货部门以便于他们掌握验收标准。

3.采购价格控制

企业还可以采用订货合同、直接采购等方式进行采购。采购订单或合同中，价格是最容易出现问题的部分。采购价格控制同样要从定价标准、机构、程序、授权与批准等方面进行控制。确定采购价格要经过询价、比价、议价和定价等程序。定价可以分别采用议定、公开市场确定、招标定价等方式。

4.采购时间和数量控制

从请购到采购物资入库所经历的期间为采购时间。对采购时间的控制，主要是防止生产停工待料，或存货过多闲置造成资金浪费。企业还要根据资金周转情况和利率、储存成本和费用、采购价格优惠、消耗方式及缺货风险等，科学计算和决策最佳经济采购批量。采购部门应运用经济批量法进行采购，并将采购数量与时间及时通知仓储和生产部门。

（五）验收的具体内部会计控制

为了达到控制目的，货物的验收应由独立于请购、采购和财会部门的人来承担。收到货物后，应将供货商的发货单和收货部门的购货订单联核对一致。验收主要从凭证审核、数量检验和质量检验等方面进行。收货控制具有双重作用，既要控制采购环节的业务活动，也要控制存货的管理工作。

收货部门的控制责任主要在收到货物的质量和数量方面。收货部门具有收货、盘点、验收和接收货物的权利。收到的货物应该被临时储存在指定的区域，保持控制并有助于执行以上的各种检查。任何购货订单和收到的货物之间的差异都应该在购货订单和供货商的发货单上注明，并且得到发货人的认可。

记录了收货的数量后，签名的购货订单联就可以作为验收单，或者单独编制预先编号的多联验收单。收货部门要在收到货物时编制验收单，注明从供货商那里收到货物的数量、种类和状态。

无论使用哪种方法，验收单的第一联，连同供货商的发货单应送到财会部门，这联表明货物已经收到，因此要记录相应的负债；验收单的第二联应由收货部门保留，用来与收货部门的购货订单联核对一致；验收单的第三联发回购货部门，用以通知他们所订货物已收到；验收单的第四联连同货物应该送到仓储部门或生产部门，第四联应该与仓储部门或生产部门的请购单和购货订单联核对一致，核对一致后，要更新存货卡片。完成了收货、盘点和验收后，采购的存货可以运送到仓储部门或直接送到工厂。

对于验收过程中发现的异常情况，负责验收的部门或人员应当立即向有关部门报告，有关部门应查明原因，及时处理。

在某些控制制度中，提交收货部门的购货订单副本中的数量常常被删去，以便提高收货人独立确定数量的可能性，防止收货人不经检验就根据购货订单上的数量来填制作为其检验结果的控制文件——验收单；而有些控制制度则要求两个收货人在验收单上签字以防止这种情况的发生。

（六）付款的具体内部会计控制

1.应付账款入账前的审核与控制

应付账款是企业购买材料、商品、物资或接受劳务等而应付给供应商的款项。应付账款的真实与否对企业财务状况有较大的影响。同时，债务人的应付账款即为债权人的应收账款，任何应付账款的不正确记录和不按时偿还债务，都会导致债权人和债务人的债务纠纷。所以，应加强应付账款的管理和内部会计控制。应付账款的内部会计控制制度主要包括以下内容：

（1）应付账款必须由专人管理

应付账款的管理和记录必须由独立于请购、采购、验收、付款职能以外的人员专门负责，实行不相容岗位的分离。应当按付款日期、折扣条件等规定管理应付账款，以保证采购付款内部控制的有效实施，防止欺诈、舞弊及差错的发生。

（2）应付账款的确认和计量必须真实可靠

应付账款的确认和计量必须根据审核无误的各种必要的原始凭证。这些凭证主要是供应商开具的发票，验收部门的验收单、银行转来的结算凭证等。负责应付账款管理的人员必须审核这些原始凭证的真实性、合法性、完整性、合规性及正确性。

（3）应付账款必须及时登记

负责应付账款记录的人员应当根据审核无误的原始凭证及时登记应付账款明细账。应付账款明细账应该分别按照供应商进行明细核算，在此基础上还可以进一步按购货合同进行明细核算。

（4）应付账款必须及时冲抵预付账款

企业在收到供应商开具的发票后，应该及时冲抵预付账款。

（5）正确确认、计量和记录折扣与折让

企业应当将可享受的折扣和可取得的折让按规定的条件加以确认、计量和记录，以确定实际支付款项的正确，防止企业可获得折扣与折让被隐匿和私吞。

（6）应付账款的授权支付

已到期的应付账款应当及时支付，但必须经有关的授权人员审批后才能办理结算与支付。

（7）应付账款的结转

应付账款总分类账和明细分类账应按月结账，并且相互核对，出现差异时应编制调节表进行调节。

（8）应付账款的检查

按月向供货商索取对账单，将其与应付账款明细账或未付凭单明细表相互核对，如有差异应编制调节表调节并查明发生差异的原因。如果追查结果表明本企业无会计记录错误，则应及时与债权人取得联系，以便调整差异。向供应商索取对账单并进行核对调节的工作应当由会计负责人或其授权的、独立于登记应付账款明细账的人员办理，以贯彻内部牵制原则。

具体来说，就是从供货商那里收到发票后，应该马上签收，然后与请购单、购货订单和验收单的会计联核对一致。这种签收的过程，可以对交易过程的所有细节进行独立检查。

2.应付账款支付的审核与控制

付款控制侧重于现金流控制。从手段上看，有流程控制、组织控制、岗位控制、凭证控制及制度控制；从内容上看，有零星采购备用金控制、款项支付控制、应付账款登记控制及现金折扣控制等。付款环节涉及供应商、采购、验收、仓储等职能部门及财会部门。

付款环节的控制流程主要表现为债权人请款、负责人审批、财会部门主管审核、与供应商对账、出纳付款等。企业应根据自身特点，安排适合企业经营管理的控制流程，并控制该流程的有效实施。

企业财会部门在办理付款业务时，应当对购货发票、结算凭证、验收单等相关凭证的真实性、完整性、合法性及合规性进行严格审核。符合要求的凭证才能据以付款，对于审核中发现不真实、不合法的原始凭证有权不予接受，并报告企业负责人；对于记载不准确、不完整的原始凭证予以退回，并要求有关经济业务事项的经办人按国家统一会计制度的规定更正、补充，待手续完备后再予以办理。

付款的具体控制制度主要有以下方面：

（1）防止未批准的款项支付

在付款前，付款人要仔细检查付款凭证是否经授权人批准，任何付款都必须经财务主管签字。对于现金支付，首先要检查发票上是否有"付讫"的字样，防止二次支付；然后检查是否具有经审核的验收单。对支票付款，要注意对支票本身的控制，签发的支票由签字人本人寄送，不得让核准或处理付款的人接触；未签发的支票要安全保管；作废的支票应予以注销，防止重复开具。

（2）确认的负债要及时支付

以获得现金折扣的好处，并与供应商维持良好的信用关系。财会部门要定期检查应付账款明细账及有关文件，防止失去可能的现金折扣。有的企业为了控制负债的及时支付，将应得到但未获得的现金折扣作为一项费用来处理，以加强会计部门的财务管理。

（3）正确付款和记录

在付款前，应复核发票上的数量、价格和合计数及折扣条件。对于因退货或折让而造成的应付账款借项，在良好的控制制度下，也可于未收到供应商的贷项通知单之前，从付款金额中扣除。

3.应付账款支付的控制方法

应付账款支付的控制方法有明细账余额付款法和凭单付款法，即一票一付两种情况。

《内部会计控制规范——采购与付款（征求意见稿）》第二十二条规定：单位应当加强应付账款和应付票据的管理，由专人按照约定的付款日期、折扣条件等管理应付款项。已到期的应付款项须经有关授权人员审批后方可办理结算与支付。应付账款的支付方法有余额付款法和一票一付法两种方法。

（1）余额付款法

所谓的余额付款法是直接根据每个供应商应付账款明细账上的余额付款的方法。采用这种支付方法的最大优点是比较简单。但是，根据应付账款余额支付的最大不利之处在于，支付货款时，不再检查核对相关的供应商发票、送货单、验收单等有关原始文件，实际支付的应付账款和发票账单之间，以及采购商品的实际入库情况之间不存在一一对应的关系，一旦发生差错或者付款纠纷，查找对账很困难，甚至根本不可能查找对账。

此外，如果对应付账款的入账源头把关不严，就有可能发生应付账款付过头的现象，也有可能导致内外勾结、以虚假的发票计入应付账款账、套取虚假货款却没有收到商品，使企业蒙受损失。

在余额付款法下，应付账款明细账的管理和应付账款的授权支付应当分别由不同的人来承担，授权人员综合考虑企业的付款政策、供应商的具体情况等因素以后，确定在什么时候、向哪个供应商、支付多少应付账款。一旦确定了应付账款的支付对象及支付金额以后，授权人员应当签发付款通知书。

付款通知书一式四联：一联由授权人员留存，一联作为付款通知书与有关支票或者其他支付凭证送交供应商，一联作为出纳员签发支票或者其他付款凭证的依据，出纳员据此登记银行存款日记账，一联由分管应付账款明细账的会计员作为登记应付账款明细账减少的依据。

如果应付账款是根据供应商应付账款余额支付，而不是根据每一份购货发票支付的，那么负责管理应付账款的会计人员在准备支付应付账款时，应当事先编制一份应付账款支付明细表，将所有支付的供应商对象和相关的供货发票情况罗列清楚。该明细表一式两份，一份送交出纳员，另一份送交可以有权签名支付货款的授权人员。出纳员对付款明细表的内容审核无误后填写支票，但是无权签名付款。随后，出纳员将准备就绪的支票再送交至有关授权人员，该授权人员对付款明细表审核无误后，在出纳员准备就绪的发票上签名，支付货款。

余额付款法的付款控制过程，由三个当事人组成：管理应付账款的会计人员负责提出付款请求，并准备证明付款合理性的相关文件，随后进行双重审查；由出纳员审查付款的准确性，并准备好付款的支票；由授权人员审查付款的合理性，并在支票上签名付款。在这种控制程序中，会计人员、出纳员和授权人员的责任分工有利于减少工作中差错的可能性，也有利于防止付款过程中舞弊行为的发生。

（2）一票一付法

为了克服余额付款法的弊端，可以建立一种一票一付的应付账款明细分类账体系。这一体系的操作思路归纳如下：多证相符→一票一账→逐行登记→同行注销。

多证相符是指严格控制应付账款的入账源头，只有发票、送货单、验收单几证相符的采购业务才可以登记应付账款明细账，缺少其中任何一种单据都不得登记应付账款。

一票一账是指对每一个供应商发生的每一笔采购业务，在多证相符的情况下，编制一张记账凭证，在应付账款明细账中登记一笔账。

逐行登记是指由于对某一供应商的商品采购而发生的应付账款在该供应商的应付明细账中逐行序时登记。

同行注销是指应付账款的支付不是根据某一供应商应付账款明细账的余额，而是根据已经入账的每笔应付账款的发票金额支付应付账款，一笔应付账款支付以后，支付的应付账款应当在与发生的相关应付账款的同一行内予以注销。每一行借方登记的应付账款支付数不超过同行贷方已经登记的应付账款发生数。

在这种付款制度下，应付账款的支付由专人审核有关供应商发票、送货单、验收单等原始单据以后才可以签发应付账款支付单。应付账款支付单一式四联：第一联由签发人留存，第二联作为出纳签发支票或者其他支付方法支付货款的依据，第三联与支票存根或者其他支付凭证一起作为应付账款记账员登记应付账款减少的依据，第四联作为付款通知书与支票或者有关付款结算凭证送交供应商。

如果使用计算机系统，"应付账款支付单"可以直接由授权人员输入系统，"应付账款支付单"上的详细情况被记录在计算机里面，同时将"应付账款支付单"的详细信息输入购货业务文件。购货文件中包括所有与这一"应付账款支付单"相关的商品发票、送货单、验收单等情况，购货文件对"应付账款支付单"的信息与原有的信息自动核对无误后，通过授权同意支付，同时更新购货文件中的应付账款明细账和有关总分类账。

如果企业采用的是一票一付应付账款的付款体系，则付款的依据是授权批准的应付账款支付单，具体过程在此不再重复。月末在计算机系统中，所有已经支付的应付账款，其发票、送货单、验收单、付款通知书等应当另外形成"已经付款文件"。未支付的应付账款，其发票、送货单、验收单等应当另外形成"未经付款文件"，它们的合计应当与应付账款总分类账中的金额核对相符。

为了满足一票一付法的核算需要，应付账款明细账的格式要做相应的调整。

在一票一付法下，所有与应付账款有关的单据实际上都进行了二次审核，即应付账款入账时审核了一次，应付账款支付时又审核了一次，而且应付账款贷方登记的实际支付金额不能超过同行借方实际登记的发生数，这样就能够充分保证应付账款记录和支付的准确性，同时防止支付过程中的舞弊行为。

（3）支票准备和签名

不管采用什么样的形式向供应商支付货款，在支票准备和签名上必须严格予以控制，这一类控制至少应当包括下列内容：

支票应当事先编号。支票由出纳员负责保管并按照填写要求进行填写。只有在证明付款合理性的所有原始文件都具备的条件下出纳员才有权签发支票。支票签发至少要两次复核签名，第一次复核的资料由应付账款会计员或者凭单登记员提供，第二次复核在第一次复核的基础上进行。一旦支票被支付，所有与支付相关的原始凭证上都要盖上"已支付"的印章。

支票一旦签发，具有法定付款效力以后，应当立即直接送交授权收款的人员，签发准备支票的出纳员和授权签名的授权人员就不能再接触这张支票。

4.应付账款的对账

应付账款的对账工作由以下两个方面的内容组成：

首先，将应付账款明细账与应付账款总账核对，做到账账相符。如果根据应付账款余额付款方法支付货款，应当将应付账款明细分类账与应付账款总分类账核对相符，如发生差异，及时查明原因并采取相应的处理措施。采用一票一付付款的对账方法基本上与余额付款法一样，只是应付账款明细账上的余额计算稍微复杂一些。

其次，将库存商品二级明细分类账、三级明细分类账、库存商品卡片账定期核对相符，做到账账相符、账实相符。

（七）采购与付款循环内部控制的监督检查

企业应当建立采购与付款循环定期或不定期的监督检查制度，包括岗位与人员设置情况、授权批准制度的执行情况、验收制度的执行情况、应付账款和预付账款的管理、相关单据凭证的使用保管情况等。监督检查机构或人员通过实施符合性测试和实质性测试，检查采购与付款循环内部会计控制制度是否健全，各项规定是否得到有效的执行。评价主要以企业战略和企业预算为标准，包括对采购价格与成本标准的评价，采购物资与质量标准、与采购物流标准、与采购组织标准等不同的总体层次进行的评价。

第三节　存货与生产循环的内部会计控制

一、存货与生产循环的内部会计控制目标

存货与生产循环的主要控制目标是确保存货安全，生产可控而且是按成本效益原则运作。一般来说，存货与生产循环具体控制目标有生产是根据企业的授权进行的，成本的记录是真实合法的，所有的耗费都及时地计入了成本，保护存货资产安全完整，提高存货运营效率，保证实际的存货与账面存货相符，防范存货业务中的差错和舞弊。

二、存货与生产循环的业务流程及信息流程

（一）业务流程

存货与生产循环包括原材料入库、原材料保管、车间领用原材料、车间对原材料进行加工、产品完工、产品销售出库等环节。产品加工过程的性质决定了企业是按分批法核算产品成本，还是按分步法核算产品成本。存货与生产循环的内部控制涉及许多相关的业务循环。制造业企业的存货与生产循环的业务流程一般包括以下七个环节。

1.储存保管

仓储部门对验收入库的存货应按品种数量进行登记入账，对各种类型存货的摆放、收发等情况按流程登记。

2.计划生产

通常，企业根据客户订单，或者基于历年销售，或者其他信息的预测情况安排生产，并利用这些信息编制成生产预算和随后的生产计划。企业生产计划部门制订生产计划，并交由被授权领导审批，经审批后安排生产部门进行生产。授权生产时应签发预先编号的生产通知单。

3.存货的领用和发出

领用生产所需的原材料时，生产部门根据生产计划部门下发的生产通知单确定物料需求，填制领料单，报部门经理批准后，送仓储部门据以发货。仓储部门应按照批准的领料单将原材料发送到生产部门。

4.开始生产

生产车间根据批准的生产通知单或其他方式组织生产，生产部门在收到生产通知单并领取原材料后，将生产任务分解到每一个生产工人，并按任务将原材料分配给生产工人，据以进行生产加工。

5.成本核算

为了准确地计算产品成本，企业应按照一致性原则归集所发生的所有与产品生产有关的成本，产品的成本不仅包括原材料，还包括人工费用和其他费用。企业应当将材料费用和人工费用记录在相应的在产品账户或者成本中心。制造费用集中计入相应的成本中心后，及时分配计入在产品账户。

企业对所有的生产成本（直接和间接的）进行适当的分类，一般分为直接材料、直接人工、制造费用，即通常所说的料、工、费。企业对原材料的领用、在产品的生产过程、半成品的形成过程、产成品的完工都要有详细的记录和控制。

6.产成品入库

完工的产品应及时交生产部门清点后转检验员验收并办理入库手续，或是将产品移交下一部门进一步加工，并在存货记录中准确地记录所有的产成品。产成品入库须由仓储部门先进行清点、检验并签收，然后将实际数量通知财会部门。包括产成品在内的所有存货入库后，仓储部门都要根据各类存货的不同性质，分门别类存放，并加以标识；保管人员根据入库单详细填写仓库货物登记簿并建立台账，及时掌握和反映产、销、供、耗、存情况，以便日后与供、销、财会等部门核对，保证账实、账卡相符。对于有毒、易燃、易爆等危险物品，要严格按照国家规定妥善保管。

7.存货的盘存和计价

企业应定期对存货进行实地盘点，核实存货数量，并与存货记录核对一致，保证各项存货免受未经授权的使用或转移。在盘点时发现存货盘盈、盘亏的，应及时查明原因、分清责任，填写存货清查盘盈盘亏报告表，并及时送交相关部门。

（二）信息流程

存货与生产循环中的信息流程包括原材料加工、支付职工薪酬和其他人工费用（包括福利费、社会保险等）、发生的制造费用（如固定资产折旧、车间管理人员工资等）。只有把握住存货与生产循环单证控制环节，才能了解整个循环的活动轨迹，有效降低经营活动风险。在这一信息流程中涉及的单证主要有以下九类：

1. 入库单

企业在自制存货完成后，生产部门应编制入库单，交给仓储部门、财会部门、生产部门分别持有。入库单应连续编号。

2. 领发料凭证

领发料凭证是企业为控制材料发出所采用的各种凭证，如材料发出汇总表、领料单、限额领料单、领料登记簿、选料单等。仓库保管人员对存货实行簿记管理，在保管单中详细记录存货的名称、规格、数量等信息。

存货出库时，应以生产或销售部门的领料单或出库单为依据。仓库保管人员确认单据的真实性后，按照核准的数量、品种发出存货，这一过程最好由两人共同完成。领料单应连续编号。

3. 生产通知单

生产通知单是企业生产计划部下达的制造产品等生产任务的书面文件，用以通知生产部门组织产品的生产，供应部门组织材料的发放，财会部门组织成本的计算。生产通知单要预先连续编号。

4. 产量和工时记录

产量和工时记录是登记工人或生产班组在出勤日内完成的产品数量、质量和生产这些产品所耗费工时数量的原始记录。常见的产量和工时记录有工作通知单、工序进程单、产量通知单、工作班组产量报告、产量明细表、废品通知单等。

5. 工资汇总表和人工费用分配表

工资汇总表是进行工资费用分配的依据。它是为了反映单位全部工资的结算情况，并据以进行工资结算、总分类核算和汇总整个单位的工资费用而编制的。人工费用分配表反映了各生产车间和产品应负担的生产工人工资及福利费。

6. 材料费用分配表

材料费用分配表是用来汇总、反映各生产车间和各产品所耗费的材料费用的原始记录。

7.制造费用分配表

制造费用分配表是用来汇总反映各生产车间和各产品所应负担的制造费用的原始记录。

8.成本计算单

成本计算单是用来归集某一成本计算对象所承担的生产费用，计算该成本计算对象的总成本和单位成本的记录。

9.其他

仓库控制的主要单据还有存货分类表、各部门使用情况统计表、存货盘点表、存货保管成本记录单等。

以上信息流程，还会涉及如下账户：原材料总分类账户及相应的明细分类账，在产品、人工费用、制造费用总分类账户及相应的明细分类账，差异账户，产成品总分类账户及相应的明细分类账。

三、岗位分工与授权管理

（一）岗位分工

岗位责任制是存货与生产循环控制的关键。明确相关部门和岗位的职责权限，确保办理存货与生产循环的不相容岗位相互分离、制约和监督，是存货与生产循环控制的基础。在存货与生产循环的每一个环节设置相应的岗位，包括验收、保管、发料、清查、会计记录、处置审批等。企业应实行岗位责任制，明确相关部门和岗位的职责、权限，确保不相容岗位的相互分离、相互制约和相互监督。

存货与生产循环不相容岗位主要包括存货的保管与清查、存货处置的申请与审批、薪酬支付单的编制与分配、成本费用预算编制与审批、成本费用支出审批与执行、成本费用支出执行与相关会计记录等。

企业不得由同一部门或个人办理存货与生产循环的全过程业务，应当配备合格的人员办理相关业务。办理存货与生产循环的人员应当具备良好的职业道德和业务素质。

企业应当按照材料的验收入库、产品的验收入库、存货的仓储与保管、存货的领用与发出、薪酬计算等环节办理相关业务，并在各环节编制相关的记录，填制相应的凭证，建立完整的存货登记制度，加强各环节凭证和单据的核对工作。

（二）授权管理

企业应当建立存货与生产业务的授权批准制度，明确授权批准的方式、程序和相关控制措施，规定审批人的权限、责任，以及经办人的职责范围和工作要求，严禁未经授权的机构或人员办理相关业务。审批人应当根据授权批准制度的规定，在授权范围内进行审批，不得超越审批权限。经办人应当在职责范围内，按照审批人的批准意见办理存货与生产业务，对于审批人超越授权范围审批的业务，经办人有权拒绝办理，并及时向审批人的上级授权部门报告。单位应当制定科学规范的存货与生产的业务流程，明确存货的取得、验收与入库，仓储与保管，领用、发出与处置等环节的控制要求，并设置相应的记录或凭证，如实记载各环节业务的开展情况，确保存货与生产业务全过程得到有效的控制。

企业存货与生产业务涉及的要素比较复杂，因此，往往实行授权后的分权管理，授权管理由以下环节组成：

购买原材料（包括低值易耗品、包装物等）的申请，要通过生产、财务等部门共同审批完成，收入存货过程中发生的资金收益和费用支出的办理需要经过财会部门的批准，因生产需要导致存货在企业内部的转移需要得到主管部门的批准，以相关的审批文件为存货转移的依据。

仓库管理部门进行存货保管人员配备时要得到高层管理部门的审批；存货储存地点的确定要经过生产技术部门的批准；存货储存成本的支出要得到财会部门的审核；存货离开储存仓库时，使用存货的部门或人员要出示授权审批材料，并应该取得仓库管理部门的批准；仓库管理部门在销毁有关存货簿记、备查登记等文件资料时，需要经过高层管理部门的批准，同时还要获得财会部门的同意。

稽核小组制订清点或盘点计划，确定清点时间、频率时要向有关主管部门报告，得到批准后才能实施；清点过程中确定存货盘盈、盘亏的处理方法需要得到主管部门的审批；主管会计人员对存货清点结果采取的会计核算方法要经过财会部门主管的批准。

使用存货之前，生产、销售等部门要向主管部门提出申请，各部门在使用存货时，要向仓库管理部门出具生产计划或者存货使用预算审批材料，仓库管理部门核对审批单上的要素后才能发出存货。日常零星使用存货要获得本部门主管的批准，企业应该制定存货使用的权限分配制度，明确规定各级部门主管的审批额度，对于超出审批权限的额度要经过上级主管的批准。仓库管理部门对存货保管的调整方案要经过主管机关的批准，并确定在此过程中出现问题的责任。主管会计初步拟定出存货发出的核算方法后，要向财会部门主管报告，以便综合考虑存货发出成本计算对企业总体经营活动的影响等。

四、存货与生产循环内部会计控制的具体要点

（一）常见的错弊

1.保管不善

保管不善是指没有指派专人对存货等资产进行严格的保管，使得不能及时发现存货的毁损变质等情况，缺乏相应的监督程序，导致账面记录的存货价值已经不能反映真实情况。

2.收发控制不严

收发控制不严是指收发存货没有经过严格的授权审批控制，具有很大的随意性，出现多发或少发，或者没有通知会计部门及时记录，导致资产损失、账实不符。

3.成本核算有误

成本核算有误是指对存货等资产的领用没有分类核算，导致相应的支出不能正确计入成本；成本核算缺少必要的复核，不能及时发现计算中出现的失误；虚列费用与支出，从而调节当年销售成本，操纵利润。

4.销售成本结转不实

销售成本结转不实是指部分会计人员不能将成本在产品和完工产品之间进行正确的划分，或者人为地调节产品和完工产品之间的划分比例，导致结转的销售成本不实、利润不实。

（二）存货与生产循环内部会计控制要点

1.存货发出的内部会计控制

单位应当加强对存货领用与发出的控制。单位内部各业务部门因生产、管

理、基本建设等需要领用原材料等存货的，应当履行审批手续，填制领料凭证。单位销售存货，应当符合《内部会计控制规范——销售与收款（征求意见稿）》中有关规定。单位对外捐赠存货，应当履行审批手续，签订捐赠协议。捐赠对象应当明确，捐赠方式应当合理，捐赠程序应当可监督检查。单位运用存货进行对外投资，应当履行审批手续，并与投资合同或协议等核对一致。各单位应当建立存货处置环节的控制制度，明确存货处置的范围、标准、程序、审批权限和责任。单位处置残、次、冷、背存货，应由仓储、质检、生产和财会等部门共同提出处置方案，经单位负责人或其授权人员批准后实施。单位应当组织相关部门或人员对存货的处置方式、处置价格等进行审核，重点审核处置方式是否适当，处置价格是否合理，处置价款是否及时、足额收取并入账。单位应当建立健全存货取得、验收、入库、保管、领用、发出及处置等各环节凭证、资料的保管制度，并定期与财会部门核对，发现问题，及时处理。

厂部计划部门一旦批准了某种产品的生产，应当编制生产通知单，生产通知单一式三联：一联由签发部门留存；一联转交生产车间，作为车间组织生产的依据；一联交仓储部门，作为仓储部门发料的依据。

生产车间在领用原材料时必须填制领料单，领料单要列示所需的材料种类和数量，以及领料部门的名称。领料单可以一料一单，也可以一单多料，通常需一式三联。仓库部门核对生产通知单以后向车间发料，领料单的一联连同材料交还领料部门，其余两联经仓库登记材料明细账后，送财会部门进行材料收发核算和成本核算。

2.存货在生产过程中的内部会计控制

为了正确地核算产品成本，对在产品进行有效的控制，必须建立、健全成本会计制度，将生产控制和成本核算有机结合起来：一方面，生产过程中的各种记录，如生产通知单、领料单、计工单、入库单等都要汇集到财会部门，由其对它们进行审查和核对，了解和控制生产过程中的实物流转；另一方面，财会部门要设置相应的会计账户，会同有关部门对生产成本进行核算和控制。完善的成本会计制度应该提供有关原材料转为在产品、在产品转为产成品，以及按成本中心或分批生产任务通知单对生产过程中消耗的材料、人工和间接费用的归集和分配的详细资料。

（1）生产成本控制的业务环节

企业应建立相应的生产成本控制制度，加强对生产成本的控制，降低生产成本；同时，应保证生产成本信息的准确可靠，为改进成本控制方法、进行成本控制决策提供信息。生产成本业务主要由生产部门负责。同时，还涉及计划、劳资和财会部门。

生产过程中发生的生产成本就经济性质方面看，主要包括外购材料、外购燃料及动力、工资和福利费及折旧支出等。业务程序一般经历以下环节：

第一，企业技术部门会同生产成本发生部门制定材料、动力等费用的消耗定额与开支标准。消耗定额与开支标准的作用有三点：首先，它们是编制生产成本计划，并将费用指标分解落实到生产成本具体发生部门的依据；其次，它们是企业日常运作过程中管理部门控制各项生产成本的依据；最后，它们是计划和财会部门分析成本差异的依据。

第二，用料部门根据生产计划和消耗定额填制领料单，经部门主管人员审核签字后，据以领料；各个部门考核人员做出考勤和产量记录，经由各个部门负责人员审核签字后，送交财会部门，作为计算工资、提取福利费及分配工资费用的依据；车间核算人员记录动力消耗情况，经过主管人员审核签字后作为分配动力消耗费用的依据。

第三，财会部门根据各部门经审核签字后的各项费用开支凭证，结合各部门费用限额办理各项费用的结算业务，同时汇集各项生产成本的原始记录进行审核汇总，并按照生产成本的经济用途计入有关账簿。

（2）生产成本的控制措施

为保证单位生产成本业务会计核算资料准确可靠，保证生产成本业务合法合规，保证生产成本支出经济合理，保证生产成本计价正确真实，企业应根据生产成本业务的特点，以及生产经营对生产成本管理的要求，采取以下相应的控制措施：

第一，为保证生产成本业务符合授权要求，保证生产费用支出经济合理，企业各车间和职能部门需要开支的各项费用，在由专人填制有关凭证后，要经过车间或部门负责人员进行审查批准。对于超出限额或预算的费用开支则由上级主管人员审查批准。

第二，为保证生产成本业务合规合法、保证生产成本业务核算准确，企业仓库保管人员应认真复核经过批准的领料单的领料数量是否超过限额、手续是否齐全，再在领料单上签章并据以发放材料；劳资部门复核车间和其他职能部门转来的考勤记录、产量记录等原始记录后，签发由财会部门提供的工资结算单；财会部门检查各种以货币资金形式支付的综合性费用支出是否超过限额或预算、手续是否齐全后，办理货币资金结算。超过计划或预算的费用开支，应检查是否经过适当的批准手续。

第三，为保证生产成本业务记录有效，保证生产成本业务核算准确，企业财会部门有关人员应分别审查由采购、劳资等部门转来的各项费用开支原始凭证及转账凭证基本要素的完整性、处理手续的完备性、经济要素的合法性、计算要素的正确性，并签字盖章以示审核。

第四，为保证证表相符，保证生产成本业务记录完整及账务处理正确，企业在记账前，稽核人员审核材料发出汇总表、工资结算汇总表、固定资产折旧计算表及其他费用支出原始凭证基本要素的完整性、处理手续的完备性、经济要素的合规合法性、计算要素的正确性；审核转账凭证基本要素的完整性、处理手续的完备性、其所反映的费用归集要素和金额与原始凭证的一致性，并签字盖章以示稽核。

第五，为保证生产成本业务有据可查，保证生产成本业务账簿之间相互制约和及时提供准确的生产成本核算信息，企业生产成本明细账主管会计根据原始凭证或记账凭证及时登记生产成本等明细账，登记完毕后，核对其发生额与原始凭证或记账凭证的合计金额，并签字盖章以示登记。生产成本总账会计根据记账凭证登记生产成本总账，登记完毕后，核对其发生额与记账凭证的合计金额，并签字盖章以示登记。

第六，为保证账账相符，保证生产成本业务账务处理正确及会计资料准确，企业应在稽核人员监督下，生产成本明细账主管会计与生产成本总账会计定期核对生产成本明细账与生产成本总账的发生额和余额，并相互取得对方签证以示对账。

3.成本核算系统的内部控制制度

（1）建立产品成本的核算制度

产品成本的核算制度，是指将一定期间的生产费用，按各种产品进行归集，并在完工产品和在产品之间进行分配，以求得各种完工产品总成本和单位成本的制度。产品成本核算制度包括以下内容：

第一，确定成本计算对象。成本计算对象是指为了归集和分配生产费用进行成本计算而确定的生产费用的承担者，包括产品品种、产品加工步骤、产品批别等。确定成本计算对象时，应考虑生产类型的特点和成本管理的要求。

第二，设置成本核算项目。成本核算项目一般包括直接材料、直接人工和制造费用（通常所说的料、工、费）。企业可以根据自己的特点设置符合生产过程的一些成本项目，比如，企业可以设置燃料和动力、废品损失等。

第三，确定成本计算方法。产品成本的计算方法有分批法和分步法两个基本方法。

产品成本的分批法适用于单件生产、可识别产品（如轮船或珠宝等）成本的核算。在这种方法中，材料和人工以实际支出分配计入或直接计入各批别产品成本，而制造费用通常使用预先设定的分配率计算分配额计入产品成本。

分步法适用于大批量连续式多步骤生产的产品成本核算（如纺织厂、炼钢厂等）。在分步法下，按产品的生产步骤归集原材料费用、人工费用和制造费用，会计期末按产品的生产特点分别采用逐步结转分步法或平行结转分步法计算结转完工产品成本和在产品成本。

必须指出的是，一个企业采取的成本计算方法不是唯一的，因为企业在从事产品生产的过程中，由于生产特点和管理要求不同采取的成本计算方法也不完全相同。所以，企业可以根据自身特点以一种成本计算方法为主，结合其他几种成本计算方法的某些特点而综合应用。

（2）成本核算内部会计控制的内容

为保证产品成本计算的准确可靠，企业应根据生产过程的特点及经营管理的要求，在生产成本核算过程中设置以下控制点，并采取相应的控制措施：

第一，企业财会部门根据审核后的领退料凭证、工资结算单及其他有关费用的原始凭证，按照费用的用途归类，划分应计入生产成本的费用和不应计入生产成本的费用，并按照成本项目编制各项费用汇总表和分配表。

第二，企业财会部门应会同生产部门定期清查盘点产品，核实产品数量，确定产品完工程度，及时处理盘亏、盘盈及报废的产品，编制产品盘存表。

第三，企业财会部门成本核算人员应在规定的时间内，根据各项生产费用汇总表和分配表及在产品盘存表，把已经发生应归入生产成本的生产费用在各个期间、各种产品，以及完工产品和在产品之间进行分配，计算出完工产品的总成本和单位成本，并编制生产成本计算单。

第四，企业财会部门主管人员应在生产成本计算出来之后，检查成本核算方法是否适当、分配方式和分配比率是否合理、核算程序是否合规、计算结果是否正确，对比已经计算出来的生产成本与计划成本或上期实际成本，检查是否存在差异。复核无误后，在生产成本计算单上签章以示复核。

第五，企业财会部门主管会计根据复核的生产成本计算单，编制生产成本汇总表，填制有关记账凭证，及时结转生产成本，并根据生产成本计算单及有关科目余额编制成本报表。

第六，为保证账账相符，保证生产成本业务账务处理正确及会计资料准确，在稽核人员监督下，生产成本明细账主管会计应与生产成本总账会计定期核对生产成本明细账与产品成本总账的发生额与余额，并相互取得对方签章以示对账。同时还要核对成本报表资料，做到账表及表表相符，核对无误后签章，并送单位负责人审核和签章。

第七，建立生产成本的差异分析制度，产品成本计算无误以后，相关人员应及时分析实际成本和标准成本之间的差异，找出原因，提出改进措施。

4.完工产品入库和保管的内部会计控制

（1）存货入库的控制

仓储部门从生产部门收到存货（产成品或半成品）时，最好是采用永续盘存制保持控制。永续盘存制提供了最好的控制，因为它能定期将现有存货与存货记录进行核对。存货入库时，仓库管理人员要合理确定存货的存放地点、存放顺序；企业监督部门要对入库的全过程进行监控，及时处理发现的问题，同时防止舞弊行为的发生。仓库管理人员要和验收人员进行工作交接，在交接时双方应该约定各自的权利、责任。交接工作完成后，仓库管理人员和验收人员要在有关的文件资料上签章以示负责。

（2）存货保管的控制

存货保管控制主要是对存货的安全、储存和使用效率进行控制。具体要素包括以下六个方面：

第一，授权使用。存货的使用需要经过授权审批，并且生产、销售、财务等部门应该保持协调，得到共同授权之后才能使用存货。仓储、保管部门应当建立岗位责任制，明确各岗位在值班轮班、入库检查、货物调运、出入库登记、仓场清理、安全保卫、情况记录等各方面的职责任务，并定期或不定期地进行检查。

第二，库存成本。过多的闲置存货会导致企业存货储存成本的增加，这就降低了存货使用的经济效益，仓库会计应该及时与生产、销售部门沟通，反馈存货余缺的情况，保持合理的存货库存水平，既能满足经营活动的需要，又能节约成本。

第三，限制接近。存货是容易丢失、毁坏的重要资产，应该制定严格的存货限制接近制度，任何人未经许可都不得接触存货及有关的记录。应该设专人对重要的存货仓库进行保护。

第四，建立存货的分类管理制度。对贵重物品、精密仪器、危险品等重要存货，应当采取额外控制措施，确保重要存货的保管、调用、转移等经过严格授权批准，且在同一环节有两人以上同时经办。企业应当按照国家有关法律法规要求，结合存货的具体特征，建立、健全存货的防火、防潮、防鼠、防盗和防变质等措施，并建立相应的责任追究机制。应该根据存货的物理性质将其放在适宜的环境中，延长存放时间，防止存货的变质和污染。还要注意存货仓库的选址，应该尽量靠近生产车间，特别是沉重、体积较大的存货，这样可以提高使用效率。

第五，建立存货抽检制度。存货经常处于快速流动的状态中，虽然财会部门定期对存货的结存进行盘点，但是仍然可能出现问题。这就要求对于重要的存货，仓库管理人员应该每天都对存货的出、入情况进行抽查，在存货使用种类不多的情况下可以全部检查，期末再由会计稽核人员进行复核，这样能够将风险降到最低水平。

第六，仓库人员的相互牵制。仓库记录人员和保管人员不能由同一人担任，仓库管理人员应该按照有关制度规定行使权力。进出仓库时需要进行登记，并且签字确认，以明确责任。建立仓库的约束激励机制，对于管理成绩较好的仓库和人员给予一定的物质奖励。

（3）存货退出企业的控制

第一，存货损坏的控制。存货的毁损导致企业资产的减少，而且在很多情况下损坏的存货还具有一定的使用价值。存货的管理人员应该对存货经过的业务环节进行检查，找到存货毁损的原因和有关责任人，无法明确责任时按照有关规定处理。仓库记录人员应该填制存货毁损清单，记录存货损坏的数量、品种及产生的影响；财会部门根据毁损记录进行相应的会计处理，及时形成报告传递给上级管理人员。

第二，存货丢失的控制。存货丢失从性质上讲不同于损坏，大量的存货丢失必然隐藏着舞弊的可能。仓库人员应该及时登记存货丢失的有关记录，如存货入库日期、数量、名称和出库记录，并与涉及的部门和人员进行核对，查明丢失的原因。如果是发货过程中的合理丢失、损耗，由会计人员直接计入成本；如果是人为错误、疏忽导致的丢失，由直接责任人赔偿；如果查明是人为舞弊造成的丢失，则仓库管理员应该向企业的高层管理人员报告，等待批准后处理。

（4）存货期末清点的控制

企业应当建立健全存货清查盘点制度，仓储部门和财会部门应该定期或不定期地对重要的存货进行盘点，盘点频率和盘点品种的确定要符合成本效益原则，及时发现并掌握存货的灭失、损坏、变质和长期积压等情况，存货发生盘盈、盈亏的，应查明原因、分清责任，并及时报告有关部门。盘点之后要填制存货盘点报告以备查，对于出现的问题要及时处理。存货盘点工作由财务、仓库和各级主管共同进行，主要检查账面记录的发生额、余额，发出量、剩余量与实际库存量、发出量是否吻合。对于实行标准成本预算的企业，还应该根据清点的结果分析预算执行的效果，对产生的差异进行分析，编制差异分析报告，注重效益分析。企业应当创造条件，逐步实现存货的信息化管理，确保相关信息及时传递，提高存货运营效率。

（5）存货期末计价的控制

企业应按照成本与可变现净值孰低法对存货进行期末计价，即当成本低于可变现净值时，存货按成本计量；当成本高于可变现净值时，存货按可变现净值计量。

企业应当加强对存货跌价的会计核算，及时掌握存货价值变动情况。确认、计量存货跌价的依据应当充分、方法应当正确。为了更真实地反映企业资产的实际价值，期末应对存货计提跌价准备。对于不同类型的存货应当采取不同的标准；对于没有市价的存货，应该尽量以类似商品的市场价格作为参考；对于发生损坏、变质、使用价值减少的存货，应根据具体情况多提准备，及早收回成本，使企业损失降到最低。

第四节　销售与收款循环的内部会计控制

一、销售与收款循环内部会计控制的目标

销售业务是企业经营活动的重要环节。企业的获利、经营成果的大小更多地体现在销售环节，搞好销售环节的内部会计控制对整个内部会计控制系统来说是至关重要的。

在销售与收款循环中，控制目标是确保所有来自营业活动的收入都能适当地确认、记录、整理和存入银行，防止出现差错和舞弊。具体讲，也就是确保销售收入真实、合理，企业货物安全完整，销售折扣、退回合理适度，及时、足额收回货款，以及保证货币资金的安全完整，保证销售业务顺畅有效地运行。

二、销售与收款循环的业务流程及信息流程

销售与收款循环包括与发生销售、获取销售收入有关的全部活动。应该承认，产生收入的种类和形式及对其相应的控制，都因企业而异。例如，零售企业会有与制造企业一系列不同的控制，而相应地制造企业也会有与批发企业一系列不同的控制。一般来说，企业主要针对业务环节来建立相应的内部控制制度。

（一）业务流程

制造业企业的销售与收款循环通常包括以下活动：

1.制定销售计划或销售预算

企业应根据生产能力和对市场需求的调查，制定销售计划或销售预算。

2.接受客户的订单

企业通过市场促销等活动会收到客户的订单，客户的订单是规范销售行为的直接依据，一般由销售主管来决定是否接受客户订单。在接受订单以后，销售部门应进行登记，在核对客户订单的内容和数量，确定企业能够如期供货之后，编制销售通知单，作为信用、仓库、运输、开票和收款等有关部门履行职责的依据。

3.授予信用

在市场竞争中，提供商业信用能够吸引客户、扩大销售。但为了减少因提供商业信用而带来的坏账风险，企业应对拟授信客户进行资金信用状况分析，从而对不同的客户提供不同的信用政策。由信用部门负责建立并及时更新有关客户信用的记录。对于新客户，应进行必要的信用调查，确定信用额度，并经企业主管人员核准。客户在这一限额范围内的购货，信用部门有权批准；超过这一限额则应由信用部门根据授信额度的有关记录来确定是否批准赊销；对于批准赊销的客户，信用部门应在销售通知单上签字以示认可。

4.发货

仓库根据信用部门核准的销售通知单发货，并编制发货凭证，如出库单等。发货凭证也是登记账簿、开具发票的依据。交货有提货制、发货制、送货制等多种方式。

5.开具发票

在销售订单、销售通知单、出库单（或提货单）等核对相符的前提下，会计部门开具正式的销售发票。

6.记录销售

开具发票之后，会计人员应编制相应的记账凭证，并负责登记相应的应收账款明细账和总账、主营业务收入总账和明细账、库存商品总账和明细账等。

7.收款并记录款项

根据约定的付款条件及方式向客户办理货款的结算，并根据商品销售及货款结算情况在现金或银行存款日记账和应收账款明细分类账中记录收到的款项。

8.核对账册

核对应收账款明细分类账与应收账款总账并且编制定期核对报告。

9.坏账处理

对确实无法收回的应收账款，经批准后可作为坏账进行处理。对已经冲销的应收账款，应在备查登记簿登记，以便在已冲销的应收账款日后又收回时进行会计处理。年末，根据应收账款的余额或账龄分析等方法确定本期应计提的坏账准备的数额。

10.其他

如在销售过程中还涉及销售退回、销售折扣、销售折让等调整业务，要认真审核这些业务发生的真实性，防止舞弊及作假。

（二）信息流程

根据上述销售与收款循环业务流程，应通过相应的单证和记录予以反映和控制，并确保单证传递渠道流畅，销售与收款循环涉及的单证和记录信息有很多。

1.客户订单

客户订单是客户要求订购商品的凭证，一般由客户或由销售部门产生。

如果来自客户则相当于订购单。企业有时由销售部门编制销售订单，该订单应反映商品的基本要素，如发货时间、发货地点、发货方式等，并列明经办人、审核人和核准人及合同号等。

2.销售单

销售单（销货通知单）根据订单填列，应列示客户所订商品的名称、规格、数量、价格，以及其他与客户订单相关的资料。销售单应连续编号，并由经办人、审批人等签名，如果发生赊销的，还应由信用审批人加注意见。销售单为销售方内部处理客户订单的重要依据。销售单应设置一式几联，销售、仓库、生产（以订单生产时）、财务等各部门留存，销售部门应对销售单内容做必要的记录。

3.发运凭证

发运凭证（装运凭证）可以是发货单或提货单，是在发货时编制的，用以反映发出商品的规格、数量、品名、型号等。如果是由客户直接来销售企业提货的，则可根据提货单提货，提货单应加注销售方各职能部门的意见；如果是由销售方负责送运的，则可根据发货单发货并将其中的一联寄送给对方。发运凭证作为发货的依据，也是向客户开票收款的依据。

4.销售发票

销售发票是销售方向购买方开具的票据，包括增值税专用发票和普通发票，销售发票载明已销售商品的型号规格、品名、数量、销售单价、金额、开票日期、付款条件、运费和保险费的价格等。销售发票一联寄送给客户，其余作为财务部门留存或记账依据。销售发票还是计税的重要依据，必须妥善保管，并在发票登记簿上予以详细记录空白销售发票。有的企业以收据替代销售发票，从控制角度，这时的收据也应连续编号并同发票一样设置一式几联。销售发票开出时，尚未收到货款的，应有对方回执，并注明未付货款。

5.商品价目表

商品价目表列明销售企业各类商品销售单价，可提供折扣的情况。商品价目表作为价格清单，是销售企业的机密资料，不能随意向外透露，同时，如果销售政策有变化应及时修订价目表。

6.贷项通知单

贷项通知单是用以表示由于销货退回或折让而引起的应收销售款减少的凭证，凭证格式同销售发票，但贷项通知单是一种销售企业内部凭证，故真正引起退货或折让时，往往需要对方将发票退回重开发票，或者凭对方证明（如果是增值税专用发票，尚须对方税务局开出证明）开出红字发票，予以冲销。

7.应收账款明细账

应收账款明细账（包括应收票据明细账）是用来记录每个客户各项赊销、货款回收、销货退回及折让的明细账。应收账款明细账应由专职人员根据客户订单、销售单、发运凭证、销售发票及记账凭证予以记录，对于存在预收款或预收定金销售货物的情况，应收账款明细记录应将预收款或预收定金冲销，以确保应收账款余额的正确性。应收票据明细账用来记录向客户收到的结算票据，包括本票、汇票等，明细账反映票据面额。

8.主营业务收入明细账

主营业务收入明细账是用来记录销货业务实现收入的明细账，根据收入实现的判定条件（按不同销售结算方式），确定销货业务是否确认收入。对于采用赊销方式的，一般确认收入和确认债权同步。主营业务收入明细账应反映销售商品型号、规格、品名、销售单价、数量及总金额等。对于退货的，应及时冲回已确认的主营业务收入。主营业务收入还应与主营业务成本保持配比，包括销售商品型号、规格、品名及数量上的配比。

9.折扣与折让明细账

折扣包括现金折扣和销售折扣，前者是为了早日回收货款而给予客户的回扣；后者是由于客户购货数量较多，而给予客户的折扣。折让是由于销售商品品种、质量等不能满足客户需要，为了避免退货而给予客户的货款折让。折扣与折让明细账，作为主营业务收入明细账的备抵账户，应记录折扣与折让原因、金额等。

10.汇款通知书

汇款通知书是客户在付款时寄回给销售企业的凭证，此通知书一般由销售企业在寄送销售发票时一并寄给客户。汇款通知书应注明客户的姓名、销售发票号码、销售企业开户账号及金额等内容。

11.现金、银行存款日记账

对于客户用支票结算货款的（包括现金支票、转账支票），应作为银行存款的增加，并逐笔序时记录；对于零星销售，客户用现金结算的，应作为现金的增加逐笔序时记录。日记账记录依据是收款凭单及收款记账凭证。

12.客户月末对账单

客户月末对账单是销售企业定期寄送给客户用于购销双方定期核对账项的凭证。客户月末对账单上应注明应收账款的月初余额、本月各项销售业务的金额、本月已收到的货款、各贷项通知单的金额及月末余额等内容。客户月末对账单寄出后，应与对方及时联系，以确认对方是否收到并予以核对，最终应得到对方确认。

13.货款催收通知单

当应收账款快到期或已逾期时，销售企业应寄送货款催收通知单，提示对方结清货款。货款催收通知单应列明应收货款余额、催收原因等。

14.票据备查登记簿

如果客户用票据（包括承兑汇票、本票）进行结算货款的，对票据除了在应收票据明细账记录之外，还应设置票据备查登记簿，包括票据种类、签发日、到期日、利率、金额、贴现等情况的记录。

15.其他凭单及记录

销售与收款可以按控制需要设置销售日报表、销售月报表、销售商品品种分类明细分析表、销售商品区域分类明细分析表、销售人员业绩分析表、销售客户分析表等。

三、岗位分工与授权管理

（一）岗位分工

企业应当建立销售与收款业务的岗位责任制，根据从销售到收款的业务环节分别设立销售、发货、收款等岗位，建立销售与收款的岗位责任制，明确相关部门和岗位的职责、权限，确保销售与收款循环中不相容的岗位相互分离、相互制约、相互监督。

销售部门（岗位）负责处理订单、签订销售合同、执行销售政策和信用政策、催收货款；发货部门（岗位）负责审核销售发票等单据是否齐全，并办理发货；财会部门（岗位）负责销售款项的结算和记录、监督管理货款回收；有条件的单位可设立专门的信用管理部门，负责对客户进行信用调查、建立客户信用档案、核定客户信用额度、批准销售部门的授信申请、制定企业信用政策等。

企业不得由同一部门或人员办理销售与收款业务的全过程，单位销售与收款业务的不相容职务应包括以下九个方面：

1.接受客户订单、签订合同应与最后付款条件核准的岗位相分离，即使由同一部门承办，也应由不同的人员来操作。

2.对于信用政策必须由销售部门和信用部门同时批准。

3.发货凭证的编制与发货、提取货物或托运货物不能是同一人，发货人与门卫保安相分离。

4.开具发票与发票审核岗位应当分离，编制销售发票通知与开具销售发票分离。

5.应收账款记录与收款岗位应当分离。

6.催收货款与结算货款应当分离。

7.退货验收的人员与退货记录的人员不能是同一人。

8.折扣与折让给予与审批应当分离。

9.单位不能由同一部门或人员办理销售与收款业务的全过程。

（二）授权管理

为了保证销售与收款循环控制目标的实现，企业要建立严格的授权审批制度，明确相关部门和岗位的职责和权限，保证各岗位对业务的执行均经过授权，具体规定授权批准的方式、权限、程序、责任和相关控制措施，规定经办人的职责范围和工作要求。具体包括以下五点：

1.明确审批人员对销售与收款业务的授权批准方式、权限、程序、责任和相关控制措施。审批人应当根据销售与收款授权批准制度的规定，在授权范围内进行审批，不得超越审批权限。

2.单位应当建立健全合同审批制度，审批人员应对价格信用条件、收款方式等要素进行审批。赊销业务必须经过信用部门审批。销售价格、折扣等必须经过授权批准。核销应收账款或确认坏账必须经过授权批准。

3.规定经办人办理销售与收款业务的职责范围和工作要求。经办人应当在职责范围内，按照制度规定和审批人的批准意见办理销售与收款业务，对于审批人超越授权范围审批的销售与收款业务，经办人员有权拒绝办理，并及时向审批人的上级授权部门报告。

4.对于金额较大或情况特殊的销售业务和特殊信用条件，单位应当进行集体决策，经过有审批权限人员的审批后方可执行，防止决策失误而造成严重的损失。

5.严禁任何未经授权的机构和人员经办销售与收款业务。

四、具体的内部控制要点

（一）常见的错弊

销售与收款常见的错弊行为往往使销售与收款的内部会计控制形同虚设，如果不加以合理控制会导致现金回笼困难或舞弊情况的发生，企业遭受重大损失。主要表现在以下五个方面：

1.发货控制混乱

由于货物发出没有合理的凭单控制，致使有的企业货物被侵占。例如：有的企业从车间直接发货，不办理入库、出库手续，货物被内部人提走；有的企业内外勾结，门卫又把守不严，仓库货物发生短缺等屡见不鲜。

2.凭证控制不严

各种销售凭证管理不严，没有对销售单、装运凭证、发票等进行连续编号，而且没有建立完善的凭证保管制度，导致多计或少计销售，内部人员擅自涂改、销毁、伪造凭证，为不实记录、贪污舞弊提供了可能。

3.授信不当

很多企业没有充分了解客户的信用情况，或内部没有建立合理的授信制度，或不严格按照信用标准越权批准授信，导致应收账款中大量坏账出现，企业不仅面临巨大的财务风险，而且应收账款的账面价值与实际严重不符，企业可能虚盈实亏。

4.费用失控

销售费用没有有效的预算或控制措施，一些企业销售费用虚增，造成企业损失。

5.调节利润

企业不遵循收入实现原则来确认收入，而是出于各种目的提前或推迟确认收入，甚至虚构确认销售收入来操纵利润。

（二）控制的具体要点

1.客户订单合同管理

销售部门收到客户的订单是整个销售循环的起点。为了保证销售业务的合法性和有效性，客户订单只有在经过适当授权批准后才能执行，客户订单控制的主要环节包括订单审核和订单记录。

（1）订单审核

销售部门收到客户订单后，首先应送交企业的信用管理部门办理批准手续。对于老客户的订单，信用管理部门主要对本次订单的数量、价格等进行检查；如果客户订单所需要的数量突破历史记录，则信用管理部门应要求客户提供近期的会计报表，根据客户近期的财务状况决定是否接受订单。对于新客户的订单，信用部门必须要求其同时提供能够证明其资信情况的资料和会计报表。通过分析其资信情况和会计报表决定是否接受其购货订单及允许的信用限额。无论是何种订单，涉及赊销的必须有经过信用部门主管或其他被授权人签字同意的书面文件才能办理；对于现销业务，订单审核较为简单，可以仅对订单数量、质量标准、发运方式等进行审核，但仍须有销售部门负责人的签字认可。

（2）订单记录

由于客户订单是销售成立的基础，因此，必须做好订单记录工作。销售部门应设置订单登记簿，对收到的每一份订单必须登记在订单登记簿上。就订单接受时间、数量、价格，以及销售成交情况和客户支付情况等做记录，以积累客户资料，保证从中筛选出信誉优良、成交量大的客户。在业务成交后，对销售执行情况和客户支付情况也应在订单登记簿上做出记录。

销售合同和采购合同一样，也应确保合同条款公平、完整，销售企业应有合理的合同管理制度，包括合同签订、修改补充、取消、合同保管、传递、编号等，以订单取代销售合同的，应将订单统一管理。

具体来说，当接受了客户的外部销售订单后，负责销售订单的人员将会按照核准的客户清单来审查客户。如果该客户不在清单里，销售订单必须由一个有相应授权的高级管理人员批准，通常是销售经理，然后负责销售订单的职员会核实是否有现货供应，如果没有，那么货物是否能在客户所要求的时间范围内取得。

完成以上的检查后，一份预先编号的、多联的销售订单表也就填制完成了。销售订单表包括摘要、数量和其他与客户订单相关的信息。至少要编制六联的销售订单（称作销售订单包）。在每联销售订单发送到各相关部门之前，销售订单包首先要交由信贷部门批准，信贷部门批准后，销售订单包再返回到销售部门。

在六联的销售订单包中，第一联返还客户作为回执；第二联送到应收账款部门等待收取更多的凭据；第三联和第四联送到仓储部门，其中一联保留在仓储部门，另一联（和客户订单一起）用于批准提取货物以便装运；第五联送到运输部门来批准货物的发运；第六联由销售部门留存以便核对。

2.货物发运的内部控制

货物发运环节的重要凭证是发货凭证。首先，将事先经核准的客户订单各要素应记录在内部统一格式的发货凭证上，并确认所订货物有库存可销售；其次，在发货过程中所需的各种授权和批准在发货凭证上应能得到印证，如信用授权、折扣授权、发货核准等；最后，发货凭证应作为提货、装运、放行、记账、付款等主要依据。因此发货控制制度的重要环节就是要对发货凭证进行完善的设计，包括格式、编号、传递路径等。

发货控制应按发货凭证上载明的发货品种、规模、发货数量、发货时间、发货方式组织发货，使实物流转与凭单流转相一致。从货物离开仓库或车间到达客户整个环节应确保货物的安全、高效。发货控制不仅涉及正常销售商品，还包括样品、赠品、搭售品、寄销品及展品等。

具体来说，仓储部门收到适当核准的销售订单联后才能发出货物。设计这个控制程序可以防止没有批准的货物从仓库中搬走。

运输人员只有将销售订单的仓库联和运输部门的销售订单联核对后，货物才可以提取发运给客户。核对无误后，填制完成预先编号的、多联的装运单，一般指提货单。提货单是一个多联的表格，列示了发货项目、运输说明事项，以及作为承运人已经收到的货物凭证。

提货单至少要编制一式四联：第一联与货物一起送到客户手中；第二联发送给核准的承运人；第三联和客户订单、销售订单仓储联一起送到应收账款部门；第四联和销售订单的运输联一起留在装运部门以备日后参考。

3.客户退货的内部控制

单位应当建立和健全销售退回管理制度。如果货物被客户退回，必须立刻调查退货的原因，如果可能应进行更正。货物一旦退回，就要编制客户的贷项通知单，然后据此记录销售退回日记账，应收账款总分类账，应收账款明细分类账和销售退回账户。

（1）销售退回的审批

为了维护单位的良好形象，当客户对商品不满意而要求退货时，单位应接受退货，但必须经过单位销售主管审批后才能办理有关手续。

（2）销售退回的质量检验和清点入库

销售退回的货物须经质量检验部门检查验收，仓储部门清点后才能入库。质量检验部门应对客户退回的货物进行质量检验，并出具检验证明；仓储部门应在清点货物、注明退回货物的品种和数量后，填写退货接收报告单。退货接收报告单是对退回货物进行文件记录和控制的重要手段，它应当事先加以编号，在发生退货时填写。填制该报告单的人员不应当同时从事货物的发运业务。一切有关资料，如客户名称、退货名称、数量、日期、退货性质、原始发票号、价格，以及退货原因和其他情况说明等，都必须记录在该报告单中。退货接收报告单应由独立于发货和收货职能的人员的监督和检查。

（3）调查退货索赔

在接到仓储部门转来的退货接收报告单后，应由单位的客户服务部门对客户的退货要求进行调查。其目的是确定退回货物索赔的有效性和合理性，以及应给客户的合理和有效赔偿金额，客户服务部门在调查结束后应当将调查结果和意见记录于退货接收报告单上，提交给信用、会计、销售部门作为最后审核的依据。

（4）退货理赔核准

退货理赔最终由销售部门核准决定。该核准以仓储部门的退货接收报告单、客户服务部门对退货调查的结果和意见为依据，对合理和有效的退货需要核准退货理赔手续，并将退货理赔意见签署在退货接收报告单上。

（5）填制红字发票

销售人员应当根据验收报告和退货接收报告单填制一式多联的红字发票，红字发票经财会主管核准后，会计人员据以进行调整主营业务收入和应收账款或者进行其他有关账务处理。同时，财会部门应对检验证明、退货接收报告单以及退货方出具的退货凭证等进行审核后，办理相应的退款事宜。

4.发票管理

销售发票是销售业务的真实记录，是收取货款的依据，如果在此环节缺乏有效的控制，将会导致舞弊行为或收入记录不实。销售发票的控制主要有以下六点：

（1）授权控制

即发票开具人必须经过授权，任何未经授权的人员不得开出发票。

（2）明确发票管理和领用制度

即指定专人负责发票的保管和领用，尤其是增值税专用发票。发票使用人领用发票必须签章，并注明领用发票的号码，以明确责任。

（3）开具依据控制

销售发票应以客户订单、销售通知单以及信用核准单等为开具依据。在开具发票时必须依据销售通知单上的连续编号进行，以保证所有发出货物都开具了发票。开具过程中还应核对实际发运数量，保证所有发出商品已核实销售数量；核对客户名称，使之与客户订单相一致；核对发票价格，使之与价格目录或信用部门及销售部门批准的金额一致。

（4）复核控制

建立发票复核制度，由独立于发票开具人的其他人员对发票的构成要素进行复核。

（5）对发票总额应该加以控制

即对所有发票应定期给出合计金额，以便与应收账款或销货合计数进行核对。

（6）使用和保留连续编号的发票

开票人员还应该使用和保留连续编号的发票，包括已作废的发票、独立于发运货物和开票人员的其他人员应该定期检查事先连续编号的销售发票和发货通知单。

具体来说，财会部门收到销售订单联后，与运输部门的销售订单、提货单和客户订单一起，审核无误后开具预先编号的、多联的销售发票。列明实际发货的数量、品种、规格、单价、金额和增值税税额。价格要根据企业的价目表填写，对需要经特别批准的价格应由有关人员批示。至少要编制一式三联的销售发票：第一联给客户，第二联用来在销售日记账中记录，随后用来更新普通分类账，第三联和两联销售订单，一联提货单、一联客户订单一起送到应收账款部门用来编制应收账款明细分类账和客户月报表。

5.客户信用等级管理

如何在扩大销售量的同时及时回收款项，减少坏账损失，是每个企业所期望达到的一个目标。这需要各单位建立科学、合理、有效的信用分析和控制制度，其控制的主要环节有以下两个方面：

（1）设立独立于销售部门的信用管理部门，建立客户信用档案

除了对于客户基本资料的收集、记录之外，应重点对其付款态度、付款方式、信用限额等予以反映。

（2）进行客户资信状况分析

信用管理部门主要分析客户的合法性、银行对客户的信誉评价、客户的货款回笼时间、客户的履约情况等。在此基础上，为每个客户评定信用等级，据此拟定信用条件和信用限额。

其内容包括按信用等级分别管理和信用等级定期核查两个方面。

第一，不同信用等级客户的管理。对信用等级评价不是最终目的，最终目的是利用信用等级对客户进行管理。企业和各销售区应针对不同信用等级的客户采取不同的信用或赊销政策。

对A级客户，信用较好可以不设限额或从宽控制，在客户资金周转偶尔有一定的困难，或旺季进货量较大、资金不足时，可以有一定的赊销额度和回款期限。但赊销额度以不超过一次进货为限，回款宽限以不超过一个进货周期为限。

对B级客户，可以先设定一个限额，以后再根据信用状况逐渐放宽。一般要求现款现货。但在如何处理现款现货时，应讲究艺术性，不要让客户很难堪。应该在摸清客户确实已准备好货款或准备付款的情况下，再通知公司发货。对特殊情况可以用银行承兑汇票结算，允许零星货款的赊欠。

对C级客户，应仔细审查，可以给予少量或不给信用额度，要求现款现货。

如对一家欠款巨大的客户，业务员要坚决要求支付现款，并考虑一旦该客户破产倒闭应采取的补救措施。C级客户不应列为企业的主要客户，应逐步以信用良好、经营实力强的客户取而代之。

对D级客户，不给予任何信用交易，坚决要求现款现货或先款后货，并在追回货款的情况下逐步淘汰该类客户。

新客户一般按C级客户对待，实行现款现货。经过多次业务往来，对客户的信用情况有较多了解后（一般不少于三个月），再按正常的信用等级评价方法进行评价。

第二，实行客户动态管理，对客户信用等级定期核查。客户信用状况是不断变化的，有的客户信用等级在上升，有的则在下降。如果不对客户信用等级进行动态评价，并根据评价结果调整销售政策，就可能由于没有发现客户信用等级下降而导致货款回收困难。因此，应定期对客户的信用等级进行核查，以随时掌握客户信用等级的变动情况。一般应一个月核查一次，核查间隔时间最长不能超过三个月。对客户信用等级核查的结果必须及时通知有关部门。

在赊销开始之前，必须向信贷经理获得信贷批准。通常情况下，这要求信贷经理根据现在销售需求的金额检查客户的信贷限额。如果同意，信贷经理采用销售订单包批准销售；如果不同意，销售额超出了客户的信贷限额，在销售之前必须经过高级管理人员的批准。如果是新的客户，通常做法是由专门的信贷机构评定客户的信用等级。制定适当的信贷批准程序可以减少坏账的发生。在计算机系统中，应用程序可以进行检查，确保客户的信贷限额没有超出。

6.应收账款的内部会计控制

在当前的经济活动中，应收账款普遍存在，而且数额很大，往往在资产中占有很大的比重。应收账款能否尽快收回，将直接影响企业的资金流动；应收账款能否确实收回，又直接影响应收账款是否会转变为坏账。应收账款的记录是信用部门确定信用政策和是否增加限额的依据。所以，对应收账款的控制，是销售与收款业务中控制的重点。对于应收账款的控制主要包括应收账款记录的控制、应收账款客户的分析控制、应收账款的收款控制。

（1）应收账款记录的内部会计控制

第一，按照客户情况设置应收账款台账，及时登记每一客户应收账款的余额增减变动情况和信用额度使用情况。定期编制应收账款余额核对表或对账单，每年至少一次向欠款客户寄发对账单。编制该表人员不能兼任记录和调整应收账款的工作。

第二，设置应收账款总账和明细账进行核算。应收账款总分类账和明细分类账应由不同的人员根据各种原始凭证、记账凭证或汇总记账凭证分别登记。

第三，应收账款必须根据经过销售部门核准的销售发票和发货凭证加以记录。

第四，企业对长期往来客户应当建立起完善的客户资料，并对客户资料实行动态管理，及时更新。

（2）应收账款客户的分析控制

第一，企业应当建立应收账款账龄分析制度和逾期应收账款催收制度。对催收无效的逾期应收账款应及时追加法律保全程序。

第二，对应收账款实行单个客户管理和总量控制相结合的方法。对应收账款实行单个客户管理，便于对账，可以了解客户的欠款情况、偿还情况及信用程度，及时发现问题、采取措施。对应收账款多、赊销频繁的单位，如果不能对所有客户进行单个管理，也可以侧重于总量控制，通过分析应收账款的周转率和平均收款期、实际占用天数、变现能力来判断企业的流动资金是否维持在正常水平上，以便及时调整信用政策。

第三，企业应当定期按照应收账款账龄来编制应收账款分析表。按照应收账款账龄分类估计潜在的风险，正确计算应收账款的实际价值。

（3）应收账款收款控制

第一，各企业应在单位内部明确经济责任，建立奖惩制度。对从事销售业务的部门实行销售与收款一体化，将从销售到收款的整个业务程序具体落实到部门和有关人员。在对业务人员分解销售指标的同时，也要核定应收账款的回收率。对完成和超额完成指标的部门和人员给予奖励；对完不成任务的部门和人员扣发奖金甚至工资；对追讨回来的逾期应收账款，应该按照一定的比例对有关部门和人员进行奖励。

第二，规定赊销管理权限。企业内部应该规定销售人员、销售主管、销售经理等的赊销批准限额，限额以上的赊销必须由授权的更高级的管理人员根据赊销分级管理制度进行批准。单位要根据单位产品的不同市场要求，采取不同的赊销策略。对供不应求的产品，应该采取现金销售方式；对供大于求的产品或滞销的产品可以适当给予客户优惠的信用条件和信用政策。

第三，采取销售折扣的方式。销售折扣包括商业折扣和现金折扣，其目的是促使客户多购买企业的产品或早日付款，特别是现金折扣，它是加速应收账款周转、尽快回笼现金的一种重要的促销手段。折扣比例和信用期限是企业信用管理的重要方面，企业根据当期确定的信用政策，进行信用成本与收益的权衡，确定恰当的折扣比例和信用期限。现金折扣属于企业的理财行为，在折扣实际发生时，会计上把它作为财务费用处理。

第四，确定合理的信用政策。赊销期的长短、赊销额度的大小，直接影响单位产品的销售。各个企业要结合本企业的实际情况来分析利弊，确定合理的信用政策。

第五，对赊销期较长的应收账款，合同或协议条款必须清楚、严密。赊销期限越长，应收账款发生坏账的风险就越大。因此，企业在与客户签订合同时就必须对其收款方式和收款期限做出明确的规定，并对违约情况及其赔偿做出详细的规定。

第六，选择"硬"货币作为结算货币，避免外汇汇兑损失。在对外贸易中，汇率的变动往往会给企业带来较大的风险。因此，企业在取得债权、形成应收账款时，应该选择"硬"货币作为结算货币，以减少外汇汇兑损失；同时，要做好外汇市场的预测、分析工作，正确地选择结算期，运用适当的方法转移外汇风险。

第七，对停止偿还欠款的客户，实行协议清算。当债务方非恶意拒付欠款时，企业可以做出进一步让步，重新签订还款协议，允许债务分期分批归还，以保证债权的诉讼时效。同时，加强各期催收工作。

收款后，客户的付款支票应由两人在场一起打开，并且在一个多联的客户汇款清单上登记。一个客户汇款清单列出了所有通过邮寄收到的现金收入，它可以用来核对银行存款单所记录的现金、应收账款明细分类账中记录的现金和普通分类账户中记录的现金。通常的做法是在销售当日给每一个客户发送汇款通知，然后汇款通知与客户的支票一起寄回。如果汇款通知没有随客户的支票一起收到，通常由打开邮件的人编制一份通知单。

客户汇款清单至少要编制一式三联：第一联和汇款通知一起送到应收账款部门，第二联送到一般会计部门更新相关的普通分类账（银行存款、应收账款和折扣费用），第三联和支票一起送给出纳用来编制银行存款单，更新每日现金汇总表和现金收入日记账。

支票和出纳员的客户汇款清单联用来编制银行存款单和两联现金汇总表（实际就是现金收入日记账）。存款单和支票应一起送到银行。一联现金汇总表用来更新应收账款分类账，另一联用来更新普通分类账。

每天必须将所有收入全部存入银行，全部表示所有收入（现金和支票），在收到时都应存入银行，避免"坐支"现金（将没有存入银行的收入现金用于支出）。

手工会计记账系统中，在现金汇总表（或现金收入日记账）中记录客户付款应该由独立于总账和应收账款明细分类账的人来完成。

应收账款明细分类账应定期和应收账款总账进行核对，当应收账款明细表的总额和应收账款总账余额存在差异时，应该立刻调查。每个期末，应给每个客户发送月报表。

7.应收账款坏账的控制

坏账是指企业经确认无法收回的应收账款及其他应收款。坏账损失是指由坏账而造成的损失。企业应当在采用应收账款赊销政策的同时，采取各项催账政策以减少坏账损失。

（1）坏账确认控制

企业对于账龄长的应收账款，应当报告决策机构，由决策机构进行审查，确定是否确认为坏账。企业对于不能收回的应收款项应当查明原因、追究责任。按照会计制度的规定，有确凿证据表明某项应收账款不能收回或收回的可能性不大（如债务单位已经撤销、破产、资不抵债、现金流量严重不足或者遭受严重的自然灾害，导致其在短时间内无法偿付债务等，以及三年以上的应收账款），应该确认为坏账。但是，下列情况不得将应收账款确认为坏账：当年发生的应收账款；计划进行重组的应收账款；与关联方发生的应收账款；其他已经逾期，但无确凿证据表明不能收回的应收账款。

（2）坏账批准的控制

对有确凿证据表明确实无法收回的应收款项，根据企业的管理权限，经股东大会或董事会，或经理（厂长）办公会议或类似的机构批准作为坏账损失。单位要制定严密的坏账批准程序，按照授权原则和方法进行坏账的审批。一般情况下，应由有关的业务部门对坏账进行确认后，报单位的最高管理层进行最终的审核和批准，而不能盲目地、任意地批准坏账，要慎重行事。

（3）坏账处理的控制

企业对发生的各项坏账，必须查明责任，并按规定的审批程序做出正确的会计处理：对于确实收不回来的应收账款，经批准后可以作为坏账损失，冲销计提的坏账准备，注销该项应收账款；已经注销了的坏账应当记录在备查登记簿上，做到账销案存；已注销的坏账又收回来时，要及时入账，并按照实际收回的金额，增加坏账准备，严禁形成账外账。

（4）计提坏账准备的控制

坏账控制的更重要的环节是对于未偿还的和长年过期账款，应该在它们变成坏账前进行追查。企业应按照应收账款的实际情况和授信政策，确定计提坏账准备的标准，对应收账款合理地提取坏账准备。

计提坏账准备是按照会计核算中的谨慎性原则的要求，在每年年度终了时，对应收账款进行全面的检查，预计各项应收账款发生坏账的可能性，按照一定的方法计提用于将来抵偿发生的坏账损失的准备金。坏账准备计提得越多，防范今后的坏账风险的能力就越强，但是，其对当期的利润和税收的影响也就越大。所以各个单位必须按照会计制度的要求，正确计提坏账准备，包括选择合理的计提坏账准备的方法、正确计提坏账准备、对坏账准备进行正确的会计处理以及不得计提秘密坏账准备等。

第五章 企业内部控制信息与监督

第一节 企业信息与沟通

一、信息与沟通简述

（一）信息与沟通的含义

信息与沟通是企业及时、准确地收集、传递与内部控制相关的信息，确保信息在企业内部、企业与外部之间进行有效的沟通。企业的经营离不开资金流、物流、信息流。为了使人们能够履行各自的职责，相关信息必须能够被识别、捕捉和及时沟通，信息系统产生包括经营、财务、相关法规及其执行情况的报告，由此才使经营和控制企业的业务成为可能。这些信息必须是管理者认为与业务管理有关的，必须以一定形式及时发送给需要它的人，以便更有效地履行职责。

1. 信息

信息是对客观事物运动状态和变化的描述。信息所涉及的客观事物普遍存在且多种多样。在管理中信息主要是指来源于企业内部及外部、与企业经营管理相关的信息，包括各类文本信息、数据库信息、网页信息、图形图像信息、多媒体信息、内部管理报告等。

2. 沟通

沟通是指信息在企业内部各层级、各部门之间，以及企业与客户、供应商、监管者和股东等外部之间的传递。沟通也是依照设定的目标，把相关信息、思想和情感，在个人或群体间传递，并且达成共识的过程。一般而言，有效的信息是沟通的基础。

信息披露所称信息是指可能影响投资者决策或对企业证券及其衍生品种交易

的价格产生较大影响的信息（股价敏感信息），以及相关法律法规和企业上市地证券监管规则要求披露的其他信息。

内部报告是相对于外部报告而言的，是指企业在管理控制系统运行中为企业内部各管理层级以定期或非定期形式记载企业内部信息的各种图表、音像和文字资料等。

（二）企业信息与沟通控制目标

1.有效的信息与沟通

在企业的运行与管理中，信息与沟通始终起着重要作用，因此要做到有效的信息与沟通就要预先设定目标，使信息与沟通在企业的管理过程中通畅、高效地运行，以保证其良好的效果。

有效的信息与沟通，应具备必要的条件，才能达到目标效果。首先，信息发送者清晰地表达信息的内涵，以便信息接收者能确切理解；其次，信息发送者重视信息接收者的反应并根据其反应及时修正信息的传递，免除不必要的误解。这两者缺一不可。有效的沟通主要指组织内部人员的沟通及管理者与被管理者、内部与外部之间的沟通。

在沟通中，信息的目标程度决定了沟通的程度。信息的目标程度主要取决于以下方面：

（1）信息的透明程度

当一则信息应该作为公共信息时，不应该导致信息的不对称，必须公开。公开的信息并不意味着简单的信息传递，而要确保信息接收者能理解信息的内涵。如果以模棱两可、含混不清的文字传递不清晰的、难以使人理解的信息，则对于信息接收者而言没有任何意义。另外，信息接收者也有权获得与自身利益相关的信息内涵，否则有可能对信息发送者的行为动机产生怀疑。

（2）信息的反馈程度

沟通是一种动态的双向行为，而双向的沟通对信息发送者来说应得到充分反馈。只有沟通的主体、客体都充分表达了对某一问题的看法，才真正视为有效沟通，才能实现预期的信息与沟通目标。

2.信息与沟通的目标

在实际工作中，通过沟通可以协调行动的步调，形成工作合力；通过沟通实现信息共享，可以有效地提高工作效率；通过良好的沟通，员工能从容应对工作，恰当地释放情绪，促进企业文化的建设。因此，企业在信息与沟通中应设定以下控制目标：

①及时、准确、完整、真实地收集、传递信息，确保信息在企业内部、企业与外部之间的有效传递与沟通。

在经营管理中，企业的决策层、管理层、执行层都需要信息，这些信息被应用于生产经营中，并实现各个层面的目标，如生产、财务以及合规经营等。及时、准确、完整有效地归集、筛选、处理信息，以及在企业内部有效地传递与沟通，能使企业所有员工特别是承担经营和财务管理等部门的员工，更加明确职责、了解下一步工作部署，掌握市场的运行态势，从而促进工作的有效开展。

企业外部沟通时应确保企业与投资人、政府、监管机构、多种媒体、债权人、客户等各方关于股东利益、国家政策、合规执行、企业营销、相关业务事项等的具体信息通畅，在信息沟通中如发现问题，应积极协调和反馈，并及时报告和解决。

②保证信息系统长期、稳定、安全、高效运行，为管理者提供准确的信息，为经营管理决策提供参考。

社会的发展与进步越来越依赖信息系统，无论是出行订票还是智慧旅游，无论是购物还是订餐等，信息系统无时无刻不在影响每一个企业、每一个人，信息系统改变了人们的日常生活，也改变了企业的运营方式。可以说，信息系统是企业赖以工作的工具和手段。

在内部控制的实施中，信息系统必不可少，企业应保证信息系统稳定、安全、高效地运行，有效地利用信息系统，形成信息化管理平台，提升企业的管理水平，充分发挥信息系统在企业经营管理中的最大作用，推动企业规范经营、强化管理、自我监督，为管理者的决策提供有用的信息。

（三）企业信息的收集与分类

1.信息的收集

（1）信息收集

信息收集是指通过各种方式获取所需要的信息。信息收集是信息得以利用的第一步，也是关键的一步。信息收集工作的好坏，直接关系到整个信息管理工作的质量。信息可以分为原始信息和加工信息两大类。原始信息是指在经济活动中直接产生或获取的数据、概念、知识、经验及其总结，是未经加工的信息。加工信息则是对原始信息经过加工、分析、改编和重组而形成的具有新形式、新内容的信息。两类信息都对企业的营销管理活动发挥着不可替代的作用。

（2）信息收集原则

为了保证信息收集的质量，信息收集应坚持以下原则：

①准确性原则。准确性原则要求所收集到的信息要真实可靠。当然，准确性原则是信息收集工作最基本的要求。为达到这样的要求，信息收集者必须对收集到的信息反复核实，不断检验，力求把误差降低到最低限度。

②全面性原则。全面性原则要求所收集到的信息要广泛、全面、完整。只有广泛、全面地收集信息，才能完整地反映管理活动和决策对象的全貌，为决策的科学性提供保障。当然，实际所收集到的信息不可能做到绝对的全面完整，因此，如何在不完整、不完备的信息下做出科学的决策，就是一个非常值得探讨的问题。

③时效性原则。信息的利用价值取决于该信息是否能及时地提供，即信息的时效性。信息只有及时、迅速地提供给它的使用者，才能有效地发挥作用。特别是决策，它对信息的要求是"事前"的消息和情报，而不是"马后炮"。所以，只有信息是"事前"的，对决策才有效。

2.信息的分类

信息所涉及的客观事物是多种多样的，因此信息的种类也很多。

（1）按信息反映的类别分类。

①按社会性分为社会信息（人类信息）和自然信息（非人类信息）。

②按空间状态分为宏观信息（如国家的信息）、中观信息（如行业的信息）、微观信息（如企业的信息）。

③按信源类型分为内源性信息和外源性信息。

④按价值分为有用信息、无害信息和有害信息。

⑤按时间性分为历史信息、现时信息、预测信息。

⑥按载体分为文字信息、声像信息、实物信息。

（2）按信息反映的内容分类。

①外部信息包括经济形式、政策法规、行业动态、监管要求、客户信用、科

技进步、社会文化等信息。

②内部信息包括客观信息及主观信息。客观信息包括会计、生产经营、资本运作、人员变动、销售信息、技术创新、综合管理等信息。主观信息包括财务分析、生产计划、营销方案、会议总结、人力资源计划等信息。

3.信息的需求层级

信息的需求与企业的组织结构有关。企业组织结构一般可以分为三个层级：高层即决策层、中层即管理层、基层即执行层。高层是组织的实权机关，一般由组织内部的决策性人物，如董事长、总经理等组成。高层负责确定组织的目标、纲领和实施方案，进行宏观控制。中层是企业政策精神上传下达的管理机构，包括采购、生产、销售、财务、人力资源等管理部门。中层职责就是把决策层制定的方针、政策贯彻到各个职能部门的工作中去，对日常工作进行组织、管理和协调。基层是企业生产经营中各种决策、目标的实施单位，也就是通过各种措施方法，把组织目标转化为具体行动的执行者。

企业组织的不同层级所需要的主要信息类型是不同的，执行层的信息需求以客观信息为主，决策层的信息需求则以主观信息为主。由此可见，在企业中所处的层级越高，其所需信息的筛选、加工处理的程度就越高。信息取得后应进行精选、分析等相关处理，并根据不同的层级进行传递反馈，从而成为决策、管理、执行的依据。

（四）企业内部与外部的沟通

企业应当将内部控制相关信息在企业内部各管理层级、责任单位、业务环节之间，以及企业与外部投资者、债权人、客户、供应商、中介机构和监管部门等有关方面之间进行沟通和反馈。信息沟通过程中发现的问题，应当及时报告并加以解决。

重要信息应当及时传递给企业高层或董事会、监事会、经理层，同时加强企业信息与沟通，减少各利益相关人之间的利益冲突，积极做好内部与外部的有效沟通，达到沟通的目的。

1.内部沟通

（1）内部沟通的含义

内部沟通是指企业内部各管理层级之间通过内部报告形式传递生产经营管理

信息的过程。

为了促进企业生产经营管理信息在内部各管理层级之间的有效沟通和充分利用，企业应当加强内部报告的管理，建立科学的内部报告信息传递沟通机制，明确内部信息传递的内容、保密要求、密级分类、传递方式、传递范围以及各管理层级的职责权限等，促进内部报告的有效使用，充分发挥内部报告的作用。

（2）内部沟通的主要内容

①会议。会议包括董事会、中高层管理者例会、管理质询会、部门或项目例会、全员年会、跨部门或部门内业务专项讨论会、定期的员工沟通会、演讲会或辩论会等。

②报告。报告包括年、季、月、周的工作计划与总结、各项工作报表、各项工作记录、业绩考核等。

③调查。调查包括客户满意度调查、市场调查、员工满意度调查等，用于了解需求、分析不足。

④培训。培训包括新员工培训、领导者及管理者培训、专业培训、通用技能培训等，多以体验式、课堂式、交流研讨会、读书会等形式，注重培训效果的巩固与应用。

⑤面谈。面谈包括管理者与员工进行的一对一、一对多或多对多的面对面沟通，能有效地征求员工意见、反馈绩效信息、激励员工行为。

⑥书面交流。企业通过管理流程制度文件发布、公司及部门文档管理、邮件系统、内部网络、刊物、展板、论坛、纸质文件批复、小字条、内部共享服务器等多种书面形式，有助于促进信息的内部共享、企业文化宣传，提高制度知悉度，促进知识积累，促进企业管理效率提升。

⑦反舞弊。企业应保证效能监察、举报、投诉、处理、补救等通道畅通，建立反舞弊机制。

⑧其他。其他如节日庆典等活动，促进员工和谐关系，增加团队凝聚力，提供员工对企业的自豪感和归属感。

（3）内部报告

①企业应当根据发展战略、风险控制和业绩考核要求，科学规范不同层级内部报告的指标体系，采用经营快报等多种形式，全面反映企业生产经营管理相关的各种内外部信息。应将内部报告指标体系的设计与全面预算管理结合起来，并

随着环境和业务的变化不断修订和完善。设计内部报告体系时应当关注企业成本费用预算的执行情况。

②根据企业的实际设定内部报告的相关要求、形式及权限管理，制定严格的内部报告流程。充分利用信息技术，强化内部报告信息集成和共享，将内部报告纳入企业统一信息平台，构建科学的内部报告网络体系。内部报告应当简洁明了、通俗易懂、传递及时，便于各管理层级和全体员工掌握并正确履职。各层级应有指定的内部报告责任人，做好审核、报告工作。

③充分利用内部报告管理和指导企业的生产经营等各项活动，及时反映全面预算执行情况，协调企业内部相关部门和各单位的运营进度，严格绩效考核和责任追究，确保设定目标的完成。将风险识别、风险评估、风险应对进行内部报告，做好全方位的风险防控。定期对内部报告的形成与使用进行全面评估，确保内部报告的及时性、安全性和有效性。

上述内部沟通的内容均可通过内部报告进行传递。

2.外部沟通

（1）外部沟通的含义

外部沟通是指企业为了实现战略与经营目标、传递有效的发展信息、构筑发展网络、拓展发展空间、维护组织形象、为顾客提供服务等而与本身以外的其他个体或组织进行沟通交流的行为。

（2）外部沟通的主要内容

①企业与顾客的沟通。企业为向顾客提供产品和服务而与顾客进行直接或者间接的沟通，如打电话、信函往来、广告宣传、企业一体化审计甚至顾客调查等。

②企业与股东的沟通。企业与股东的沟通方式有很多，包括股东会议、年度报告、宴会、邮寄新产品样品、信函等。

③企业与上下游企业的沟通。为了与上下游企业建立良好的合作关系，正确处理产生问题，企业与上下游企业的沟通是必需的，如建立电子网络、邀请参与决策、提供各种支持、商务谈判等。

④企业与社会的沟通。企业与社会的沟通方式有开放式讨论会、第三方机构、赞助慈善活动、组织志愿者活动等。

⑤企业与新闻媒体的沟通。企业与新闻媒体的沟通包括新闻发布、记者招待

会、企业宣传等。

⑥企业与政府的沟通。企业与政府的沟通是指以政府为主导、企业为主体、利用各种信息传播途径和手段与政府进行双向的信息交流。企业应遵纪守法合规经营，以取得政府的信任、支持和合作，从而为企业建立良好的外部政治环境，促进企业的生存和发展。

二、企业信息与沟通主要风险点

信息与沟通的风险，简单地说，就是企业管理者以及其他相关各方，为了更好地理解和把握信息与沟通中的相关问题和风险，将风险因素进行识别并相互交流风险信息的过程。企业信息与沟通主要风险点有以下六点：

1.在共享信息的过程中，由于信息的不对称和严重的信息污染现象，导致信息不准确、滞后，从而可能导致企业相关层面的管理人员决策失误。

随着我国市场经济的不断推进和深化，信息与沟通中存在的信息不对称、信息失真等问题，引起了社会的广泛关注，给企业和社会带来诸多危害。社会分工与知识专业化、信息沟通中主客体地位差异、官僚型的政治组织结构、沟通技术上的障碍与获取信息的成本等是信息与沟通中信息不对称的原因。

2.信息资源管理不当、评估不当，信息处理或流转不当、信息收集成本过高，内部报告指标体系设定不当、内部报告信息未被充分利用，导致决策失误，相关政策措施难以落实。

第一，在信息的收集中，要恰当地把握好信息收集的成本与效率，如果以过高成本而取得信息，就会降低企业的效益。

第二，内部报告指标体系级别混乱，有可能影响生产经验、管理信息在企业内部各管理层级之间的有效流通和充分利用。

第三，内部报告未能根据各内部使用单位的需求进行编制，内容不完整、编制不及时，就有可能影响企业生产经营活动的有序进行。

3.政府关系或公共关系协调不当、与监管机构沟通不畅、与国家或地方政府的关系处理不当或存在分歧，影响企业实现目标。

第一，与政府及监管机构等协调和沟通不畅，将会导致政策和执行不到位，可能导致企业的合规性不够，对企业的竞争实力产生影响。

第二，与企业所在地各方面关系处理不当，可能会导致企业经营活动处于被动地位，对效益产生负面影响，从而影响企业战略目标。

4.信息分级执行不当、信息授权不规范、信息保管不当，导致重要资料泄密或丢失，损害企业利益。

第一，企业应当设立信息分级管理，严格执行信息知情的授权，并通过相应的办公自动化、业务信息等系统加以限制；反之，信息的管理会陷入无序状态。

第二，与企业生产经营相关的信息，在一定环境下、一段时期中都是企业的重要资源，如果这些信息资源泄露和丢失，则会给企业带来效益的损失。

5.危机处理预案建立不当、危机处理不及时或措施不当，应急沟通能力欠缺、公关宣传不力，损害企业声誉；社会责任履行不力，损害企业声誉。

第一，企业发生突发事件时，应在第一时间实施应急预案并进入危机处理状态，以专业的方法进行应急沟通、公关应对，将对企业的负面影响降到最低。否则，应对乏力可能使企业的美誉度大打折扣。

第二，随着民众对企业的关注度日益提升，企业应当积极履行对社会的责任与义务，提高在社会上的认可度。如果企业对社会责任如慈善、环保等不尽责不尽力，就会损害企业声誉，甚至陷入不良循环。

6.虚假或不当宣传、侵犯其他企业商业机密、恶意中伤竞争对手，导致企业承担法律责任，企业利益和声誉受损。

诚实守信是企业的立足之本，任何虚假的宣传和无良的竞争都会使企业处于失信之列，甚至可能承担法律责任。

三、企业信息与沟通主要控制点要求

（一）信息收集机制

1.信息资源的内容

（1）信息资源的含义

信息资源是指人类社会信息活动中积累起来的以信息为核心的各类信息活动要素的集合，如信息技术、设备、设施、信息生产者等，是企业生产及管理过程中所涉及的一切文件、资料、图表和数据等信息的总称。信息资源涉及企业生产和经营活动过程中所产生、获取、处理、存储、传输和使用的一切信息资源，贯穿于企业管理的全过程。

信息资源广泛存在于经济、社会各个领域和部门，是各种事物形态、内在规律和其他事物的联系等各种条件、关系的反映。随着社会的不断发展，信息资源对国家和民族的发展越来越重要，对人们工作、生活也至关重要，成为国民经济和社会发展的重要战略资源。信息资源的开发和利用是整个信息化体系的核心内容。

（2）信息资源的组成

信息是普遍存在的，但并非所有的信息都是信息资源。只有满足一定条件的信息才能构成信息资源。归纳起来，信息资源由信息生产者、信息、信息技术三大要素组成。

①信息生产者是为了某种目的而生产信息的劳动者，包括原始信息生产者、信息加工者或信息再生产者。

②信息既是信息生产的原料，也是产品。信息是信息生产者的劳动成果，对社会各种活动直接产生效用，是信息资源的目标要素。

③信息技术是能够延长或扩展人信息能力的各种技术总称，是对声音、图像、文字等数据和各种传感信号的信息进行收集、加工、存储、传递和利用的技术。信息技术作为生产工具，对信息收集、加工、存储和传递提供支持与保障。

2. 信息资源的管理架构

信息资源的管理架构可以按照"一个整体，归口管理，分工负责"的方针建立，形成企业信息资源管理一个整体、信息资源管理部门归口管理、业务部门专业管理的格局，做好部门内的分工负责。有条件的企业应设立信息资源管理部门，对本单位的信息资源进行归口管理，并接受上级的监督和指导。

3. 重大事项和重要信息报告制度

重大事项，是指企业机构设立、经营过程中的重大活动、决定、变更事项、业务经营重大事件、突发事件、重大经济案件以及临时发生的、对企业经营发展具有或可能产生重大影响，进而危及区域性或系统性金融稳定和社会稳定的事件。重要信息是指关于企业经营发展状况的重要报告和报表等。

为及时、妥善处理重大金融风险和突发事件，维护企业正常稳健运行，切实防范化解事故风险，企业应根据制定的"重特大事件应急预案"，针对重特大事件明确规定报告程序。如根据对外投资、资金管理重大事项报告备案制度，制定本单位重要信息报告制度。重大事项和重要信息报告应遵循真实性、准确性、及时性、全面性、翔实性原则。

4.对外宣传工作相关的信息收集

配合企业对外宣传工作需要，按日常信息、突发事件等相关信息及专项信息的管理要求，及时收集与本单位有关的信息。

（二）信息沟通机制

1.内部沟通机制

①企业采取信息系统平台、互联网络、电子邮件、电话传真、信息快报、例行会议、专题报告、调查研究、员工手册、教育培训等多种方式，实现所需的内部信息、外部信息在公司内部准确、及时传递和共享，重要信息及时上报至董事会、监事会和经理层，确保董事会、管理层和企业员工之间的有效沟通。

②企业信息资源归口管理部门，通过信息平台或其他途径向信息需求部门提供所需信息，并对其他部门的信息沟通机制进行统一管理和监督。

③企业应建立规范的日常会议机制，具体会议形式包括但不限于总经理办公会议、总裁办公会、年度工作会议、专业工作会议、部门例会等。

④对外宣传工作的内部沟通机制，企业应及时对自身形象塑造及对外宣传工作相关的信息进行整理、处置，研究判断信息的重要程度，通过适当的形式进行传递。

⑤企业员工在日常工作中可以通过面谈、电子邮件、电话等方式，随时向其直属上级和单位主要领导汇报工作和讨论问题。企业设立举报信箱、举报电话，员工可以通过书信、电话、走访等形式反映违规违纪问题以及有关建议和要求。企业组织开展合理化建议活动，听取员工对经营管理、薪酬福利等方面的合理化意见和建议，并对合理化建议进行跟进、落实和公布。

⑥企业建立改善经营管理建议机制，鼓励全体员工对企业改革发展、生产经营、企业管理等各项工作提出具有可行性、先进性和效益性的改进完善意见。

⑦企业利用信息技术促进信息集成与共享，充分发挥信息技术在信息与沟通中的作用。通过建立统一的信息平台，实现信息共享。

2.外部沟通机制

①企业应建立适当的外部沟通渠道，以保证与投资者和债权人、客户、供应商、政府、监管机构、外部审计师、律师、新闻媒体等利益相关者的有效沟通，及时传达企业的各种信息及需求，同时对外部的建议、投诉和其他信息予以处理和反馈。

②对外宣传工作管理。

第一，企业建立对外宣传工作管理制度，规范对外宣传工作程序。企业应指定对外宣传工作d牵头单位或牵头人，负责与所在地方政府相关职能部门及当地主流媒体的沟通联络工作。

第二，企业实行新闻发言人制度。新闻发言人根据审定的新闻发布内容，代表企业或所属企业对外发布信息。企业建立舆情监测、研判和处置机制，根据舆情事件发生、发展的规律及特点，把握舆情走势\判断舆情风险，收集相关信息，进行分类处置，必要时报上级主管部门。

第三，企业应制定新闻危机的应急预案和处置流程，以规范新闻危机应对与处置工作。

③企业保持与政府、监管机构的适时沟通，及时向政府及监管机构了解法规政策和监管要求及其变化。

④企业建立客户座谈会制度和客户走访制度以促进与客户的有效沟通。

⑤根据法定要求和实际需要，企业聘请律师参与有关重大业务、项目和法律纠纷的处理，并随时与律师沟通处理情况。

3.内部报告

（1）内部报告体系的建立

①为满足经营管理和决策需要，企业应针对生产经营、投资、财务、HSE等方面建立内部报告体系，该体系应明确各类内部报告的编制部门、内容要求、时效要求、方法要求、上报程序、保密规定等。

②根据自身的发展战略和风险控制的相关要求，以及业绩考核标准，设置内部报告指标体系，系统、科学地规范不同级次内部报告的指标体系，合理地设置关键信息指标和辅助信息指标，并与全面预算管理等相结合，同时随着环境和业务的变化不断进行修订和完善。

③对内部报告应实行分类归口管理，如政务和商务信息由总经理办公室归口

管理、生产经营类报告由生产管理部门归口管理、财务类报告由财务部门归口管理、HSE信息由安全环保部门归口管理等。

④对内部报告指标进行具体细化、层层分解，以便控制风险并进行业绩考核。其中，报告的具体内容和形式根据经营管理的需求而变化，各归口管理部门负责及时收集各级管理层对内部报告的需求，并及时调整信息收集方式。

⑤内外部信息的收集和处理必须与内部报告体系设置的要求一致，根据层层分解后的具体指标，有针对性地收集各种信息资源，避免重复收集信息和遗漏重要信息，同时权衡获取信息的便利性与获取成本，兼顾信息收集和传递的成本效益原则。

⑥为深化内部管理，不断提高整体核心竞争力，企业应根据评价对象的功能与定位，按照全方位、多层次对标评价的工作要求，分层构建统一的对标评价指标体系。

⑦制定严格的公文（包括电子公文）管理制度，对公文种类、公文格式、行文规则、发文办理、收文办理、公文归档、公文管理等程序进行明确的规定，切实做好内部报告的编制与审核工作。

⑧建立综合统计机构或指定部门，管理和协调本单位各项统计工作，确保数据归口报出及数据的严谨性。

（2）内部报告的使用

①制定内部报告传递制度，根据信息的重要性、内容等特征，确定不同的流转环节，并设定严格的传递流程记录，以便在流转环节出现问题时查找原因并及时解决，同时企业充分利用信息系统，实现内部报告的电子流转。对于重要、紧急的信息，可通过特别渠道直接向管理层汇报。

②充分利用内部报告进行决策管理，指导公司的日常经营活动。

③构建统一的对标评价指标体系，形成多层次、全方位的对标评价结果，促使企业及时发现管理短板，持续改善经营管理水平。

④内部报告的流转和处理过程必须严格执行相关的保密规定，标有国家秘密及以上密级的公文，不允许使用办公综合业务处理系统。

⑤建立档案管理办法和档案分类规则，对企业档案包括内部报告的管理机构、管理流程、利用和公布等进行规定。

4.保密管理

①制定企业保密工作管理办法，对企业的综合保密工作进行总体规定。

②根据在企业生产、经营和管理中的重要性和保密规定，信息可分为国家秘密信息、商业秘密信息和一般信息三级，其中商业秘密信息根据使用范围，依次分为决策层共享、部门内共享和部门间共享三个共享层次。在信息传递过程中严格遵循关于信息分级的要求，实现信息在规定的范围内分享和使用。

③通过成立专门的保密部门或指定部门，具体指导、推动和检查企业的保密工作和规章制度的落实情况。严格执行泄密事件报告制度，依法、依纪查处重大泄密事件。

④对外宣传工作严格遵守保密规定，禁止对外发布或泄露涉及国家、企业秘密的信息，未经批准禁止披露敏感信息。

⑤制定员工守则，规定每名员工不可利用企业的知识产权和相关信息谋取私利的同时，也要求员工不非法使用属于他人的知识产权和相关信息，不实施侵犯他人知识产权的行为。

（三）信息系统技术整体控制

信息系统是一个由人、计算机及其他外围设备等组成的能进行信息收集、传递、存储、加工、维护和使用并以处理信息流为目的的人机一体化系统。信息系统由计算机硬件、网络和通信设备、计算机软件、信息资源、信息用户和相关制度等组成。

信息系统是现代社会一门新兴的学科，其主要任务是最大限度地利用现代计算机及网络通信技术，加强企业的信息管理，通过对企业拥有的人力、物力、财力、设备、技术等资源的调查了解，建立正确的数据，将数据加工处理并编制成各种信息资料，及时提供给管理人员，以便进行正确的决策，不断提高企业的管理水平和经济效益。企业的计算机网络已成为企业进行技术改造及提高企业管理水平的重要手段。

1.信息化管理体系

企业应建立完善的信息化管理体系，设立信息化小组，定期召开会议，听取、总结和指导本单位信息化工作，对重大信息技术发展方向和目标进行决策。信息化工作归口管理部门，对信息系统行使管理职责。

2.信息系统技术组织架构及人员

信息系统管理人员须具备足够的专业技能，以胜任工作。人力资源部门应明确设定各信息系统管理人员的职责，在职责设定时，考虑职责分工及内部控制方面的要求。

3.信息风险评估

根据风险防范的规定，信息系统归口管理部门负责每年对信息系统进行综合风险评估，识别和记录影响整个企业的信息技术风险，形成风险评估报告，并组织专家组对风险评估报告进行评审。同时，信息系统归口管理部门也可以通过多种形式对本单位信息系统的风险进行评估，包括企业信息系统整体风险、重点系统风险、主要基础设施风险等，形成相关风险评估报告，并将风险评估报告经信息系统管理部门负责人审核签字后，上报企业高层。

4.信息系统安全管理

①信息系统归口管理部门应提出本单位的"信息系统关键岗位名录"，岗位名录上的关键岗位人员要与所在单位签署"信息系统关键岗位安全责任书"。

②企业应建立应急预案，预案中应明确信息安全事件和事故的定义，发生不同信息安全事件或事故的问题上报流程，各应用系统和基础架构系统的重要性等级与业务影响程度等内容。应每年安排应急预案演练，并根据演练结果对应急预案进行必要的优化和更新。

四、企业信息与沟通中的冲突

企业就像一个小社会，在日常的工作中，相当一部分的精力要用于信息与沟通，例如生产与销售、财务与考核、人力资源与人才成长等团队，时常会遇到信息不对等的情况，从而造成沟通不畅，影响工作效率与团队和谐。因此，如何化解信息与沟通中的不对称和不通畅显得尤为重要。

（一）团队冲突

团队冲突需要三个要素：团队认同、可观察到的团队差别及挫折。首先，员工必须把自己看作一个可以辨别的团队的一部分。其次，团队必须在某种形式上存在可以观察到的区别于其他团队的不同点。团队可能位于大楼的不同楼层，其成员或许来自不同的机构或者在不同的部门工作。员工有能力认清自己是某一团队的一部分，并且能够通过比较观察到自己团队与其他团队的不同。最后，挫折指团队在实现目标的过程中遇到的阻碍。挫折会带来团队之间的冲突，当一个团队试图超越其他相关团队的时候，便出现了团队之间的冲突。团队之间的冲突可以定义为发生在组织的团队之间的一种行为，当参与者认同某一团队，并且认为其他团队会阻碍自己团队实现目标或期望值时，会发生这种行为。冲突意味着组织的直接撞击，甚至意味着它们之间的根本对立。冲突与竞争相似，但更加激烈。竞争指为追逐一个共同的奖励而进行的团队之间的竞赛，而冲突则直接涉及目标的实现。

组织内部团队之间既有横向冲突也有纵向冲突。横向冲突发生在同一层级的团队之间。生产团队可能会因为新的质量程序降低了生产效率而与质量控制团队发生争论，销售团队可能会因为财务团队的信用政策使其难以赢得新客户而与之产生分歧，市场团队和研究开发团队可能会为一项新产品的设计而发生争执。对此，需要某种横向的协调来减少冲突，实现协作。

冲突还会发生在纵向的不同层级之间。纵向冲突产生于控制、权力、目标、工资和福利等方面。一个典型的纵向冲突是管理总部和地方工厂或特许专卖商之间的冲突。

（二）团队冲突的原因

在任何建有不同团队的情况下，都存在团队冲突的潜在因素，团队冲突的原因主要有以下五个：

1.环境

团队的建立是与外部环境相互作用的结果，随着环境不确定性和复杂性的增加，团队之间的技能、态度、权力及经营目标的差异也在加大。每个团队都力图适应环境，也因此与其他组织的团队产生差别。而且国内国际竞争的加剧导致价格下降、质量提高和服务改善。这些需求在组织内部转化为更加紧迫的目标压力，并由此在团队中产生更大的冲突。

2.规模

组织规模的扩大带来了团队细分。团队成员开始考虑分离，在自己团队和其他团队之间建立隔离墙。层级的增加也加大了团队之间权力和资源的差别。

3.技术

技术决定了团队中的任务分配和团队之间的依存性。在完成任务过程中的依存性使团队更经常地相互作用，而且必须共享资源。依存性常常导致冲突。

4.目标

组织的总目标被分解为每一个团队的经营目标。市场、财务、法律及人力资源所追求的经营目标似乎经常相互排斥，一个团队的经营目标可能会妨碍另一团队的目标，由此而引发冲突。创新目标也经常带来冲突，因为创新需要团队之间的协调。创新目标往往比内部效率目标冲突更大。

5.结构

组织结构反映了劳动分工和便于协调与控制的系统。组织结构确定了团队的组合和员工对已经确定的团队忠诚度，比如，选择一个事业部意味着总部将事业部置于对资源的竞争之中，总部可能会根据事业部的竞争情况提供报酬上的激励。

五、应对管理团队冲突的方法

一个组织的理想状态是只有适度的团队冲突。管理者不能让冲突过于激烈，否则会带来损失，应当尽可能地鼓励合作，以激励员工提高工作效率、实现组织目标。冲突管理的目标是团队成员的行为或者态度。通过改变行为，公开的冲突会减少或削弱，但是团队的成员可能仍然讨厌其他团队的成员。行为的改变使冲突更不容易看出来，或者使团队相互分离。态度的改变更深入，花费的时间也更长。应对管理团队冲突的方法主要有以下八种。

（一）正式的权利

正式的权利意味着为了重新解决或控制冲突而使规章制度和合法权利生效的高级管理。比如，广告部和销售部可能对广告策略不一致，销售部可能希望以直接邮送作为基本策略，而广告部则更喜欢利用广播和电视。这种冲突可以通过将问题交给负责市场营销的副职来解决。它可以通过合法的权利来解决冲突。采用这种方法的弊端在于，并不能改变对合作的态度，可能只是处理现时的问题。当成员对某种特定冲突的解决方案没能形成一致意见时，正式的权利在短期内具有效用。

（二）限定的沟通

在冲突的团队中鼓励某种沟通，可以避免对其他团队的能力、技术和特点的错误感知。当团队之间处于激烈冲突时，可以利用限定的沟通来解决。在一般情况下，限定的沟通可以集中于团队的共同目标，比如，在某公司研发和生产部门之间经常发生冲突，位于同一城市的事业部高级管理者安排了一个会议，用以解决分歧。在这个会议中，管理者可以提出异议，大家共同讨论和解决，通过这种方式解决有关问题的争议。这种方法可能带来一点态度的转变。

（三）整合方法

企业可以将团队、项目组和超出边界的项目经理进行整合。从解决共同问题的团队中将产生冲突的团队代表结合到一起，是减少冲突的一个有效的方法，因为代表们愿意理解彼此的观点。有时需要一个专职整合员，通过与各个团队的成员会面和交流信息来实现合作和协调，该整合员必须了解各团队的问题，能够提出双方都可以接受的解决方法。

（四）对话和谈判

当冲突双方直接接触以解决分歧时，便会有对话，在对话的过程中，双方互讲条件的过程就是谈判。对话和谈判是双方有条不紊地寻找解决问题的办法。对话和谈判都有某种风险，既不能保证讨论集中于某项冲突，也不能保证双方都能够控制住情绪。但是，如果人们能够在面对面讨论的基础上解决冲突，他们就会发现彼此新的一面，进一步的合作也就变得更加容易。比如，企业可以采用让各个部门领导每个月和另外部门的领导面对面会见一次的方法，列出对对方部门的希望，讨论和谈判之后，部门领导在清单上写出对所要履行的服务承诺。

经常接触有助于提高管理者的技能，并使他们渴望通过自己来解决冲突和问题。当管理者施行的是双赢策略时，对话便是成功的方法。双赢即对团队双方都采取肯定的态度，并试图通过彼此都能受益的方式解决冲突。如果谈判变成输赢策略，也即每个团队都想击败另一方，对话就难以有效。

（五）第三方机构

当冲突激烈并且持续时间较长时，团队成员就会产生怀疑并且不愿意合作，这时可以由组织引进第三方机构，与双方团队的代表会面。第三方机构可以在很大程度上促进建立合作的态度并且减少冲突，有时这种方法也称为"现场调解"。第三方机构常试图在团队之间重新建立已经断裂的沟通线路，充当解释角色以保证团队之间的消息能够被正确理解，而不受偏见影响。同时，对一个团队或另一个团队的固有做法进行挑战并公开化，使固有做法曝光并瓦解。另外，提高对其他团队的积极行动和影响的认识，促使一个团队重新评价另一个团队。最后，确定、集中和解决冲突的特定来源，解决冲突，建立和培养合作态度，以取代以往的冲突。

（六）成员轮换

轮换指在临时或永久的基础上，个人可以从一个团队到另一个团队工作。其好处是个人的价值观、态度、问题和目标可以与其他团体相互渗透。另外，可以将原先团队的问题和目标解释给新同事，使观点和信息的交流坦诚而准确。通过岗位轮换减少冲突的速度很慢，但就改变产生冲突的根本态度和认知而言，这种方法比较有效。

（七）共同的使命和最高目标

管理团队冲突还可以采用提出共同使命、建立需要各团队合作来实现最高目标的策略。在具有强势的、适宜文化的组织内部，员工对企业的发展前景较有信心与抱负时，更加容易拥有团结合作的动力。通常，当不同团队的员工看到他们的目标紧密相连时，会公开地共享资源和信息。当然，管理层提出的最高目标必须很实在，必须可在一定时间内通过合作实现。报酬系统也应该设计成鼓励追求最高目标，比如组织生存目标，当组织将要失败、工作将要丧失时，团队会忘记它们的差别并试图拯救组织。实践表明，在不少面临危机的企业中，生存目标明显改善了团队之间的关系。

（八）团队之间的培训

团队之间的培训是减少冲突的一个有效方法。这种方法成本较高，但能够培养全企业范围的合作态度。团队培训工作步骤为：一是向冲突着的团队设定培训目标，即寻求共同的感知和关系；二是将冲突着的团队分开，让每个团队讨论并列出对自己团队和另一个团队的感知；三是在两个团队都列席时，团队代表公开各自对自己和对方团队的认识，而团队成员有义务保持沉默，以便尽可能准确地向另一团队报告对方在本团队内的印象；四是在交换意见之后，各个团队回到自己的部门消化、分析听到的内容;五是在公共会议中再一次通过代表展开工作,团队之间共同探讨所暴露的分歧和带来分歧的可能原因,集中考虑真实的、可观察的行为;六是在相互表白之后,双方可以更加公开地探讨目前共同的目标,确定造成认知歪曲的更多原因;七是综合探讨如何处理双方未来的关系,以促进团队合作。

第二节　企业内部监督

一、内部监督的含义

内部监督是指企业对内部控制建立与实施情况进行监督检查,评价内部控制设计和运行的有效性,发现内部控制缺陷,提出改进措施并监督整改的过程。内部监督主要包括对建立并执行内部控制的整体情况进行持续性检查评价,对内部控制的某一方面或者某些方面进行专项检查评价,提交相应的检查报告,提出有针对性的改进措施,等等。

内部检查评价是指企业董事会或类似权力机构对内部控制的有效性进行全面评价、形成评价结论、出具评价报告的过程。由此定义可以看出:一是内部控制评价的主体是组织自身,而不是外部中介机构或监督机构;二是内部控制评价的目的是确认和优化内部控制;三是内部控制评价是一个过程,也是一种监督方法,其性质类似于审计。

二、企业内部监督控制目标

1.企业通过开展内部监督工作,提高内部控制设计和执行的有效性。

2.企业通过开展内部监督工作,促进企业内部控制体系的持续优化和完善,提升企业市场形象和公众认可度。

三、企业内部监督内容

内部监督是内部控制发展到一定阶段的必然产物。早在内部牵制阶段,审计人员就开始注意到了内部监督问题。1929年，美国注册会计师协会和联邦储备委员会在《财务会计报表的验证》一文中，最早提出了内部控制评价概念，指出："要对内部控制的有效性做出评价，而抽查的范围将取决于检查内部控制系统的结果。"要做好内部监督，必须关注内部控制的运行过程。

（一）内部控制的运行过程

内部控制不是静态的，而是一个持续的循环过程。这个过程主要包括设计、执行、评价和改进四个环节。

1.内部控制设计

企业需要对自身的任务和目标进行风险评估，并根据风险评估的结果来确定企业内部控制的具体目标，然后根据目标来设计内部控制。内部控制设计主要是由管理层制定各种内部控制制度，是内部控制循环的基础。

2.内部控制执行

内部控制执行是对内部控制设计的运用。内部控制设计得再完美，若不加以实施，就如同纸上谈兵，毫无意义。

3.内部控制评价

内部控制评价是对设计与执行两个环节的恰当性和有效性等进行测试、分析，并进行合理的评价。内部控制评价是内部控制过程中非常重要的一个环节，或者说是一个承前启后的环节。内部控制评价既是对已有内部控制的总结，也是未来改进内部控制体系的重要依据。

4.内部控制改进

企业管理层应根据内部控制评价意见对企业的内部控制系统进行改进。如果只有内部控制评价，而没有改进措施，那么内部控制评价就没有任何价值。改进的内容又构成内部控制系统的组成部分，成为下一次内部控制评价的对象。

内部控制系统运行的四个环节环环相扣、紧紧相连，构成一个完整的内部控制过程。现实中，并不存在一劳永逸的内部控制系统，内部控制系统必须随着企业内外部环境的变化而不断改进。因此，企业应长期持续地开展内部控制评价，及时对自身的内部控制体系加以改进，以适应新的要求。

（二）内部监督的主要内容

在上述内部控制的运行过程中，均在不同层面上嵌入了内部控制环境、风险评估、控制活动、信息与沟通等要素内容。因此，内部监督应在此基础上进行，在监督的同时予以恰当的评价，以利于企业经营管理的优化和完善。

1.建立健全内部监督制度

内部监督的内容包括企业应明确监督的组织架构、岗位设置、岗位职责、相关权限、工作方法、信息与沟通的方式，以及表格与报告样本等。

2.内部控制措施的健全性

内部控制措施是否健全、手续是否严密、设计的措施和方法能否真正起到事前控制的作用，均对企业影响甚大。一般来说，健全的内部控制措施，能预防错误和弊端的发生，即使发生了，也容易及时发觉和纠正。内部控制措施是否健全要注意以下因素：各项内部控制措施是否符合内部控制的基本原则，关键控制点是否进行了控制，所有的控制目标是否已达到。

3.内部控制措施的合理性

内部控制措施的合理性即企业是否依据自身生产经营活动的实际情况设计内部控制措施。盲目地照搬其他组织的内部控制措施，或使用落后的内部控制措施，都是不合理的。

4.内部控制系统的有效性

内部控制是否有效，就要看在具体实施过程中内部控制是否具有有效的执行力。该执行力必须与企业的实际相结合，将内部控制镶嵌到日常的工作中。对于写在纸上、挂在墙上、说在嘴上、就是不做等摆样子的内部控制，企业必须从基础和源头进行强化监督，以防范内部控制的虚设。

5.分析和报告内部控制缺陷及问题

内部控制缺陷及问题的报告对象至少应包括与存在缺陷和问题直接相关的责任单位、负责执行整改措施的人员、责任单位的上级单位。对于缺陷和问题，内部监督机构有义务直接上报董事会、审计委员会和监事会等相关机构。

6.对内部控制缺陷和问题的整改

企业应对发现的内部控制建立与实施中存在的问题和缺陷进行整改，促进内部控制发挥更大的作用，尤其要关注屡查屡犯的现象。

四、内部监督与内部控制要素的关系

内部监督与内部控制其他要素相互联系、互为补充。

（一）内部监督以内部环境为基础

公司治理结构、董事会等决定着内部监督的地位和独立性，从而决定内部监督实施的力度和效果。内部监督为优化企业内部环境、实现控制目标提供保证。

（二）内部监督与风险评估、控制活动形成一个局部闭环的控制链

内部控制为企业对内部控制的认知与实践提供了一个螺旋式上升的契机。

（三）内部控制离不开信息与沟通的支持

企业应当充分利用信息与沟通，提高内部监督工作的针对性和时效性，通过实施内部监督，不断提高信息与沟通的质量和效率。

五、企业内部监督主要风险和控制

（一）企业内部监督主要风险点

1.内部监督缺失、内部监督无效、运行不力，导致难以对企业内部控制的有效性进行评价。

2.内部监督职能被淡化、内部审计职权重视度不够、内部监督考核问责制度不完善，导致内部监督的震慑力不够、内部监督走过场。

3.内部监控方式有缺陷，导致对发现的重大内部控制缺陷缺少报告与改正措施。

4.内部监督人员的综合素质不高、自我评估无法提升对内部控制的认知和责任，导致对监督事项定性的偏差、信息不对称，影响企业高层对评价认知的公正性。

（二）企业内部监督分类

1.企业内部监督分为日常监督和专项监督。日常监督是指企业对建立与实施内部控制的情况进行常规、持续监督检查；专项监督是指企业在发展战略、组织结构、经营活动、业务流程、关键岗位等发生较大调整或变化的情况下，对内部控制的某一或者某些方面进行有针对性的监督检查。专项监督的范围和频率根据

风险的大小及控制的有效性而定。

2.日常监督分为企业各部门（岗位）日常监督和内部审计监督，分别由各部门（岗位）及企业内审实施。

3.专项监督具体指企业组织或参与针对发展战略、组织结构、经营活动、业务流程、关键岗位等发生较大变化的事项，或根据管理要求开展专项监督评价。企业可根据需要，委托外部中介机构进行专项监督评价，也可以在企业、行业系统、集团系统等层面，通过调集专家或其他措施对相关运营活动中的事项进行专项检查评价。

（三）企业内部监督主要控制点要求

1.企业内部监督架构

（1）监督架构

①审计委员会。审计委员会是公司董事会中的专门委员会，主要负责公司有关财务报表披露和内部控制过程的监督，在公司董事会内部对公司的信息披露、会计信息质量、内部审计及外部独立审计等方面，执行控制和监督的职能。

《上市公司治理准则》第五十二条规定：上市公司董事会可以按照股东大会的有关决议，设立战略、审计、提名、薪酬与考核等专门委员会。专门委员会成员全部由董事组成，其中审计委员会、提名委员会、薪酬与考核委员会中独立董事应占多数并担任召集人，审计委员会中至少应有一名独立董事是会计专业人士。

②监事会。监事会是由股东会或股东大会选举的监事，以及由企业职工民主选举的监事组成的，对公司的业务活动进行监督和检查的法定必设和常设机构。监事会也是在股东会或股东大会领导下，与董事会并列设置，对董事和总经理行政管理系统行使监督的内部组织。

③内部审计机构。内部审计机构是企业专职经济监督的部门，是内部控制制度的有机组成部分。内部审计机构在企业主要负责人的直接领导下，依照国家的方针政策、财政经济法规和有关规章制度，对企业内部及其所属单位的财务收支及其经济效益进行内部审计监督，独立行使内部审计职权，业务上受审计委员会的指导。

④内部控制机构。一些企业会设立内部控制委员会或风险管理委员会，下设内部控制部门或风险管理部门，主要负责企业内部控制手册的编制、完善、修

订，制度体系的归集与清理等工作，并牵头负责内部控制实施的测试与年度内部控制的检查，发现问题及时整改。

（2）监督机制之间的关系

审计委员会制度是在独立董事制度的基础上发展起来的。公司存在的舞弊现象单纯地靠注册会计师审计是难以发现的，因此，根据各国审计委员会的实践，我国在上市公司尝试引入了审计委员会制度。

企业从事监督功能的主体名目不少，如监事会、独立董事等。为了更明确地说明审计委员会的定位，有必要阐述审计委员会与独立董事、监事会及内部审计的关系。

①审计委员会与独立董事的关系。独立董事是在完善公司法人治理结构、增强董事会功能的背景下产生的，如今已得到较普遍的应用。根据理论界的研究成果，董事会中应大量引入独立董事，以确保董事会功能的正常发挥、加强对总经理的监督。审计委员会作为董事会的专业委员会之一，由于其工作本质是内部审计，代表董事会行使对总经理的监督，所以独立性非常重要，委员会主席及大部分成员应为独立董事。这在西方已成为一种普遍的做法，并有一系列的规定。

②审计委员会与监事会的关系。从西方审计委员会的发展及其职责的演变过程中可以看出，审计委员会应设在董事会下，向董事会负责并报告工作，代表董事会监督财务报告过程和内部控制，以保证财务报告的可靠性和公司各项活动的合规性。审计委员会本质上是为实现董事会目标，而对企业的财务报告和经营活动进行的独立性评价，是内部控制的一种手段，与公司监事会有很大区别。

监事会是借鉴近代三权分立思想设立的专职监督机构，与股东会或股东大会直接构成委托代理关系，属公司治理范畴，其职责主要侧重于对董事会的监督；而审计委员会则是设在董事会下的专业委员会，以实现董事会的经营目标服务为宗旨，属公司管理范畴，其职责侧重于对总经理的监督。二者在地位和职责上有很大不同。

③审计委员会与内部审计的关系。审计委员会的功能从关注注册会计师的独立性拓展到全面治理企业财务呈报体系，既涉及企业经营风险、管理层对法律法规的遵循情况、调查违法舞弊行为等方面，也包括对内部审计进行监督。而内部审计受审计委员会领导，其目的是协助管理人员有效地履行职责。由于审计委员会的成员大部分是独立董事，易造成信息不对称，因此要保持与内部审计的沟

通。国际内部审计师协会（IIA）认为，"审计委员会和内部审计师有着共同的目标"，将内部审计划归审计委员会领导，不但有利于审计委员会开展工作，而且有利于内部审计发挥作用，以维护股东的利益。

2. 企业内部监督人员的综合素质

内部监督人员素质是指在其心理和生理条件的基础上，通过学习、培养、实践和锻炼而逐渐形成并在工作中经常起作用的内在要素，是由自身各种素质要素有机结合而形成的整体综合能力，是进行内部监督工作所具备的思想、品德、知识、才能和体格等诸要素在限定时间的状况。

①在具备职业操守的基础上，内部监督人员必须具有专业知识和业务水平。内部监督人员应系统掌握财务、审计、法律等相关知识，精通内部控制检查评价标准、程序和方法，并能熟练运用；了解和熟悉企业经营业务及管理制度，通过财务、计算机等各种信息系统了解业务轨迹；具备发现问题、分析问题、解决问题和表达问题的能力。

②内部监督人员必须具有较好的沟通与协调能力。内部监督人员应具备良好的交流技巧，选择合适的交流方式，与被审计或被检查单位心平气和地交换意见，融洽彼此之间的关系，以保证内部监督过程中信息的快捷传递和充分交流。

③应做好内部控制检查评价前的方案培训工作。实施内部控制评价工作前，应对评价人员进行相关的岗前培训，主要包括企业业务知识、内部控制专业知识、法律法规、评价方案解读、评价底稿要求、缺陷认定方法、内部监督人员的回避原则、需要重点关注的问题等。

3. 企业内部监督中的信息与沟通

信息与沟通涉及企业的方方面面，是内部控制实施中的基础工作。在内部监督过程中，应收集企业的风险识别及相关的应对措施等方面的信息，与相关的业务人员进行良好沟通，选择有效的样本量，保证内部控制信息的真实性、完整性、充分性，以确保对企业经营管理活动定性的准确性。

4. 企业内部检查评价

企业应根据经营业务调整、经营环境变化、业务发展状况、实际风险水平等因素确定内部检查评价的具体方法、范围、程序和频率。

第六章 企业内部控制评价

第一节 内部控制评价概述

一、内部控制评价的目标

企业内部控制体系建设的目标是合理地保证企业经营业务合法合规、资产安全、财务报告及相关信息真实完整，为提高企业风险管理水平提供信息服务和决策支持，提高企业经营效率和效果，促进企业实现发展战略。企业开展内部控制评价工作的主要目的就是考核评价这些内部控制目标是否得以实现。企业开展内部控制评价是以评价监督为手段，识别、确认和揭示企业的内部控制缺陷，得出内部控制设计和执行有效性的认定，从而推动企业内部控制体系的不断完善，即以查促建，实现通过检查达到完善体系的目标。

二、内部控制评价的主体

目前对于内部控制评价主体并没有明确的规定，按照COSO委员会2008年发布的《内部控制系统监控指南》（以下简称《指南》），企业要建立一个组织架构，在这个组织架构中一方面要发挥管理层和董事会的监控作用；另一方面，要保证内部控制评价工作能够客观独立地进行，开展内部控制评价的"评价师"能够得到充分的授权。《指南》提到的评价师，是指经过专门培训且相对独立于经营活动的专业人士，例如，组织架构中设置的内部控制负责人，或者内部审计师，他们将内部控制评价作为日常工作职能的一部分，负责监督业务流程，或监控某些控制措施的执行情况。评价师要具有足够的专业技能，更重要的是具有开展内部控制评价的权限，并对企业面临的需要通过内部控制进行管理的风险有足够的了解。

按照《指南》要求，内部控制评价的开展要有组织体系作为保障，通常内部控制评价的组织体系包含以下四个部分：

第一，董事会或总经理办公会对内部控制评价承担最终的责任。内部控制评价执行机构需要得到企业董事会和管理层的支持，并根据企业实际情况，决定内部控制评价的组织形式。

第二，风险指导委员会负责组织实施内部控制评价。

第三，风险管理办公室，即内部控制评价执行机构，根据授权承担内部控制评价的具体组织实施任务。

第四，各职能部门负责组织本部门的内部控制自查、测试和评价工作。同时，各级单位逐级履行内部控制评价责任，建立日常监督机制。

以上各个层级构成内部控制评价工作的主体。此外，内部审计、外部审计等在内部控制评价中也发挥各自的作用。企业可以采取自我评价和独立评价相结合的方式进行内部控制评价。自我评价是由开展内部控制工作的单位对照内部控制评价标准进行自我检查，找出与规定标准存在的差异，并开展整改工作；独立评价是委托外部咨询机构或事务所对内部控制工作的开展情况进行评估。

从未来发展趋势来看，为了保证内部控制评价的独立性，内部审计的职能也应该包括对内部控制的评价、从传统的对财务收支和经济活动的审查和评价，以及查找违纪问题等，逐步扩大到对风险管理和内部控制的监督。多数企业的内部控制评价工作是由董事会管理的风险内控主管部门组织开展。内部控制评价的方式是企业自我评价和上级单位组织的独立评价相结合，其中上级单位评价由公司总部组织内部人员（包括从下属企业抽调相关风险内控人员）和外部咨询机构、事务所等组成的联合团队，对企业进行交叉检查。

内部控制评价的主体可以是外部机构也可以是企业自身，而目前我们谈到的内部控制评价多数是由后者发起的，也称为内部控制自评价（Control Self-Assessment，CSA）。

从企业自身要求来说，内部控制自我评价可以强化和规范内部控制体系运行，进一步提升企业的管理水平，促进企业的健康发展。

三、内部控制评价的范围

按照国家财政部等五部委联合发布的《企业内部控制基本规范》及配套指引

的要求，内部控制评价要对公司层面和业务层面控制的设计和执行情况进行全面的评价。

内部控制评价的范围非常广，既包括公司层面，也包括业务层面。公司层面包括内部环境、风险评估、信息沟通、内部监督，其中内部环境又包括组织架构、权责分配、发展战略、人力资源、社会责任、企业文化、反舞弊、内部审计等；风险评估包括风险识别、风险评估、风险应对、风险管理监督与改进；信息与沟通包括信息收集机制、信息沟通机制、内部报告、保密管理、信息技术整体控制；内部监督包括内部控制、惩防体系、党风廉政建设、效能监察、案件检查、信访维稳。

业务层面包括资金管理、投资管理、物资与采购、生产管理、存货管理、市场与销售、科技创新、工程项目、资产管理、财务管理、人力资源、信息化、综合管理、法律事务。

内部控制涉及企业经营的方方面面，而内部控制实地检查受到时间和资源的限制，所覆盖业务范围比较有限，不可能涵盖企业经营的所有方面。我们在资料审查和背景调研中一定要结合企业的实际情况，综合风险评价结果和行业特点，关注审计、纪检监察、法律诉讼发现的问题，最终划定重点检查领域。为了能够加大特定领域的投入，保证将有效的资源应用到最关键领域、最重要的业务流程和控制点，找出对企业目标实现产生重大影响的因素，需要对各业务领域、各流程有所甄别，重点突出地开展内部控制评价。

对于规模较小、业务较为单一的企业，全面开展内部控制的自我评价成本较高，企业自身资源能力有限，很难全面覆盖所有领域，这就要求企业能够将自我评价工作放在企业的关键业务流程和管理流程上，重点对风险较大的管控环节和流程进行自评。在这类企业中往往由于人员、成本等约束暂时无法执行严格的内部控制标准，从成本效益角度出发，可采取多种方式相结合的办法，多管齐下，结合法律、合规、巡视、监察和审计等多种职能，共同发挥大监督的协同效应，采用灵活的方式满足内部控制的要求。

在实际内部控制评价工作开展过程中，我们在业务层面更多关注的领域包括以下方面：

第一，资金管理、投资管理，涉及企业如何管好钱袋子、如何使用资金，避免贪污和资金挪用，确保资金能够得到有效的使用，产生最大效益。这方面对多数企业来说都至关重要。

第二，物资采购，涉及企业如何花钱、如何在采购过程中降低成本，规范采购管理和付款行为，避免多头采购、盲目采购，避免采购人员收取回扣，避免采购验收不严等问题的发生。管理重点是要加强对供应商的评价考核，以及确保采购申请、采购审批、招投标、验收和付款等过程合理。物资采购是企业组织生产和满足销售需要的前提，也是对未来能够生产出合格产品的保障。

第三，市场销售，涉及定价管理、客户信用管理、客户评价、销售合同管理、应收账款的回收、销售人员的考核等环节，其管理水平直接关系到企业生产能否正常进行、能否给企业带来更大的现金流，实现企业的效益。

第四，存货管理，不同行业、不同企业在存货管理方面面临的问题不同，但加强存货管理，避免管理职责的混乱，避免存货积压和处理不及时而给企业造成损失，避免账实不符等方面是各个行业各个企业都关注的，加快库存周转，压低库存也是实现资本优化的方式。

此外，内部控制评价还经常涉及工程项目管理、生产管理、财务管理、信息化等方面。以上是在内部控制评价中重点关注的方面，但并不是说其他领域不重要，每个企业、每个行业都有自身的特点，而特定时间某些业务的问题可能会凸显，为管理层所关注，也自然成为内部控制评价的重点。

第二节　内部控制评价程序和方法

一、内部控制评价程序

内部控制评价是推动内部控制体系形成闭环的重要手段，包含了"定期评价、识别缺陷、完善整改"等几个重要的关键要素。内部控制评价普遍采用的方法论是管理学模型（PDCA），PDCA是计划（plan）、实施（do）、检查（check）、行动（action）的首字母组合。按照PDCA理论，企业管理中每一项工作都需要经过以下环节：P——方针和目标的确定及活动计划的制订；D——具体运作和执行计划；C——检查总结执行情况的结果，分析执行过程，找出问题；A——行动或处理，处理检查的结果，总结经验，完善和提升。

遵循这种方法论，内部控制评价工作程序大概分为以下阶段：计划准备阶段P；实施阶段，包括体系建立和检查，即D+C；整改阶段A（报告阶段）。

如果对整个内部控制评价过程进行延伸，那么这个过程包括制订内部控制评价方案、组织评价工作小组、进行资料审查（自我评价和独立评价）、实施现场评价（自我评价和独立评价）、认定内部控制缺陷、与相关部门进行缺陷确认、得出内部控制评价结论、编制内部控制评价报告、跟踪问题整改。当然也有的情况需要先完成问题整改再完成内部控制评价报告。为便于理解和操作，我们可以将内部控制评价工作程序大致分为计划准备P、实施D+C、整改报告A三个阶段。

（一）内部控制评价计划准备阶段

首先在内部控制评价计划准备阶段，即开展内部控制评价工作前，要确定内部控制评价方案，内部控制评价方案中要明确内部控制评价的范围，制定内部控制评价进度和时间安排，组建内部控制评价小组，设计并确定内部控制评价方法、评价原则和程序等。从公司层面还要成立内部控制领导小组，指导、审核和批准内部控制评价工作。

1.明确内部控制评价的范围

企业应按照内部控制工作的总体安排确定年度内部控制检查的范围，列出检查资料清单，根据行业和企业特点及管理层关注的问题确定内部控制评价重点，最终决定现场检查的范围，并确定由哪些相关部门的人员参加评价。例如，对采购销售做专项评价时，应提前将本次内部控制评价的需求与采购销售管理部门的负责人进行有效的沟通，小组中要考虑有采购销售管理部门相关人员参加。

2.列明评价资料清单

通常开展内部控制评价的流程是先通过资料审查寻找潜在的内部控制缺陷，确定现场开展的业务范围和须访谈的问题，进一步确定重点检查范围。在开始内部控制调研工作前，需要列出所需资料清单，以便对企业基本情况有所了解，也有助于准备访谈提纲和需要访谈的问题。主要材料清单包括企业职能部门设置情况、制度汇编、部门职能和岗位说明书、组织架构图、年度工作报告和工作计划、信息化系统资料、主要项目情况、财务报表等。以上是访谈开始前需要收集的资料情况，通过对收集信息的阅读，有助于访谈者在访谈开始前对企业整体情况有初步的了解，并依据收集来的信息准备访谈提纲。这样可以做到有的放矢，在访谈中对通过资料阅读能够了解到的情况可以简略提问，或者通过补充资料和进一步确认即可，以节省访谈时间，从而把主要精力放在企业面临的主要风险方面。现场工作时，须根据前期结果进一步确定内部控制缺陷可能存在的重点领域，并针对这些领域重点采取资料审查、访谈、穿行测试、单据校对等手段挖掘内部控制缺陷，在此过程中务必对所有资料进行记录和分析。

3.组成内部控制评价小组

内部控制评价小组成员应满足如下条件：

①具有独立客观性。为保证测试结果的客观性，执行测试的人员要保持独立性，最低要求是控制活动涉及的业务不在测试者的职责范围内。

②具备专业胜任能力。为保证测试者能够按照测试程序的要求正确执行内部控制测试，测试者应具备一定的专业胜任能力，参加过内部控制测试的培训，了解所测试的控制活动的执行过程，掌握控制活动的测试要求。

需要明确强调的是评价工作涉及企业日常经营管理的方方面面，因而需要各相关部门的通力合作。

（二）内部控制评价实施阶段

在内部控制评价实施阶段，评价小组根据评价计划安排对执行控制的岗位人员进行访谈，并对访谈结果进行记录。针对访谈发现的问题或可能存在的内部控制缺陷环节还要进行抽样检查，并通过业务实际发生的频率，以及业务采取线上控制还是线下控制的实际情况，确定需要抽取的样本量。在选取样本进行检查时，需要对抽样测试结果进行记录，如果发现潜在内部控制缺陷但未得到充分的确认，或者可能存在更多的内部控制缺陷时，可以适当扩大抽取的样本量进行验证。最后对已确认的内部控制缺陷进行汇总整理，并与相关控制岗位人员进行确认。

（三）内部控制整改报告阶段

评价小组对发现的内部控制缺陷进行汇总，经内部确认后与相关业务部门讨论核实，结合相关合规性要求和行业最佳实践，查找这些缺陷形成的根本原因，集体讨论并提出内部控制整改建议。评价小组和被检查单位要充分沟通，对发现的内部控制缺陷按照重要性水平和优先级进行排序，结合成本效益原则制订切实可行的整改方案。被检查单位应当根据整改方案，确定内部控制整改的时间和主责部门，积极采取有效的措施进行整改，从而把风险控制在可承受范围之内。

评价小组还要对内部控制缺陷整改情况进行跟踪，审查在整改期结束后被检查单位提交的内部控制整改报告。评价小组在整改期（通常为半年到一年）结束后对内部控制缺陷整改情况进行验收。

风险内部控制管理工作就是采用这样的闭环管理，以评价监督为驱动点，推动整个企业风险管理和内部控制工作的动态运行。风险内部控制工作不是一项一劳永逸的工作，而是在这种内部控制评价、内部控制缺陷认定与落实整改、再检查再整改的过程中实现现有内部控制体系的不断完善和持续改进。

二、内部控制评价方法

内部控制评价有很多最常用的方法，包括资料审查、访谈、观察、抽样、穿行测试和集体讨论等。

内部控制评价类型主要包括设计有效性评价和运行有效性评价，不同类型的内部控制评价会采取不同的方法。下面，我们按照设计有效性和运行有效性两个方面分别介绍比较常用的内部控制评价方法。

（一）内部控制设计有效性

内部控制评价中对设计有效性的评价是指为了确定实现控制目标所必需的内部控制要素是否存在并且设计恰当而实施的评价程序。设计有效性评价通常采用穿行测试方法进行。

在进行设计有效性评价时，应参照以下关键点执行：

1.检查内部控制手册控制点设计是否有效、能否满足本单位控制目标；

2.检查内部控制手册控制点设计是否合理、是否符合成本效益原则；

3.对照内部控制《企业内部控制基本规范》及《企业内部控制应用指引》的要求，检查实际业务中的控制点是否设计完整；

4.设计有效性评价中发现缺少为实现控制目标所必需的控制，或现存控制设计不适当，则视为设计无效。评价人员对无效的控制活动，无须进行运行有效性的评价，而应将该设计缺陷记录于评价底稿中。

（二）内部控制运行有效性

运行有效性评价，是确认已经建立的制度和标准是否得到了有效执行，包括重大风险的评估与应对措施有效性的评价、内部控制自我评价工作是否按要求开展等内容。内部控制评价中进行运行有效性的评价是为了确定内部控制运行是否有效而实施的评价程序。

运行有效性评价是在内部控制设计有效的基础上展开的，根据控制活动发生的频率确定样本量，样本应该覆盖检查的整个测试期间，并且平均分布于测试期间。

运行有效性评价的方法包括询问、观察、抽样检查、穿行测试等。

1.询问法

询问是最为广泛使用的内部控制评价方法，有利于快速了解企业基本信息和整体的内部控制情况。

询问主要用于了解流程和控制活动的基本情况，通常与其他方法结合使用。评价小组成员与被评价单位有关人员进行各种形式的交谈，以了解有关情况、收集内部控制有效性的证据，是内部控制评价中一种最常用的收集资料的方法。为什么说进行各种形式的交谈，而不是面对面的交谈呢？在科学发达的今天，不一定面对面才能交流，还有电话沟通、网络交流、视频会议等手段都可以进行交流与沟通，因此，现在所说的访谈应理解为多形式、多方面的沟通、交流。当然，最好的访谈方式还是面对面的交流，在这种形式的访谈中，访谈人员可以看到被访者的表情、神态和动作，有助于了解更深层次的问题。对于访谈的论述，涉及的内容很多，包括心理、行为、沟通技巧等。

通过询问内部控制活动的相关人员，评价小组可以初步了解内部控制相关的流程现状和相关制度规范，以及业务的实际执行方式和流程。询问虽然能够获取内部控制相关信息，但询问不足以提供充分的证据来证明内部控制是否有效运行。访谈中获得的信息有时与实际情况不相符合，例如，生产车间操作手册规定操作工必须佩戴个人防护用品（PPE）方可进入车间，访谈问及相关流程时，车间负责人会按照操作手册的要求予以答复。但实际观察看到有些工人没有按要求依旧可以进入车间，车间也没有人员进行监督检查，等等，操作人员实际行为与访谈获取的信息及生产车间操作手册上的规定存在差异。因此，通过询问的方式获得的证据对最终结论的支持力度较弱。

在实际访谈中不一定要面面俱到，而要根据企业管理层的需求、了解到的情况和收集资料而具体确定。在访谈过程中，要根据实际了解的情况对各个问题进行扩展并关注问题间的联系，例如，定价机制与客户评价等方面息息相关，客户的贡献率、市场上竞争对手策略、客户的购买量等分析都会对定价策略产生影响。

2.观察法

观察法是指内部控制评价人员实地查看被评价单位的人员、场所、流程、实物资产等内部控制的执行情况，以获取证据的一种方法。观察法所运用的结果通常被记录在笔记、图表或曲线图中，与相关的标准与模式进行比较，对偏离标准的事项保持高度警惕。观察法一般在内部控制评价的计划阶段和实施阶段运用，观察范围包括部门相关岗位的设立、不相容职责的分离、业务的确认和业务流程的执行等，收集的资料包括工作范围、工作内容、工作重点、参考或制定的标准等。观察法通过对现场实物、环境和操作方式的直观了解，对正在执行的控制或步骤进行现场见证，了解控制活动的执行现状和结果，以获取一些有价值的线索。比如，对于财务印鉴管理情况、资产是否存在等方面的评价，评价小组便可以通过观察法更加直观、可靠地了解信息并获得相关证据，而不必受被观察者的意愿和回答能力影响，并且这种方法简便易行、灵活性强，可随时随地进行。但观察法又有一定的局限性，其只能保证测试者评估在观察这一时点的内部控制是否得到了有效的执行，对最终结论的支持效果有限。同时，在有限的时间内，评价小组通常只能观察到事情的表面，受制于时空条件，无法了解被观察者真实的动机、态度、想法和情感，且容易受到干扰。

3.资料检查

资料检查（包括抽样检查）是第三种广泛使用的内部控制检查方法，是选择一定比例的样本，通过检查样本，判断控制活动的执行是否有效，如是否存在相关制度明确控制程序、不相容岗位职责是否分离等。资料检查主要应用领域包括以下方面：

①查阅并核对企业的规章制度是否已订立，并确定是否按章执行；

②相应记录是否严格；

③是否设立不相容岗位制度，不相容岗位是否分离；

④生产计划是否合理，有无不切实际的过高或过低的情况；

⑤采购是否有严格的制度，招投标制度是否完善、执行是否到位；

⑥合同是否妥善保管，合同主要条款和内容是否完备，等等。

资料检查对最终的结论支持力度大于询问，是目前内部控制评价的最常用方式。

4.重新执行

重新执行（包括穿行测试）是对一些关键控制点和内部控制缺陷出现可能性较大的领域开展的细致检查，往往需要投入大量的时间精力，一般只有对重点检查的业务流程才会采用，但对最终结果的支持力度非常大，也最具说服力。

穿行测试法也称全程测试法、遵循测试法，是开展内部控制评价工作的重要手段之一，与复算法内容相近，是常用的审计方法与内部控制评价方法，多用于检查业务流程、确定作业程序及鉴证相关事实等。穿行测试法通常包括程序性穿行测试和文件性穿行测试。程序性穿行测试是指对企业（被审单位）的某项程序或流程进行重新执行测试，确定其程序是否与原规定相符的一种方法，多用于流程与工作操作细节的测试。

例如，针对纳入评价范围的流程，选择一笔或者几笔有代表性的业务，抽取贯彻业务活动全过程的一整套样本进行测试，即从业务发生到反映至公司的财务报告里的整个过程进行跟踪，记录实际业务中的内部控制活动，将运行结果与设计要求对比，结合公司实际和专业判断以验证该流程内部控制的设计是否符合内部控制评价标准，以发现内部控制缺陷。

以物资采购为例，评价人员要抽取包括提出采购计划、采购申请与审批、采购单、签订合同、货物验收入库、验收报告、核准付款、单据审核、付款结算，到最后财务入账、进入财务报告等物资采购过程各环节的样本进行测试，以验证关键环节是否存在适当的职责分离、授权、复核等关键控制手段。

除询问、观察、资料检查和重新执行四种方法外，还经常用到的方法是集体讨论法，就是集合有关人员就内部控制执行情况或控制缺陷进行分析和讨论，从而进行内部控制缺陷认定。

（三）样本抽样

抽样是指从样本总体中选取一定数量的样本进行考查，通过对样本的考查结果来推断总体特征的一种技术方法。抽样技术是内部控制评价工作最常用的技术之一，抽样样本量的准确度直接影响结论判断与评价结果。

西方有句谚语说"你不必吃完整头牛，才知道肉是老的"。这就是抽样的精髓。在调研过程中，对所调研对象中所有元素逐一进行观测考察是不现实的，一方面，收集的信息过多，产生成本过高、时间过长；另一方面，往往抽样过程中会造成一定的损害，例如，从身体中提取一些细胞、采集一些血样，从建筑物中抽取一些材料进行检验，抽取的样本都不能数量过大。这也就是抽样存在的意义，有效的样本抽样能够实现"窥一斑而知全豹"的效果。

下面根据实际情况，对抽样方法做一个简单的介绍。

1.抽样规则

在进行内部控制评价时，因为涉及的业务范围非常广，并且资料文件数量巨大，不可能逐一进行检查和评价。比如，在评价采购流程是否存在未授权采购时，对经济业务量庞大的组织来说，对每一次采购对应的请购单、订购单、采购合同及发票进行审查，无疑会花费大量的时间和人力，所以符合成本效益原则的方法就是采用抽样技术。评价小组成员在衡量风险水平后，通过抽取部门采购流程文件作为样本，只要审查样本中有多少未授权采购数量，即可推断或评估所有采购的未授权采购情况，这就是抽样技术。因为我们经常会对所有的资料文件进行抽样，在抽样过程中我们需要考虑内部控制测试样本的抽样规则，需要遵循以下四个原则：

第一，样本应能够贯穿业务全过程。设计有效性评价中选取的样本，应该贯穿业务全过程，侧重于财务信息相关的资料，应尽量从财务部门取得具体样本。如无法从财务部门取得，可以从相关业务部门取得，但应保证从业务部门取得的样本与财务部门记录的业务确为同一笔业务。

第二，在选择样本时，需要考虑交易的不同性质，执行有效性评价中样本的选择需要考虑交易的同质性，针对同一个控制活动，如果控制流程不同，应该视为不同的控制，分别进行描述。如果交易的性质相同，即便开展交易的责任部门、责任人、单据等有所不同，仍可以视作同质样本而进行合并。

第三，样本应该覆盖完整检查期间，如果控制活动从1月1日或之前开始进行，样本应从年初开始抽取；如果控制活动从年中开始进行，样本应从该控制活动开始执行之日抽取；需要整改的控制活动，样本应从整改完成后抽取。

第四，应从测试期间相对均匀地选择样本。为避免抽样风险，除控制活动存在缺陷等特殊情况外，测试者应在测试期间内相对均匀地选择样本。以上所述就是样本抽样的四项规则。

2.样本量

在确定样本量时，评价人员应注意控制措施属性，是线下控制还是线上控制，进而根据不同的控制措施属性，确定样本量。

线下控制是指无法通过信息系统环境实现，而须通过人工方式执行的控制措施，如单据的审核、印章的使用审批等。

线上控制是指通过信息系统实现的控制措施，如财务系统自动审查借贷平衡等。

内部控制评价应根据线下控制和线上控制分别进行样本选取。针对线下控制措施，我们要根据控制活动的发生频率是否确定分别选取样本量。

对于线下控制且频率确定的控制措施，根据关键控制运行总次数来确定样本量。比如，控制执行频率是每年一次的，我们选取的最小样本量是1；每半年一次的，最小样本量也是1；每季度一次的，最小样本量是2；每月一次的是2～5；每周一次的，样本量是5～15；每天一次的是20～40；每天多次的是25～60。

总的来说，我们在执行评价的时候，选的最少的样本量是1，最多的样本量是60。这是频率确定的控制活动样本量的确定方法。

（四）内部控制评价的结果

内部控制评价结果类型共分五种：达标、未达标、样本量不足、未发生交易和不适用。

1.达标

一个标准控制活动可能对应多个实际执行的控制活动。对于每个标准控制活动，只有对所有实际执行的控制活动抽取的样本达到规定的样本量且每个样本的所有测试属性全部满足要求后，我们才认为此标准控制活动得到了有效的执行。

2.未达标

对于某个实际执行的控制活动，一旦某一个样本的某一个测试属性的结果是未达标，整个标准控制活动即被认为未得到有效的执行。

3.样本量不足

在测试过程中可能会遇到由于控制活动执行的频率较低或者执行的时间较

短，从而导致在测试中抽不到规定的样本量，同时抽到的样本经过测试全部为达标，测试执行人要在测试中将这种情况记录为"样本量不足"。

4.未发生交易

对于那些适用但在全年均未发生的控制活动，最终的测试结果为"未发生交易"。例如，核销坏账的审核，如果某企业全年均未核销过坏账，该控制活动的评估结果为"未发生交易"。

5.不适用

对于某些测试单位可能存在一些控制活动不适用的情况。测试人员应在测试中重新评价该控制活动的适用性。如果经过评价，该控制活动仍然不适用，那么其测试结果即为不适用，如某标准控制活动针对某业务制定，本单位无此项业务。

当样本的测试结果为"未达标"或"样本量不足"时，测试者必须在测试评价工作底稿备注栏中说明"未达标"或"样本量不足"的原因，原因注释应简要、明确。

三、内部控制缺陷认定

（一）内部控制缺陷的分类

国家财政部和证监会等五部委联合发布的《企业内部控制评价指引》指出，企业内部控制缺陷包括设计缺陷和运行缺陷，并按其影响程度分为重大缺陷、重要缺陷和一般缺陷。

1.按照内部控制缺陷成因或来源，内部控制缺陷分为设计缺陷和执行缺陷。

设计缺陷是指企业缺少为实现控制目标所必需的控制，或现存控制设计不适当，即使正常运行也难以实现控制目标。运行缺陷是指现存设计完好的内部控制由于运行不当（包括不恰当的人执行、未按设计的方式运行、运行的时间或频率不当、执行者没有获得必要授权或缺乏胜任能力难以有效地实施控制）而形成的内部控制缺陷。

2.内部控制缺陷按其影响程度分为重大缺陷、重要缺陷和一般缺陷。

重大缺陷，是指一个或多个控制缺陷的组合，可能导致企业严重偏离控制目标。重要缺陷是指一个或多个控制缺陷的组合，其严重程度或经济后果低于重大缺陷，但也有可能导致企业偏离控制目标。而一般缺陷是指除重大缺陷、重要缺陷之外的其他缺陷。多个一般缺陷共同作用，有可能形成一个重要缺陷，而多个重要缺陷共同作用，有可能形成一个重大缺陷。大家注意，只要有一个重大缺陷出现，企业的内部控制评价就将会失效。

此外，还可以根据内部控制目标的具体表现形式对内部控制缺陷进行分类，将内部控制缺陷分为财务报告内部控制缺陷和非财务报告内部控制缺陷。

（二）内部控制缺陷的认定

内部控制缺陷通常采用定量、定性，或二者相结合的方法进行认定。企业内部控制缺陷的认定标准在不同评价期间应保持一致，避免管理层通过随意调整缺陷认定标准、回避重大缺陷披露，误导报告使用者，导致不良影响。

第一，定量分析法。通过评估内部控制缺陷可能导致财务报表错报的影响程度进行定量判断。也就是通过汇总已发现的错报、推断的错报，以及以前年度发现应调整而未调整的错报等所有错报，将汇总错报对财务报表错报的影响进行判断。汇总错报超过确定的判断指标评价标准，应认定为重大缺陷，予以披露。

第二，定性分析法。在企业实际运营中，可能被认定为重大缺陷的情形包括以下五种：

1.三重一大的审批权限和审批程序不规范，可能导致企业决策错误或违规行为；

2.安全生产管控措施不到位、责任不落实，可能发生安全事故，导致人身伤亡或者财产损失；

3.招投标程序或者定价机制不规范，可能导致物资采购质次价高或发生商业贿赂等舞弊行为，致使企业利益受损；

4.产品生产和检验程序存在漏洞、产品质量不合格、损害消费者利益，可能导致企业形象受损及经济赔偿；

5.内部信息管理不严格、信息系统运行维护和安全措施落实不到位，可能导致泄露商业秘密等。

我们从财务报告内部控制缺陷和非财务报告内部控制缺陷两个方面来介绍内部控制缺陷认定的标准。

1.财务报告内部控制缺陷

财务报告内部控制是针对财务报告目标而设计和实施的内部控制。财务报告内部控制的目标是保证财务报告的可靠性，因而财务报告内部控制的缺陷是指不能合理地保证财务报告可靠性的内部控制设计和运行问题，以及不能有效、及时地防止或者发现并矫正财务报告错报的内部控制问题。

通常来说，财务报告内部控制缺陷的认定，要考虑以下八个步骤：第一，确定受缺陷影响的会计科目和披露事项；第二，判断错报发生的可能性；第三，计算潜在影响金额；第四，检查是否存在补偿性控制活动；第五，确定补偿性控制活动后的潜在错报金额；第六，根据错报发生的可能性和潜在影响金额，判断缺陷类型；第七，考虑定性因素；第八，重新确认缺陷类型。

内控控制缺陷可能导致财务报表错报的发生，不同程度的缺陷引发错报的可能性和错报的潜在程度有所不同。当内部控制缺陷导致财务报表重大错报的可能性比较微小，或者该内部控制缺陷导致错报的严重程度并不重要，我们将其称为一般缺陷；当缺陷的可能性大于微小，且严重程度大于不重要时，我们将其称为重要缺陷；这两个同时出现，我们则称之为重大缺陷。

对内部控制缺陷进行判断先要考虑内部控制缺陷是否对财务报表有直接影响，再考虑导致财务报表出现错报的可能性，及财务报表错报的影响程度。错报的可能性包括微小及大于微小两种。错报的可能性界定需要专业判断，在判断发生的可能性时，可参考影响到的财务报表科目、披露事项、在确定错报金额时需要的主观判断性、控制执行中的异常情况发生的频率、与其他控制的关联性和缺陷可能造成的后果等因素。我们可采用定量和定性两种方法确定错报的潜在程度。如果从定量角度看，错报的潜在程度分为不重要、大于不重要和重大。当错报金额小于财务报表整体重要性水平的20%时，该错报可归类为不重要；大于或者等于财务报表整体重要性水平的75%为重大错报。某些性质的控制缺陷，即使其潜在错报金额小于总体重要性水平的20%，其缺陷的判定结果也应调高，这一判断即为定性标准。

在确定内部控制缺陷的可能性和影响程度之后，要考虑是否存在补偿性措施并得到有效执行，最后管理层的风险偏好和战略导向也与企业内部控制缺陷的认定息息相关，对于重大缺陷的认定需要经企业管理层确认，并最终由董事会进行审定。

2.非财务报告内部控制缺陷

非财务报告内部控制是指除财务报告目标之外的其他目标的内部控制，包括战略目标、资产安全、经营目标及合规目标等。同样，非财务内部控制缺陷也是按照可能性和影响程度划分为一般缺陷、重要缺陷和重大缺陷。因为非财务报告内部控制缺陷涉及范围较为广泛，根据每家企业和行业而有所不同，因而形成统一标准的难度较大。一般来说，采用的定性标准包括对业务产生负面影响的严重程度、影响的性质及影响的范围等；采用的定量标准包括可能导致损失金额的大小，造成损失占整个企业资产、销售收入及利润等的比例，以及发生可能性的比例。

在实际评价中，内部控制缺陷认定通常还包括以下四种情况：

①实际控制未按相关制度或控制标准执行；

②执行了相关制度或控制标准，但执行过程中相关资料及证据没有妥善保留，导致现场检查过程中无法获得相关资料，或者相关资料为应对检查而进行补充的；

③实际控制结果未实现控制目标的要求，在检查相关资料的过程中发现不符合规定的地方，证明该内部控制环节未按目标要求得到有效的执行；

④按照规定的内部控制评价程序没有发现缺陷，但实际工作开展过程中根据评价人员常识、经验和判断发现了内部控制问题。

比较常见的例子有：评标报告的时间晚于合同签订时间，则证明招标程序为后补；合同会签表签字时间晚于合同签订时间，则证明合同会签程序为后补。内部控制评价过程重要的是通过现象看出本质问题，表面上按照制度执行，获得了签字盖章，且留有所有记录，不一定就是真实执行了内部控制的要求。

总体上说，从内部控制缺陷的判断程序来说，对于三类缺陷的认定一方面涉及是否会对财务报表产生实质性的影响；另一方面，在一定程度上依赖于评价者的主观和经验判断。

内部控制评价可以看作企业进行的"体检"，不仅能够真实了解企业管理的现状，还能有效地甄别管理薄弱、控制缺失的业务环节。对于内部控制缺陷出现频率高或者多次重复出现的业务环节，需要遵循重要性原则，对这些业务环节给予更多的关注，有效地监督高风险环节，把关键控制措施落实到位，切实落实整改，充分发挥内部控制评价的价值。

四、内部控制评价工作底稿

通常来说，我们可以利用的工具由两个部分组成：一是内部控制评价手册；

二是内部控制测试矩阵。其中，内部控制评价手册包括总则、内部控制评价的内容、内部控制评价方法、内部控制评价程序等内容，是编制内部控制测试底稿的参考或者指南。

内部控制评价的工作底稿通常按流程划分，每个流程的底稿包括两类表格，分别是主页面和测试页。一个测试底稿通常会由一个主页面和若干个测试页构成。通常来说，应对每一个控制活动填列一张测试页底稿。主页面的内容主要包括该流程的风险点、控制点、控制措施、测试程序、测试结论、测试底稿索引。测试页则针对主页面中的每一个控制点对测试程序进行详细的描述，并对抽样样本及检查结果进行详细的记录。

内部控制标准填列，涵盖所有关键风险点和控制点。在适用层级部分，应标明该流程适用于集团总部、二级单位还是三级企业。不同的适用层级对应的流程和控制点不尽相同。内部控制测试部分主要包括控制方式、控制频率、执行日期、测试底稿索引、测试结论和测试发现。其中，控制方式、控制频率按照企业内部控制标准填列。测试底稿索引是单击后自动转至相关测试页的链接。在测试结论一列，应根据测试情况对内部控制设计和执行是否有效做出评价。测试发现为测试结论提供支持性证据，对内部控制缺陷和相关样本进行详细的描述。

内部控制的工作底稿等内部控制实施的证据是为了保证内部控制的可追溯性，即确认内部控制措施在实际工作中得到了切实的执行，确保内部控制实施过程中的信息和数据真实、准确、完整、有效等。内部控制可追溯性要求企业在业务申请、审批、执行、监督等过程中文档资料以应用系统、纸质材料、邮件等形式记录存档，将过程中各项涉及的表单和票据按要求填制、审核、归档和保管。一方面，可以确认业务开展遵从了内部控制的规则和要求，按照内部控制既定程序执行；另一方面，也是按照内部控制评价的要求，将业务决策执行整个过程以文档的形式记录和保留下来，做到所有的业务活动有迹可循、有据可查。内部控制可追溯性是内部控制评价得以执行的基础，保证内部控制评价能够开展，内部控制工作底稿等材料是内部控制评价的重要对象。通过将内部控制文档资料的收集和比对能够识别流程中的内部控制缺陷和舞弊环节，发现证据链中资料的缺失和"造假"部分。例如，出差申请要在系统中明确写明出差地点、日期等信息，出差返回后报销须提供住宿、行程原始发票，包括住宿发票、车票等完整的证据，财务要对相关证据进行比对，确保出差申请、提供票据与出差地点、时间等相互一致。

五、内部控制成熟度评价

（一）内部控制成熟度d概述

能力成熟度模型（CMM）最早源于软件行业，是帮助软件组织改善其软件过程的工具。此后，很多学者通过对CMM理论的深入研究，借鉴它的思想，并将其应用到其他领域，提出基于CMM的不同行业的能力成熟度模型。现在能力成熟度模型已经广泛应用在很多学科领域，例如，人力资源成熟度模型、系统工程成熟度模型、项目管理成熟度模型等。总体上说，能力成熟度模型是一种推动过程改进的管理模型，能够帮助组织改善工作过程，模型能够描述组织从混乱的、不成熟的过程向成熟的、规范化过程改进的途径。

在内部控制领域引入成熟度模型，能够帮助企业认识到内部控制系统的实施现状，诊断现阶段的内部控制管理水平等级，识别出其内部控制系统各个关键领域中的不足之处，解决企业想提升内部控制系统质量水平而毫无头绪的烦恼。让企业根据自身发展水平选择适合本企业的成熟度，并找到达到目标成熟度所需要完成的关键活动，因为内部控制系统的完善不是短时间就可以完成的，企业可以通过一系列小的改进，逐步提高和完善内部控制系统。同时，成熟度模型还能为构建企业内部控制建设蓝图奠定基础，为企业确定未来内部控制建设的策略提供指导。

在设计内部控制成熟度模型时，国外企业普遍采用COSO内部控制框架中确定的五要素作为内部控制成熟度模型设计的理论基础，而国内企业还可以以国家五部委发布的《企业内部控制基本规范》作为参考。

（二）内部控制成熟度指标体系

不同国家、不同行业、不同企业在内部控制五要素基础上会根据实际情况需要总结、分析、筛选各自进行内部控制评价所要考虑的重要因素，因此具体的指标体系会有很大的差异。本书以风险内控业界公认的德勤内部控制成熟度模型为例，对指标体系进行详细的介绍，该模型从"公司治理""内控机制""控制活动归属"三个层面对内部控制成熟度进行分析，把内部控制五要素（内部环境、风险评估、控制活动、信息与沟通、内部监督）的内容融入上述三个层面。

成熟度评估要在三个层面基础上进一步对指标进行细化，构成一个完整的评价体系，由于各企业所处行业及业务类型不同，具体的指标也会有较大的差异。最终内部控制成熟度等级是通过对各项指标的评分来确定的。

（三）内部控制成熟度的分析结果

通过对三个层级成熟度指标及各分解指标进行打分汇总可以确定企业总体内部控制有效性程度，并根据打分将企业的内部控制成熟度划分为不同的等级，包括以下五级：

1.初始级

内部控制设计不适当、不健全；内部控制执行混乱、管理无章，尚未形成稳定的内部控制体系。

2.简单级

界定了基本的内部控制关键点，内部控制执行处于重复但模糊的状态；能利用常用的管理和评价工具进行内部控制监控，初步建立了较有效的内部控制体系。

3.发展级

内部控制体系基本建立，并在一定程度上得到执行，但内部控制评价还不够系统、完善。

4.规范级

内部控制管理过程得到定义和集成，并形成较完善的制度，员工能很好地理解和遵循内部控制体系要求；能够进行包括内部控制体系论证与评估、规划、变更等管理。

5.系统级

内部控制及时、高效，并且已经实现了量化管理；内部控制设计健全、适当，执行内部控制成熟度等级可以根据企业具体情况和实际需要进行设定。

综上所述，在内部控制评价中引入内部控制成熟度模型，通过科学、有效的模型对企业内部控制系统的状况进行评估，能够为企业内部控制管理水平不断改进的历程提供一份引导图，以利于企业内部控制系统趋于完善。内部控制成熟度模型在内部控制评价基础上，依据内部控制评价指标，对企业内部控制成熟度进行分析，识别出内部控制的薄弱环节，指引企业不断改进其内部控制管理的缺陷，使企业内部控制管理能力持续增长。

第七章　行政事业单位内部控制管理

第一节　行政事业单位内部控制概述

一、行政事业单位概况

（一）行政事业单位的概念

行政事业单位是行政单位和事业单位的统称。行政单位是进行国家行政管理、组织经济建设和文化建设、维护社会公共秩序的单位，主要包括国家权力机关、行政机关、司法机关、检察机关，以及实行预算管理的其他机关、政党组织等。其人员实行公务员体制管理，经费、工资福利等全部由政府拨付。

事业单位是指由政府利用国有资产设立的，从事教育、科研、文化、卫生、体育、新闻出版、广播电视、社会福利、救助减灾、统计调查、技术推广与实验、公用设施管理、物资仓储、监测、勘探与勘察、测绘、检验检测与鉴定、法律服务、资源管理事务、质量技术监督事务、经济监督事务、知识产权事务、公证与认证、信息与咨询、人才交流、就业服务、机关后勤服务等活动的社会服务组织。

（二）行政事业单位的构成

行政单位按照构成，主要分为以下几个部分：国家权力机关，即各级人民代表大会及其常务委员会；各级行政机关，即中央政府、地方政府、基层政府的各级机关，国家的派出机构；各级审判机关和检察机关，即各级人民法院和各级人民检察院；政党组织，包括中国共产党、各民主党派及共青团、妇联、工会等；接受国家预算拨款的人民团体；国家规定的其他单位或组织。

按照《关于分类推进事业单位改革的指导意见》（中发〔2011〕5号）规定，事业单位按照社会功能，可以分为行政性事业单位、经营性事业单位和公益性事业单位。按照事业单位分类改革要求，除了公益性事业单位保留其事业单位序列外，其他两类事业单位将逐渐退出事业单位序列。其中，行政性事业单位将逐渐归于行政机构，经营性事业单位逐步转为企业或者撤销。

公益性事业单位又细分为公益一类和公益二类。其中，公益一类是指承担义务教育、基础性科研、公共文化、公共卫生及基层的基本医疗服务等基本公益服务，不能或不宜由市场配置资源的事业单位。公益一类事业单位一般同时具备以下三个条件：一是面向社会提供基本公益服务；二是不能或不宜由市场配置资源；三是宗旨、职能任务和服务规范由国家确定，不从事经营活动。

公益二类是指承担高等教育、非营利性医疗等公益服务，可部分由市场配置资源的事业单位。公益二类事业单位一般同时具备以下三个条件：一是面向社会提供公益服务，并允许部分由市场配置资源；二是按照国家确定的公益目标和相关标准开展活动；三是确保公益目标的前提下，可依据相关法律法规提供与主业相关的服务，收益的使用按国家有关规定执行。

（三）行政事业单位的特点

行政事业单位是履行公共管理和社会服务职能的主体，是政治制度的组织载体。我国国情和政治制度具有与西方国家不同的鲜明特色，这就决定了我国行政事业单位具有鲜明的中国特色。与西方国家公立非营利组织及我国的企业相比较，行政事业单位主要有以下四个方面的特点：

1.行政事业单位机构、组织涉及领域宽泛

拥有数量众多的行政事业单位是我国的一大特色，其范围覆盖各个行业，从业人员数量仅次于企业，是我国第二大社会组织。与西方国家对比，西方国家的公立非营利组织相对较少。我国的事业单位大多是在计划经济体制下建立和发展起来的，是计划经济条件下的产物，主要提供教育、科研、文娱、医疗、体育等公共服务职能。产生于特定时期的事业单位，在巩固国家政权、发展国民经济、繁荣社会主义文化、满足人民群众基本生活需求等方面做出了特定的贡献。

2.行政事业单位经费来源渠道多样化

同世界各国一样，我国行政单位没有或者很少有自己的经费收入，特别是实行国库集中支付制度和"收支两条线"以后，行政单位的经费主要来自财政资金。事业单位的经费来源则呈现出多样化的特征：对于没有稳定的经常性业务收入或收入较少的事业单位，实行全额拨款；对于有一定数量的稳定的经常性业务收入，但还不足以解决本单位经常性支出的，需要财政补助的事业单位，实行差额拨款；对于有稳定的经常性收入，可以解决本单位的经常性支出，但尚未具备实行企业化管理条件的事业单位，实行自收自支。

3.行政事业单位工作政治性较强

我国的行政事业单位的各项工作都必须以服从和服务于国家政治制度。必须无条件地完成法规规定和上级布置的工作。我国行政事业单位的领导更多关注的是上级的指示和评价，而对预算管理和财务会计工作往往不够重视。

4.行政事业单位在目标、绩效管理等方面与企业不同

与经营性企业相比，行政事业单位在管理目标、委托代理关系和绩效管理等方面存在较大的差异。行政事业单位的管理目标是追求社会价值的最大化；而企业是以营利为目的，充分利用各种资源追求企业价值的最大化。在委托代理关系方面，行政事业单位代理方是有较强的地位，委托方和代理方权利义务不直接对应；企业的委托方和代理方的双方地位平等，委托代理关系明晰。在绩效管理方面，行政事业单位正在全面推行预算绩效管理，在绩效目标的制定、预算执行的监控、预算完成的评价和评价结果的应用等方面均处于起步阶段。在绩效计划制订、绩效辅导和沟通、绩效考核评价、绩效结果应用和绩效目标提升等方面，企业的绩效管理应用比较广泛，绩效管理的体系相对成熟。

二、行政事业单位内部控制的概念与要素

（一）行政事业单位内部控制的概念

国家财政部于2012年11月颁布的《单位内控规范》对行政事业单位内部控制的概念做出了规定：行政事业单位内部控制是单位为实现控制目标，通过制定制度，实施措施和执行程序，对经济活动的风险进行防范和管控。

通过以上概念不难看出，构成行政事业单位内部控制的概念包含以下三个基本要素：

1.内控主体。行政事业单位内控主体就是行政事业单位本身。而行政事业单位包括的范围在《单位内控规范》的第二条明确为"各级党的机关、人大机关、行政机关、政协机关、审判机关、检察机关、各民主党派机关、人民团体和事业单位"。

2.内控对象。行政事业单位内控对象就是行政事业单位经济活动风险，是对单位内部所有经济活动的风险进行防范和管控。

3.内控方法。行政事业单位内控方法就是对其经济活动风险防范和管控的手段，该概念中将内控基本方法概括为制定制度、实施措施和执行程序。

（二）行政事业单位内部控制的要素

行政事业单位内部控制要素可分为单位层面内部控制要素和业务层面内部控制要素。

1.单位层面内部控制要素

单位层面内部控制要素是从整体层面上对行政事业单位内部控制加以规范，为内控运行构建良好的环境，是整个内部控制体系的基础。单位层面内部控制要素包括组织管理、决策与管理机制、岗位设置、人员配置、会计系统和信息系统等。

2.业务层面内部控制要素

行政事业单位业务层面内部控制是"以预算为主线、资金管控为核心"，在具体业务层面详细介绍内部控制的构建和实施。根据行政事业单位的具体业务范围，业务层面内部控制要素包括预算业务控制、收支业务控制、政府采购业务控制、资产控制、建设项目控制、合同控制等。

（1）预算业务

行政事业单位预算由预算收入和预算支出组成。政府的全部收入和支出都应当纳入预算。行政事业单位的预算业务是指预算管理的整个过程，包括预算编制、预算审批、预算执行、决算、绩效评价等环节。这些业务环节相互关联、相互作用、相互衔接，构成了单位预算管理系统化体系过程。

行政事业单位应当建立健全预算编制、审批、执行、决算与评价等预算内部管理制度。合理地设置岗位，明确相关岗位的职责权限，确保预算编制、审批、执行、评价等不相容岗位相互分离。在预算编制中应当做到程序规范、方法科学、编制及时、内容完整、项目细化、数据准确。同时，单位应当根据内设部门的职责和分工，对按照法定程序批复的预算在单位内部进行指标分解、审批下达，规范内部预算追加调整程序，发挥预算对经济活动的管控作用。建立预算执行分析机制。定期通报各部门预算执行情况，召开预算执行分析会议，研究解决预算执行中存在的问题，提出改进措施，提高预算执行的有效性。单位应当根据批复的预算安排各项收支，确保预算严格、有效地执行。加强决算管理，确保决算真实、完整、准确、及时，加强决算分析工作，强化决算分析结果运用，建立健全单位预算与决算相互反映、相互促进的机制。加强预算绩效管理，建立"预算编制有目标、预算执行有监控、预算完成有评价、评价结果有反馈、反馈结果有应用"的全过程预算绩效管理机制。

（2）收支业务

行政事业单位收支业务分为收入业务、支出业务、票据业务和债务业务。行政单位和事业单位的收入和支出业务各有不同，收入一般而言是指单位依法取得的非偿还性资金，支出指单位开展业务及其他活动发生的资金耗费和损失。行政事业单位收支业务的基本流程一般包括收支计划、收支执行和收支监督。行政单位收入包括财政拨款收入和其他收入。行政单位依法取得的应当上缴财政的罚没收入、行政事业性收费、政府性基金、国有资产处置和出租出借收入等，不属于行政单位的收入。事业单位收入包括财政补助收入、事业收入、上级补助收入、附属单位上缴收入、经营收入和其他收入等。行政事业单位支出是指行政事业单位在开展专业业务活动及其辅助活动发生的支出，主要包括人员经费支出和公用经费支出。

（3）政府采购

我国政府采购的法定概念是《中华人民共和国政府采购法》中第一章第二条所规定的，主体是各级国家机关、事业单位和团体组织，采购对象必须属于采购目录或达到限额标准，或《政府和社会资本合作项目政府采购管理办法》所规定的政府和社会资本合作项目的政府采购（PPP项目采购）行为；在广义上是指利用财政（拨款、自有或融资）资金进行采购，对采购主体及对采购对象是否属于集中采购目录或是否达到限额标准均无要求，或是利用社会资本进行PPP项目采购；在狭义上是指对货物和服务的政府采购。一般而言，行政事业单位政府采购业务包括采购计划、采购实施和采购监督三个阶段，主要涉及采购预算与计划管理、采购活动控制、采购项目验收等具体环节。

（4）资产管理

行政事业单位资产是指行政事业单位过去的经济业务或事项形成的、由行政事业单位控制的、预期能够产生服务潜力或者带来经济利益流入的经济资源。一般而言，行政事业单位资产管理主要涉及货币资金资产管理、实物资产管理、无形资产管理及对外投资管理等。

（5）建设项目

建设项目是指行政事业单位自行或者委托其他单位进行的实物建造、安装活动。建造活动主要是指各种建筑的新建、改建、扩建及修缮活动，安装主要是指设备的安装工程。一般而言，行政事业单位建设项目控制主要涉及建设项目议事决策机制控制、建设项目审核控制、建设项目招标管理控制、建设项目资金管理控制、建设项目档案管理与洽商变更控制和建设项目竣工决算控制。

（6）合同管理

行政事业单位合同是指行政事业单位为实现一定的经济目的，与平等民事主体的法人、自然人，以及其他经济单位之间订立的明确相互权利义务关系的协议。合同是行政事业单位经济活动的重要组成部分，行政事业单位进行政府采购，开展工程建设都会涉及合同管理。合同管理控制主要涉及合同订立控制、合同履行控制、合同价款结算控制和合同归口管理控制及合同纠纷管理控制。

三、行政事业单位内部控制的目标

（一）合理保证单位经济活动的合法合规

行政事业单位经济活动必须在法律法规允许的范围内进行，严禁违法违规行为的发生，这是行政事业单位内部控制最基本的目标，是其他四个目标存在的前提和基础。因为行政事业单位一旦违反法律法规，轻则遭警告罚款，重则被撤销解散，丧失存续的基础。适用的法律法规确定了其最低的行为准则，行政事业单位不能超越法定的界限开展经营活动，更不能故意开展非法活动。行政事业单位必须将合法合规的目标纳入内部控制目标之中，单位内部控制首先要保证单位经济活动的合法合规。

（二）合理保证资产安全和使用有效

该目标强调了保证行政事业单位资产的安全有效，以保证资产的使用效率，是第二层次的目标。当前，我国行政事业单位资金、资产的安全问题一直是管理中的重点和难点问题。由于收付实现制造成资产的价值与实物脱离，如何加强单位资产管理，保证资产账实相符、安全完整、使用有效已成为行政事业单位内部控制的重要方面。要加强单位资产管理、保障资产的安全和完整，就必须从资产采购预算、资产配置标准、资产采购计划、资产采购实施、资产验收入账、资产使用和盘点到最后的资产处置各个环节入手，加强资产控制的过程管理。同时，实践反复证明，内部控制对于防止资金资产遭受盗窃、挪用和滥用等是行之有效的方法。因此，保证资产安全完整和有效使用是行政事业单位内部控制的重要目标。

（三）合理保证财务信息真实完整

提供真实可靠的财务信息是更进一步的内部控制目标，这要求管理者不仅要妥善保管和有效使用受托的资金、资产，并且还要客观、真实地报告相应的信息。该目标与会计报告和相关信息的可靠性有关，会计报告和相关信息反映了行政事业单位的运行管理情况和预算的执行情况，是行政事业单位财务信息的主要载体。行政事业单位具有承担公共服务职能和履行社会责任的特殊使命，利益相关者高度分散，其会计报告和相关信息尤为重要。行政事业单位必须合理地保证会计报告和相关信息的真实完整，客观地反映部门的运行管理情况和预算的执行情况，为领导层的决策提供可靠的依据，也为其解除受托责任提供依据。行政事业单位编制的会计报告既是管理的一种要求，也是一种有效的监督机制，有利于行政事业单位履行职责，完成工作任务。另外，预算执行报告是行政事业单位的重要报告之一，具有法定效力，这是行政事业单位和企业在报告上的很大不同。合理保证财务信息真实完整是行政事业单位内部控制的重要目标。

（四）有效防范舞弊和预防腐败

有效防范舞弊和预防腐败是一个明显有别于企业的内部控制目标。该目标是行政事业单位能否持续公平地分配资源的有效保障，是行政事业单位内部控制实现最高目标的制度基础，作用于行政事业单位组织层级和业务层级。我国行政事业单位掌握了大量的社会公共资源，在进行资源和资金的分配过程中，如果管理者自身存在道德缺失，不能廉洁奉公，就很容易造成贪污腐败的发生。内部控制的最基本原则是权力制衡，行政事业单位应该充分运用内控的制衡原理，在单位内部构建决策权、执行权和监督权相互分离、相互制约的权力运行机制，建立事前防范、事中监督和事后惩治相结合的全方位监督机制，形成自我防范、自我纠正的财务舞弊免疫力，有效地防范舞弊和预防腐败。因此，内部控制制度是反腐防腐制度的重要组成部分，有效地防范舞弊和预防腐败也是行政事业单位内部控制的重要目标。

（五）提高公共服务的效率和效果

行政事业单位与企业的内部控制根本区别就是设立和运营目的不同。行政事业单位主要是行使行政职能和为社会提供公益服务。因此，行政事业单位内部控制目标就是要提高单位公共服务的效率和效果，完成行政事业单位的公共服务职能。在这个过程中，行政事业单位要平等地对待服务对象及其他相关利益主体，将社会资源合理、高效地分配给各利益主体。同时，为了保障单位公共服务职能的发挥，单位要对各公共服务业务所需资金和单位内部正常工作开展所需经费进行预算管理。只有将本单位的预算按照自身职能投向，公平、公正地批复给内部各单位（部门），才能有效地实现财权和事权的匹配，发挥预算的引导和监督作用，才能将有限的公共资源投向正当合理的方向，才能为行政事业单位提供公共服务的财力保障，从而发挥行政事业单位的公共服务职能。

总之，行政事业单位内部控制以有效防范舞弊和预防腐败目标替代了发展战略，将预防腐败和廉政建设提升到新的高度。行政事业单位内部控制更加关注公共服务的效率和效果。行政事业单位要通过公共服务效率的高低来评价其业务活动的绩效。行政事业单位内部控制其他三个目标虽然在形式和内容上与企业内部控制大致相同，但针对行政事业单位的特殊属性赋予了一定的新内容，要求单位重点关注经济活动的合法合规，在保证资产安全的基础上强调使用效率，真实完整地报告单位的财务信息，客观地反映预算执行情况，为单位领导决策提供可靠的依据。

第二节　行政事业单位内部控制的意义和任务

一、行政事业单位内部控制建设的意义

（一）内部控制建设是建立法制化国家的必然要求

党的十八届三中全会《中共中央关于全面深化改革若干重大问题的决定》指出："建设法治中国，必须坚持依法治国、依法执政、依法行政共同推进，坚持法治国家、法治政府、法治社会一体建设。"党的十八届四中全会《中共中央关于全面推进依法治国若干重大问题的决定》指出："依法治国，是坚持和发展中国特色社会主义的本质要求和重要保障，是实现国家治理体系和治理能力现代化的必然要求，事关我们党执政兴国，事关人民幸福安康，事关党和国家长治久安……全面推进依法治国，总目标是建设中国特色社会主义法治体系，建设社会主义法治国家。"

建设法制化国家，实现国家治理现代化的关键是要健全依法决策机制，构建决策科学、执行坚决、监督有力的权力运行机制，要加强对权力运行的制约和监督，让人民监督权力，让权力在阳光下运行，把权力关进制度的笼子，这就需要建立和健全内部控制制度。内部控制是关住权力笼子与预防腐败的重要基础性制度。完善的内控体系就是不能腐的防范机制、不易腐的保障机制。

内控制度与廉政风险防控机制理论上同出一脉，机制上互为补充，实施过程中形成新合力。廉政风险防控机制就是依据"风险防控"理论，也是把"有效防范舞弊和预防腐败"作为工作目标，这同时也是行政事业单位内部控制的工作目标。内控和廉政风险防控的核心手段都是制衡，对不相容岗位进行分离，对决策、执行和监督进行分离，绝不允许一个人办理全部管理事项，用制度约束和制约人的私念、贪欲和懒惰。廉政风险防控机制提出的"PDCA"，即将质量管理分为四个阶段——计划（plan）、执行（do）、检查（check）、处理（act）工作机制与内控提出的"PDCA"工作机制在内容上是完全一样的。

廉政风险防控机制管控的重点对象是人，即管住有权力的人。通过管住有权力的人达到防控风险的目的。内控管控的重点对象是预算资金、公共资产、公共资源，即管住政府的钱。通过规范预算资金的使用，强化公共资产的管理责任，合理节约使用公共资源，达到有效防范舞弊和预防腐败的目的。可以说，内控是从经济活动风险管控这一角度出发落实廉政风险防控的要求。

（二）内部控制建设是建立人民满意的服务型政府的有效方法

党的十八大指出："要深化行政体制改革，建设职能科学、结构优化、廉洁高效、人民满意的服务型政府，要求规范公共权力的运行，加强对公共权力的监督。"什么是人民满意的服务型政府？简单说就是为人民服务，一切从人民的利益出发，提供优质高效的服务。行政事业单位内部控制将"提高公共服务的效率和效果"作为内控的最高目标，就是基于为人民服务的目的。

内部控制通过管理和业务流程梳理（或流程再造），确定规范的工作流程，极大地方便为人民服务；通过对流程风险的查找，提前采取有效的防范措施控制风险，从而达到提供优质高效的服务目标，才能真正成为人民满意的服务型政府。

（三）内部控制建设是贯彻新《预算法》的根本保证

新《预算法》要求遵循先有预算、后有支出的原则，严格执行预算，严禁超预算或者无预算安排支出，严禁虚列支出、转移或者套取预算资金。坚决惩治脱离法律监督的资金使用和"小金库"行为，坚决贯彻"预算公开"要求，规范预算编制、审批、执行、决算、绩效考核，接受社会监督；预算使用中必须贯彻勤俭节约的原则，加强监督检查，避免预算资金的浪费现象发生。内部控制就是"以预算管理为主线、以资金管控为核心"的新型管理模式，只有建立了有效的内控管理体系，严格执行内部控制流程，才能从根本上保证新《预算法》的实施效果。

（四）内部控制建设是预防腐败和保护干部的有效工具

习近平总书记指出，"腐败问题愈演愈烈，最终必然会亡党亡国""物必先腐，而后生虫"。这些语录都警示大众要重视治理腐败制度建设的重要性。"坏人"是坏制度惯出来的，"好人"是好制度制约、引导出来的；与其寄希望于发现"好人"，不如多花工夫来建立和健全制度。内部控制通过事前、事中、事后全程控制，使得贪污舞弊成本提高、可能性不断降低，控制了贪污舞弊，也有效地保护了干部。

二、行政事业单位内部控制建设的主要任务

（一）健全内部控制体系，强化内部流程控制

单位应当按照内部控制要求，在单位主要负责人直接领导下，建立适合本单位实际情况的内部控制体系，全面梳理业务流程，明确业务环节，分析风险隐患，完善风险评估机制，制定风险应对策略；有效地运用不相容岗位相互分离、内部授权审批控制、归口管理、预算控制、财产保护控制、会计控制、单据控制、信息内部公开等内部控制基本方法，加强对单位层面和业务层面的内部控制，实现内部控制全面、有效的实施。

已经建立并实施内部控制的单位，应当按照《单位内控规范》要求，对本单位内部控制制度的全面性、重要性、制衡性、适应性和有效性进行自我评价、对照检查，并针对存在的问题，抓好整改落实，进一步健全制度，提高执行力，完善监督措施，确保内部控制的有效实施。

（二）加强内部权力制衡，规范内部权力运行

分事行权、分岗设权、分级授权和定期轮岗，是制约权力运行，加强内部控制的基本要求和有效措施。单位应当根据自身的业务性质、业务范围、管理架构，按照决策、执行、监督相互分离、相互制衡的要求，科学设置内设机构、管理层级、岗位职责权限、权力运行规程，切实做到分事行权、分岗设权、分级授权，并定期轮岗。分事行权，就是对经济和业务活动的决策、执行、监督必须明确分工、相互分离、分别行权，防止职责混淆、权限交叉；分岗设权，就是对涉及经济和业务活动的相关岗位，必须依职定岗、分岗定权、权责明确，防止岗位职责不清、设权界限混乱；分级授权，就是对各管理层级和各工作岗位，必须依法依规分别授权，明确授权范围、授权对象、授权期限、授权与行权责任、一

般授权与特殊授权界限、防止授权不当、越权办事。同时，对重点领域的关键岗位，在健全岗位设置，规范岗位管理，加强岗位胜任能力评估的基础上，通过明确轮岗范围、轮岗条件、轮岗周期、交接流程、责任追溯等要求，建立干部交流制度和定期轮岗制度，不具备轮岗条件的单位应当采用专项审计等控制措施。对轮岗后发现原工作岗位存在失职或违法违纪行为的，应当按国家有关规定追责。

（三）建立内部控制报告制度，促进内部控制信息公开

针对内部控制建立和实施的实际情况，单位应当按照《单位内控规范》的要求积极开展内部控制自我评价工作。单位内部控制自我评价情况应当作为部门决算报告和财务报告重要组成内容进行报告。积极推进内部控制信息公开，通过面向单位内部和外部定期公开内部控制相关信息，逐步建立规范有序、及时可靠的内部控制信息公开机制，更好地发挥信息公开对内部控制建设的促进和监督作用。

（四）加强监督检查工作，加大考评问责力度

监督检查和自我评价，是内部控制得以有效实施的重要保障。单位应当建立健全内部控制的监督检查和自我评价制度，通过日常监督和专项监督，检查内部控制实施过程中存在的突出问题、管理漏洞和薄弱环节，进一步改进和加强内部控制；通过自我评价，评估内部控制的全面性、重要性、制衡性、适应性和有效性，进一步改进和完善内部控制。同时，单位要将内部监督、自我评价与干部考核、追责问责结合起来，并将内部监督、自我评价结果采取适当的方式予以内部公开，强化自我监督、自我约束的自觉性，促进自我监督、自我约束机制的不断完善。

第三节　行政事业单位内部控制的内容和基本流程

一、行政事业单位内部控制建设的主要内容

（一）单位层面内部控制

单位层面内部控制是内部控制的保障机制和协同机制。通过单位层面内部控

制的组织管理工作设计和管控模式设计，单位可以将自身的内部管控事项根据管理职能固化到具体的业务流程中，并对应到具体的工作岗位上。单位可以通过设置管理组织和明确岗位责任，对重点业务的薄弱环节进行补充完善；根据各项经济活动运行现状进行单位风险评估。通过科学的集分权管理和权责对等的归口管理，根据三权分离的原则对风险点加强制衡和审核。

单位层面内部控制一般包括组织框架和管控模式。在组织框架中，根据权力制衡原则，将不相容职能和岗位进行分离，区分行政组织和管理组织。其中行政组织是指一个目标组织行政编制方案中的组织结构组成，包括各个部门和部门之间的隶属关系；管理组织则是指根据某一专业业务领域的管理需要对专业业务进行管理的组织，如预算管理组织、采购岗、项目管理组等。同时，要明确职能分工，划分各个部门的制衡权限，规定各自的权力和责任边界，明确岗位责任，建立授权审批制度，特别要注意执行与监督的分离。对于管控模式，需要根据单位的具体情况，明确事项是否需要集中管理，本级与下属单位职责如何划分等问题，根据配比原则实行归口管理，同时保证决策、执行、监督三权分离。

单位要建立内部控制组织，如内部控制领导小组和内部控制办公室，应由"一把手挂帅"，担任领导小组组长；单独设置内部控制职能部门或者确定内部控制牵头部门，负责协调内部控制工作；在决策中，采用集体研究、专家论证和技术咨询相结合的议事决策机制，重大经济事项一定要通过集体决策，以保证决策的制衡性和科学性。同时，在单位内部控制体系运行过程中需要建立风险管理的"三道"防线，即业务部门、内部控制职能部门或者牵头部门、内部审计及纪检监察部门分别发挥不同的作用，更加注重业务部门参与内部控制，实现对经济活动的一体、全过程控制。

（二）业务层面内部控制

业务层面内部控制是指单位在经济活动中，在对各种业务进行风险评估后，根据风险评估结果所采取的风险控制措施。行政事业单位业务层面内部控制主要包括预算业务控制、收支业务控制、政府采购业务控制、资产控制、建设项目控制、合同控制六项控制内容。

1.预算业务控制

预算业务控制主要内容包括建立预算业务内部管理制度、合理设置预算业务岗位、对预算编制的控制、对预算审核的控制、对预算批复的控制、对预算执行的控制、加强单位决算管理和加强预算绩效管理。其不同于预算控制，预算控制是一种控制方法，这一方法可用于收支、采购等业务中，从而有效地控制单位经济风险。

2.收支业务控制

收支业务控制主要是对单位收支管理制度、收入归口管理、非税收入管理、票据管理、支出审批、支出审核、支付控制、会计核算、债务控制等环节按照内部控制要求加以规范。

3.政府采购业务控制

政府采购业务控制主要是对单位政府采购业务内部控制制度建立、采购业务岗位设置、采购预算与采购计划、采购活动管理、采购项目验收、采购业务记录，以及采购项目的安全保密控制等环节按照内部控制要求加以规范。

4.资产控制

资产控制是对行政事业单位资产管理制度、资产管理岗位设置、银行账户管理、货币资金核查、对实物资产和无形资产管理、对外投资等环节按照内部控制要求加以规范。

5.建设项目控制

建设项目控制主要是对行政事业单位建立建设项目内部控制制度、建设项目业务岗位设置、建设项目议事决策机制、审核机制、招标机制、资金控制、档案控制、项目变更及竣工决算八个方面按照内部控制要求加以规范。

6.合同控制

合同控制主要是对单位合同内部管理制度、合同订立、合同履行、合同价款结算、合同登记、合同纠纷等环节按照内部控制要求加以规范。

（三）评价和监督

内部控制的评价和监督主要内容包括建立内部监督制度、对内部控制的内部监督、对内部控制的自我评价和对内部控制的外部监督。

行政事业单位内部控制评价是对内部控制有效性发表意见。因此，内部控制评价的对象即内部控制的有效性。由于受内部控制固有限制（如评价人员的职业判断、成本效益原则等）的影响，内部控制评价只能为内部控制目标的实现提供合理的保证，而不能提供绝对的保证。内部控制评价的有效性包括单位层面和业务层面内部控制设计和执行的有效性，还包括对内部控制缺陷的评价。

内部监督是单位对内部控制建立与实施情况进行监督检查，评价内部控制的有效性，形成书面报告并做出相应处理的过程。内部监督是内部控制得以有效实施的保障，具有十分重要的作用。在建立与实施内部控制的整个过程中，都离不开内部监督。内部监督帮助领导层预防、发现和整改内部控制设计和运行中存在的问题和薄弱环节，以便及时加以改进，确保内部控制系统能够有效地运行。行政事业单位应当建立有效的内部监督制度，提高内部控制的效率和效果，实现内部控制的目标。内部监督的目标是检查并评价内部控制的合法性、充分性、有效性及适宜性。内部控制的合法性、充分性、有效性及适宜性，具体表现为其能够保障资产、资金的安全，即保障资产、资金的存在、完整、金额正确。内部监督既是单位内部控制机制的重要组成部分，又是监督与评价内部控制的有效手段，相对于单位外部监督而言，内部监督除了通过间接地执行监督业务来促进内控体系建设外，还能通过对内部控制的监督促进内部控制的完善。外部监督更具有基础性和根本性。

针对行政事业单位内部控制的外部监督，国务院财政部门及其派出机构和县级以上地方各级人民政府财政部门应当对单位内部控制的建立和实施情况进行监督检查，有针对性地提出检查意见和建议，并督促单位进行整改。国务院审计机关及其派出机构和县级以上地方各级人民政府审计机关对单位进行审计时，应当调查了解单位内部控制建立和实施的有效性，揭示相关内部控制的缺陷，有针对性地提出审计处理意见和建议，并督促单位进行整改。

二、行政事业单位内部控制建设的基本流程

（一）加强行政事业单位内控建设的宣传培训工作

对单位层面人员的宣传培训，应要求本单位各部门"一把手"必须参加，侧重于使他们了解国家全面推行建设内部控制的必要性和紧迫性，掌握内部控制的基本理念，明白为什么要开展内部控制建设，并使单位主要负责人明白自身承担内部控制建立与实施的重大责任，尤其要从思想上重视内部控制的建设。

对于业务层面的培训，可侧重于技术培训，同时加强继续教育的培训学习，包括内部控制知识、内部控制能力培训，对新准则、新制度及规范的培训等，使业务层面的成员对内部控制有清晰的认识和预期，并具备推行内控的意识和主动性，从而最终自上而下地形成整体氛围。

（二）建立行政事业单位内部控制建设的组织保障体系

内部控制的工作组织是内部控制建设与实施的重要组织保障，有效的工作组织有利于内部控制建设最终顺利完成。内部控制建设是"一把手"工程。根据《单位内控规范》第一章第六条规定："单位负责人对本单位内部控制的建立健全和有效实施负责。"国家财政部印发的《关于开展行政事业单位内部控制基础性评价工作的通知》中也明确把单位主要负责人承担内部控制建立与实施责任列入单位层面的重要考核指标。因此，为落实内部控制建设各项具体工作，单位内部控制建设应成立领导小组、工作小组、评价监督小组三个层面的工作组织。

1.领导小组

内部控制建设领导小组应当由单位负责人（一把手）担任组长，党政班子成员担任副组长，相关管理职能部门领导参加。

①单位领导小组是单位内控体系建设的最高权力机构，全面负责单位内部控制建设工作的实施。其职责主要包括批准单位内部控制实施方案、带头学习内控知识、布置内控培训、审批流程梳理结果、确定风险及管控措施、审批《行政事业单位内部控制手册》和《单位自我评价制度》、审批自我评价报告和整改报告等。

②单位领导小组要建立健全议事决策制度和规则。包括：根据国家有关规定和本单位实际情况确定"三重一大"事项；建立健全集体研究、专家论证和技术咨询相结合的议事决策机制，单位领导班子集体决策应当坚持民主集中制原则，单位经济活动的决策、执行和监督应当相互分离，防范"一言堂"或"一支笔"造成的决策风险和腐败风险；做好决策纪要的记录、流转和保存工作；加强对决策执行的追踪问效。

③单位领导小组应当指定内部控制建设实施牵头部门（有条件的可以单独设置内部控制建设职能部门），负责组织协调内部控制工作。

2.工作小组

内部控制建设工作小组是单位内部控制建设实施机构。应当包括财会、内部审计、纪检监察、政府采购、基建、资产管理、人事、办公室等部门，具体负责制订单位内控规范实施方案、组织内控学习和培训、组织对各项管理和业务流程进行梳理或流程再造并对流程准确描述、查找风险点并编制风险清单、评估分析风险发生概率和风险等级、制定风险应对策略及管控措施、编制《行政事业单位内部控制手册》和《单位自我评价制度》。

3.评价监督小组

内部控制建设评价监督小组是单位内部控制建设评价监督机构。行政事业单位应当建立评价监督机制，明确评价监督组织实施方案、人员组成和素质要求，确定评价监督程序、评价标准及各项指标、评价时间，规定评价监督报告报送程序、领导班子审批议程、反馈整改、考核处理等要求。单位领导小组应当指定除内部控制建设实施牵头部门以外的部门组成评价监督工作小组，独立实施评价监督工作，即内控制度制定与评价监督相互分离。适合开展评价监督的牵头部门主要包括内部审计、纪检监察、人事、办公室等。内控评价监督必须保证每年至少进行一次。

评价监督的内容应当包括两个层次。第一个层次是内控要素评价，即将控制环境、风险评估、控制活动、信息与沟通、监督五大要素细分为必备条款作为评价标准，进行细分评价，重点对内部控制环境的单位治理结构、组织管理工作和权限管理进行细分。第二个层次是所有重要管理活动和业务活动的操作层次，即流程层次评价，主要评价有以下方面：控制目标是否适当；控制措施是否针对控制目标，通过充分识别管理过程和风险而设定合理的控制方法和程序，能否合理地保证控制目标的实现；控制措施能否得到有效执行。

评价监督小组应当制订年度评价监督工作方案，报请单位内控领导小组批准。评价监督小组应当参照《行政事业单位内部控制手册》规定的内容和要求，开展针对本部门职责范围内的内部控制评价监督工作，选择适当的评价监督方法进行必要的测试，获取充分、相关、可靠的证据对内部控制的有效性进行评价，并做出书面记录，确认管控缺陷和不足。评价监督小组成员负责执行本部门的评价监督工作，如实记录和反映检查评价监督过程，编制工作底稿、评价监督报告和管理优化或改进实施方案，综合判断单位整体控制的有效性，并编制单位内部控制评价监督报告，提交单位领导小组审议。

单位领导小组应当将评价监督结果纳入对相关部门的绩效考核，对于内部控制评价监督报告中列示的问题，应当督促有关部门或单位采取适当的措施进行改进，对于重大缺陷应追究相关人员的责任。

（三）梳理经济活动业务流程，明确业务环节，确定内控对象

梳理经济活动业务流程，主要是梳理预算、收支、政府采购、资产、建设项目和合同六大经济业务流程。明确业务环节即细化各方面具体业务。

以预算管理业务为例，预算管理流程即预算的二级明细业务应包括预算编制、预算审批、预算执行、决算与评价五个业务环节。再细化各环节具体业务，如预算编制环节的三级明细业务应包括编制基础的确认、汇总和分类、预算审批、预算上报等。梳理时应尽量达到明细，最好末级明细业务内容能具体到对应的工作岗位，即该业务环节的流程关键点。例如，预算编制环节三级明细业务的流程关键点应包括：财务部门部署预算编制工作后，根据下发的编制预算的通知召开预算编制工作会，将财政部门下发的项目数据分解，并下发给二级预算单位；之后各业务部门按照预算编制要求，根据下一年度的工作计划和资产配置情况，提出预算建议数，并提交申报基础数据等材料，报送财务部门；财务部门再对各业务部门提交的预算建议数及申报材料进行预审汇总形成预算单位预算建议数；同时，财务部门负责人对预算建议数进行审核，确保无误后上报单位领导审议；然后单位领导审定单位预算建议数；若单位领导审核通过，将预算建议数交由财政部门审核提交的预算建议数，依据财政资金安排，及时下达资金控制数；若单位领导审核不通过，则将预算建议数交回财务部门重新审核。

在确定内控对象时，应根据不同的业务流程的各个业务环节确定，包括重要业务领域、重大业务事项和重点业务环节。

（四）系统分析经济活动风险，确定风险点，选择风险应对策略

要做好行政事业单位的风险识别工作，首先要了解行政事业单位的风险特点以及影响行政事业单位风险的各种因素。相对于企业来说，行政事业单位涉及领域更广，工作活动的内容更加丰富，面临的风险更加多样化。行政事业单位的风险识别应当重点关注下列因素：单位管理人员廉洁自律、职业操守和专业胜任能力等环境因素；单位组织机构、运营方式、资产管理、业务流程等管理因素；单位收支管理、财务状况等财务因素。

在风险分析、风险点确定的基础上，制定相应的风险应对策略，常用的风险应对策略主要有以下四种：风险规避、风险降低、风险转移和风险承受。

（五）建立健全各项管理制度，优化内控体系设计

1.建立健全各项管理制度

系统分析风险后，即可进入实质性的内部控制体系建设阶段。行政事业单位内部控制体系建设具体可分为单位层面和具体业务层面。首先，单位层面内部控制是业务层面内部控制的基础，为业务层面内部控制提供一个良好的"生存土壤"，直接决定了业务层面内部控制的有效实施和运行。行政事业单位在单位层面开展内部控制建设时，应该致力于形成一个科学高效、分工制衡的组织机构，建立健全科学民主的工作机制，对关键岗位和关键岗位人员进行科学、有效的管理，关键岗位设置合理，关键岗位人员德才兼备，并且能够提供真实、完整的财务信息，借助信息系统实现内部控制体系的信息化和常态化。其次，要对具体业务流程层面的内部控制进行制度的梳理和流程的优化，以此来带动具体业务层面内部控制建设工作。当然，该项工作不同于我们过去因为某个问题的出现制定的规章制度，而是制度和流程的梳理，让制度变为流程真正地有效运行，而这正是内部控制建设的意义所在。

长期以来，各行政事业单位在长期发展过程中，均已建立了很多符合自身实际的内部管理制度、业务流程及控制措施。可以说，每个单位都有自己的内部控制系统，只是各单位内部控制的完善程度不一，缺乏统一的规范标准，有些甚至只是不成文的规则。具体业务层面的内部控制建设工作就是按照《单位内控规范》的要求梳理现有的制度体系、流程体系与控制措施，通过风险评估后的结果，根据应对策略建立相应制度与流程的过程。其对于制度的核心对标工作应重点关注以下四点：

①各经济活动内部管理制度是否满足国家法律法规及相关政策规定，制度文件之间是否存在内容重复、相互冲突的现象。

②各经济活动内部管理制度内容是否完整，经济业务各环节是否均有相应规定，是否满足《单位内控规范》的要求。

③各经济活动内部管理制度是否有相关配套制度，制度文件内容是否明确了具体执行要求且具有可操作性。

④各经济活动内部管理制度是否定期修订更新，授权审批及发布程序是否符合规定。

2.优化内控体系设计

内部控制建设小组需要把各个业务流程划分为不同的环节，每个环节再进一步细分，细分的程度视管理需要而定，不是越细越好。之后根据各个业务的特点确定控制目标，识别主要风险点，设计控制活动，从而形成风险矩阵。这种从目标到风险到控制活动到整合的方法称为ORCA模式（Objective Risk Control Alignment）。内控体系优化设计是比较复杂且难度比较大的工作，这最考验项目组成员的知识和能力。对于一项或若干项风险，通常需要采用完善制度、规定流程、设置控制措施、设置监督检查机制等方法来加以控制，这些就是优化内控设计体系的主要内容。在考虑应当建立什么样的制度、采取什么措施时，项目组成员可以参考《单位内控规范》的规定，还可以借鉴《行政单位国有资产管理办法》《中华人民共和国政府采购法》等法规的规定。

3.持续优化内控体系

原有的内部控制体系无论多么完美，随着时间的推移和内外部环境的变化，都会出现某些问题，内控体系需要持续优化。具体实施部门发现的问题、内部审计及纪检监察部门发现的问题，应当汇集起来，反馈到内控部门或牵头部门，定期加以优化。内部控制体系从不规范到逐步规范，不是理想的完美过程，一般是先制定较为原则性的内部控制体系，在实践中不断优化完善，逐渐转化为详细的、规范的内部控制体系，最终形成部门和人员自觉遵循的内部控制体系。形成了自觉遵循的内部控制体系还不是终点，是一个新的起点，需要对新体系在更高层面上进一步优化，这就是PDCA循环。优化系统的节奏需要好好把握，不是发现了问题就修改内部控制体系，因为制度和流程只有相对固定才具有执行性，过度频繁地改变流程会让工作人员无所适从，定期优化内部控制体系才是可取的。

（六）组织实施内部控制体系，督促有关人员认真执行

组织实施内部控制体系，督促有关人员认真执行一般要经过以下步骤：

1.实施动员

内部控制建设项目的实施首先要做动员，动员不能单单喊喊口号、表表决心，更重要的是做好工作部署和安排。动员应当由内部控制建设领导小组出面进

行，动员的对象包括所有列入内部控制实施范围的部门和单位，以便表明领导班子的决心，统一单位上下的认识。

2.试运行

项目实施可以先选择个别部门或者业务进行试运行，试运行成功之后再正式推开，有时正式实施的初期还保持原有系统同时运行，也就是新旧系统并行，并行一段时间之后再完全过渡到新的内部控制体系。内部控制建设项目是对原有体系的继承和发展，有可能为了管理的优化改变组织结构，修改原有流程和信息系统，也就是进行流程再造，这需要做好事前规划，统筹协调好保障日常工作正常运行和内部控制实施的关系。

3.正式运行

项目试运行成功之后，就可以正式运行了。正式运行就是各种制度全面生效，各种控制措施发挥作用，风险不断被识别并被逐一化解。正式运行也意味着内控体系覆盖到单位的各部门、单位的各项经济活动。

（七）建立健全内部监督制度，做好内控的监督与评价工作

单位应当建立健全内部监督制度，明确各相关部门或岗位在内部监督中的职责权限，规定内部监督的程序和要求，对内部控制建立与实施情况进行内部监督检查和自我评价。内部监督应当与内部控制的建立和实施保持相对独立。内部审计部门或岗位应当定期或不定期地检查单位内部管理制度和机制的建立与执行情况，以及内部控制关键岗位和人员的设置情况等，以及时发现内部控制存在的问题并提出改进建议。单位应当根据本单位实际情况确定内部监督检查的方法、范围和频率。单位负责人应当指定专门部门或专人负责对单位内部控制的有效性进行评价并出具单位内部控制自我评价的报告。

单位应当根据《单位内控规范》要求，结合本单位的评价与监督内容和流程，开展相应的内部监督与自我评价工作。

①建立单位内控自我评价机制。自我评价机制要明确自我评价组织实施方案、人员组成和素质要求，确定自我评价程序、评价标准及各项指标、评价时间，规定自我评价报告报送程序、领导小组审批议程、反馈整改、考核处理等要求。

②由单位审计部门、纪检监察部门牵头组织开展自我评价工作，必须保证每

年最少开展一次，或根据实际需要安排。自我评价工作结束，应当出具书面自我评价报告。自我评价报告应当交由内控领导小组进行专题研究，并责成相关部门进行整改。整改结果应当作为自我评价报告的必要组成部分。

③单位应当充分利用廉政风险防控机制、外部审计、财政监督等检查形式和结果，及时充实完善《行政事业单位内部控制手册》。

④有条件的单位可以尝试聘请会计师事务所或其他中介机构开展内控审计，并由其正式出具具有法律效力的内控审计报告。

第四节　行政事业单位内部控制的风险评估与控制方法

一、行政事业单位内部控制建设的风险评估

（一）行政事业单位风险的种类

风险通常是指潜在事项的发生对目标实现产生的影响。行政事业单位经济活动风险表现为经济活动的实际结果与内部控制目标之间的差异程度，可做如下分类：

1.根据风险来源分类

（1）外部风险

外部风险包括以下四种：①法律政策风险。行政事业单位行使国家公共管理权力，管理社会经济，提供社会公共服务。随着依法治国、依法行政进程的不断推进，社会公众更加关注行政事业单位在履行自身职责和提供公共服务的过程中是否合法合规，是否满足各项监管要求。②经济风险。行政事业单位在发挥管理和服务社会的各种职能中，不可避免地要从事各项经济活动。经济形势、产业政策、融资环境、资源供给等经济因素，技术进步、工艺改进等技术因素，市场竞争、信用风险等市场因素都会给行政事业单位带来风险。③社会风险。行政事业单位是在一定的社会环境中存在，因此受到安全稳定、文化传统、社会信用、教育水平、消费者行为等社会因素的影响。④自然灾害、环境状况等自然环境因素及其他因素产生的风险。

（2）内部风险

内部风险包括以下四种：①管理风险。即组织机构的设置、运营方式、资产管理、业务流程等内部管理因素引发的风险。②道德风险。行政事业单位面临的道德风险是指单位内、外部人员利用掌握的权力和不对称信息，为自己或利益相关人牟取利益并损害单位利益的风险。③财务风险。财务风险是经济活动中由于各种原因，使单位无法偿还到期债务，资金无法保障单位正常运转等风险。行政事业单位财务风险突出表现为筹资风险、投资风险、资金调配风险等。④营运安全、员工健康、环境保护等安全环保因素以及其他因素产生的风险。

2.根据风险管理层级分类

（1）单位层面的风险

单位层面的风险主要关注以下五个方面：①内部控制工作的组织情况。包括：是否确定内部控制职能部门或牵头部门，是否建立单位各部门在内部控制中的沟通协调和联动机制。②内部控制机制的建设情况。包括：经济活动的决策、执行、监督是否实现有效分离，权责是否对等，是否建立健全议事决策机制、岗位责任制、内部监督等机制。③内部管理制度的完善情况。包括：内部管理制度是否健全，执行是否有效。④内部控制关键岗位工作人员的管理情况。包括：是否建立工作人员的培训、评价、轮岗等机制，工作人员是否具备相应的资格和能力。⑤财务信息的编报情况。包括：是否按照国家统一的会计制度对经济业务事项进行账务处理，是否按照国家统一的会计制度编制财务会计报告。

（2）经济活动业务层面的风险

经济活动业务层面的风险主要关注以下六个方面：①预算管理情况。包括：在预算编制过程中，单位内部各部门间沟通协调是否充分，预算编制与资产配置是否相结合、与具体工作是否相对应，是否按照批复的额度和开支范围执行预算，进度是否合理，是否存在无预算、超预算支出等问题；决算编报是否真实、完整、准确、及时。②收支管理情况。包括：收入是否实现归口管理，是否按照规定及时向财会部门提供收入的有关凭据，是否按照规定保管和使用印章和票据等；发生支出事项时是否按照规定审核各类凭据的真实性、合法性，是否存在使用虚假票据套取资金的情形。③政府采购管理情况。包括：是否按照预算和计划组织政府采购业务，是否按照规定组织政府采购活动和执行验收程序，是否按照规定保存政府采购业务相关档案。④资产管理情况。包括：是否实现资产归口管理并明确使用责任；是否定期对资产进行清查盘点，对账实不符的情况及时进行处理；是否按照规定处置资产。⑤建设项目管理情况。包括：是否按照概算投资，是否严格履行审核审批程序，是否建立有效的招投标控制机制，是否存在截留、挤占、挪用、套取建设项目资金的情形，是否按照规定保存建设项目相关档案并及时办理移交手续。⑥合同管理情况。包括：是否实现合同归口管理，是否明确应签订合同的经济活动范围和条件，是否有效监控合同履行情况，是否建立合同纠纷协调机制。

（二）行政事业单位风险的识别

风险识别就是指通过连续、系统、全面的判断与分析，确定风险管理对象的风险类型、受险部位、风险源、严重程度等，并且发掘风险因素引发风险事故导致风险损失的作用机理的动态行为或过程。风险识别的主要内容包括：一是查找风险源，分析风险类型、受险部位、风险损失程度；二是找出风险因素诱发风险事故而导致风险损失的原理。

1.风险形成的要素

风险识别的主要依据就是风险形成机理，不同的风险具有相应的形成机理，但是形成机理具有一般性，可以指导我们分析具体风险的形成。影响风险的产生、存在和发展的因素可以归结为风险因素、风险事项和风险损失。

（1）风险因素

风险因素是指促使和增加损失发生的频率或严重程度的条件，它是事故发生的潜在原因，是造成损失的内在或间接原因。构成风险因素的条件越多，损失发生的概率或损失的幅度就可能越大，有些情况下还可能对二者都有影响。

风险因素根据其性质，可以分为有形风险因素和无形风险因素。①有形风险因素是指直接影响事物物理功能的物质性风险因素，又称实质风险因素。假设有两幢房屋，一幢是木质结构，另一幢是水泥结构，如果其他条件都相同，前者显然比后者发生火灾的可能性要大。②无形风险因素是指文化、风俗和生活态度等非物质的、影响损失发生可能性和受损程度的因素，它又可分为道德风险因素和心理风险因素两种。道德风险因素是与人的品德修养有关的无形的因素，指人们以不诚实、不良企图或欺诈行为故意促使风险事故发生，或扩大已发生的风险事故所造成的损失的原因或条件，如欺诈、盗窃、抢劫、贪污等。心理风险因素虽然也是无形的因素，但与道德风险因素不同，它与人的心理有关，是指由于人们的疏忽或过失，以致增加风险事故发生的机会或扩大损失程度的因素，并不是故意的行为。道德风险因素和心理风险因素均与人的行为有关，所以也常将二者合称为人为风险因素。由于无形风险因素具有很大的隐蔽性，往往可以隐藏很长时间，所以在许多情况下，等到人们发觉时已经酿成了巨大的损失。很多曾经无限风光的大型金融机构正是因为道德风险因素或心理风险因素而毁于一旦。因此，在对风险进行管理时，不仅要注意那些有形的危险，更要严密防范这些无形的隐患风险因素。

根据其来源，可以分为外部因素和内部因素。①外部因素主要包括：经济因素，如价格的变动、资本的可获得性，或者竞争性准入的较低障碍，它们会导致更高或更低的资本成本及新的竞争者；自然环境因素，如洪水、火灾或地震，它们会导致工厂、建筑物和人力资本的损失，限制原材料的获取；政治因素，如采用新的政治议程的政府官员选举，以及新的法律和监管，它们会导致国外市场新的开放或限制进入，或者更高或更低的税收；社会因素，如人口统计、社会风俗、家庭结构、对工作生活的优先考虑的变化及恐怖主义活动，它们会导致产品或服务需求的变化、新的购买场所的产生，人力资源问题的产生及生产中断；技术因素，如电子商务的新方式等，它会导致数据可取得性的提高、基础结构成本的降低以及以技术为基础的服务需求的增加。②内部因素主要包括：基础结构要素，如增加用于防护性维护和呼叫中心支持的资本配置、减少设备的停工待料期及提高客户满意度；人员要素，如工作场所的意外事故、欺诈行为及劳动合同到期等，它们会导致可利用的人员的流失声誉性损失及生产中断；流程要素，如没有适当变更管理规程的流程修改、流程执行错误，以及对外包的客户送达服务缺乏充分的监督，它们会导致企业丢失市场份额、低效率及客户的不满；技术要素，如增加资金以应对批量变动、安全故障及潜在的系统停滞，它们会导致企业订货的减少、欺诈性的交易及不能持续经营业务。

识别影响事项的外部和内部因素对于有效的事项识别是很有用的。一旦确定了起主要作用的因素，管理者就能够考虑它们的重要性，并且集中关注那些能够影响目标实现的事项。

（2）风险事项

风险事项是造成风险损失的偶发事件，又称风险事件。风险事项是造成损失的直接或外在的原因，它是使风险造成损失的可能性转化为现实性，以致引起损失结果的媒介，是从风险因素到风险损失的中间环节。风险只有通过风险事项的发生，才有可能导致损失。例如，汽车刹车失灵造成车祸与人员损伤，其中刹车失灵是风险因素，车祸是风险事项。如果仅有刹车失灵而未发生车祸，就不会导致人员伤亡。

除了识别主体层次的事项之外，还要识别活动层次的事项。这样有助于将风险评估集中于主要的业务单元或职能机构，如销售、生产、营销、技术开发及研究与开发。有时风险因素与风险事项很难区分，某一事件在一定条件下是风险因素，在另一条件下则为风险事项。因此，应以导致损失的直接性和间接性来区分，直接原因是风险事项，间接原因则为风险因素。

（3）风险损失

风险损失是指非故意的、非预期的和非计划的经济价值的减少或消失。它包含两个方面的含义：一方面，损失是经济损失，即必须能以货币来衡量，当然，有许多损失是无法用货币来衡量的；另一方面，损失是非故意、非预期和非计划的。上述两方面缺一不可。如折旧，虽然是经济价格的减少，但它是固定资产自然而有计划的经济价值的减少，不符合第二个条件。

损失可以分为直接损失和间接损失两种。前者指直接的、实质的损失，强调风险事项对于标的本身所造成的破坏，是风险事项导致的初次效应；后者强调由直接损失所引起的破坏，即风险事项的后续效应，包括额外费用损失和收入损失等。

风险本质上就是由风险因素、风险事项和风险损失三者构成的统一体，这三者之间存在着一种因果关系：风险因素增加或产生风险事项，风险事项引起损失。换句话说，风险事项是损失发生的直接与外在原因，风险因素为损失发生的间接与内在原因。三者的串联构成了风险形成的全过程，对风险形成机制的分析及风险管理措施的安排都以此为基础。

2.风险识别方法

风险识别方法就是单位用于找出风险点的方法。风险识别方法多种多样，有直观的，也有通过对比分析的，还有通过逻辑推理的。由于行政事业单位经济活动相对简单，通常可以采用下列比较简单的风险识别方法：

（1）风险清单法

风险清单法是指由专业人员设计标准的表格和问卷，表格和问卷应当争取能够涵盖所有风险，受问者对照清单上的每一项进行作答的一种风险识别方法。风险评估小组分析这些问题的答案，基本上就能识别出单位的主要风险。风险清单法的局限性在于对清单设计的要求较高，不然很容易出现缺漏，特别是行政事业单位管理职能千差万别。比较常见的风险清单法有潜在损失一览表、保单检视表等。

（2）财务报表分析法

财务报表是以价值手段来反映行政事业单位管理和服务活动。通过对财务报表的结构分析和趋势分析，并与对标单位进行了对比，可以发现存在的风险。例如，分析公务车辆运行经费的历年数据，可以分析判断公务车辆运行经费的增长控制目标能否实现。

（3）流程图法

流程图法就是把行政事业单位的管理和服务流程按照"泳道图"的方式绘制出来，描绘出具体责任部门和工作内容。通过对流程图的分析，可以发现内部控制的薄弱点。

（4）小组讨论和个别访谈

这一方法就是通过组织小组讨论或者访谈单位领导、中层干部和普通员工，在交流过程中识别单位存在的风险。风险评估小组负责组织小组讨论，对单位各层级领导和普通员工进行访谈，尽可能讨论可能影响单位目标实现的事件并记录在案。

（5）实地检查法

要更完整地辨识风险，实地调查必不可少。很多行政事业单位都存在应付检查的情况，所以实地检查要注意被检查单位在检查期间和平时工作是否执行不同的管理标准。为此，可以结合采用事先不通知的突击检查，通过现场调查可以获得第一手资料，可以直接接触到基层工作人员。

（6）文件审查法

文件审查法是指对单位的文件，包括单位"三定"方案的文件、单位的内部管理制度、单位领导班子会议记录、工作计划、财务报告等进行系统和结构性的审查，从而识别单位存在的风险。

（三）行政事业单位风险分析

1.风险分析的定性方法

定性分析方法是凭借经验和直觉把风险发生概率的大小或损失高低程度定性分级（见表7-1和表7-2），将各项风险的发生可能性和损失程度大小描绘在坐标图中，形成风险地图。

表7-1 可能性的定性测评表

序号	描述符	详细描述
1	几乎确定	在多数情况下预期会发生
2	很可能	在多数情况下很可能发生
3	可能	在某些时候能够发生
4	不太可能	在某些时候不太能够发生
5	很少	在例外情况下可能发生

表7-2 影响程度的定性分析

序号	描述符	详细描述
1	不重要	不受影响，较低的损失
2	次要	轻度影响（情况立即受到控制），轻微的损失
3	中等	中度影响（情况需要外部支持才能得到控制），中度的损失
4	主要	严重影响（情况失控，但无致命影响），重大的损失
5	灾难性	重大影响（情况失控，给单位致命损失），极大损失

2.风险分析的定量方法

定量分析法则是首先列出构成风险的所有要素（风险因子），然后确定所有风险要素发生的概率和损失水平，最后计算累计各风险要素数值或货币金额。比较常用的定量评估的方法主要有概率分析法、敏感性分析法、行业标杆比较法、情景分析法、压力测试法、风险坐标图法等。在管理科学中，由于影响风险发生的因素无法量化，因此采用纯定量分析方法的比较少。

（1）概率分析法

风险的某些方面可以用概率等数学方法加以测量。对周期性发生的事情，可以从其历史上的信息和走势中导出其概率。从传统意义上看，不利事件的风险都可以通过概率进行分析，常用的方法主要有概率、期望、方差等。

（2）敏感性分析法

敏感性分析不仅适用于风险识别，还适用于风险分析。敏感性分析在合理范围内，通过改变输入参数的数值来观察并分析相应的输出结果。由于计算相对容易，敏感性度量方法有时用来补充概率方法。通过敏感度定量分析，可以帮助单位明确自身对相关风险的接受程度。

（3）行业标杆比较法

行业标杆比较法是通过将本单位与类似单位在某些具体领域的做法，指标结果等做定量的比较，发现差距并优化本单位管理。

（4）情景分析法

情景分析法可同时用于风险识别和风险分析，是一种自上而下"如果什么"的分析方法，可以分析某事件或事件组合对单位将会产生的影响。它通过想象、联想和猜想来构思与描绘未来可能的情况，从而为指定风险应对策略提供支持。情景分析的主要程序是：①确定分析的主题、明确分析的范围；②建立风险数据库，并将风险按其对主题的影响进行分类；③构思风险各种可能的未来图景；④设想一些突发事件，看其对未来情景可能的影响；⑤描述到未来各种状态的发展演变途径。

（5）压力测试法

压力测试是情景分析的特殊形式，是在极端情景下分析评估风险管理模型或内控流程的有效性，发现问题，制定改进措施的方法，目的是防止出现重大损失事件。具体操作步骤如下：①针对某一风险管理模型或内控流程，假设可能会发生哪些极端情景。极端情景是指在非正常情况下，发生的概率很小，而一旦发生，后果十分严重的事情。假设极端情景发生时，不仅要考虑本单位或与本单位类似的其他单位出现过的历史教训，还要考虑历史上不曾出现、但将来可能会出现的事情。②评估极端情景发生时，该风险管理模型或内控流程是否有效，并分析对目标可能造成的损失。③制定相应措施，进一步修改和完善风险管理模型或内控流程。

（6）风险坐标图法

风险坐标图也称风险地图，是把风险发生可能性的高低、风险发生后对目标的影响程度，作为两个维度绘制在同一个平面上，绘制成直角坐标系。对风险发生可能性的高低、风险对目标影响程度的评估有定性、定量等方法。定性方法是直接用文字描述风险发生可能性的高低、风险对目标的影响程度，如"极低""低""中等""高""极高"等。定量方法是对风险发生可能性的高低、风险对目标影响程度用具有实际意义的数量描述，如对风险发生可能性的高低用概率来表示，对目标影响程度用损失金额来表示。对风险发生可能性的高低和风险对目标影响程度进行定性或定量评估后，依据评估结果绘制风险坐标图。绘制风险坐标图的目的在于对多项风险进行直观的比较，从而确定各风险管理的优先顺序和策略。

需要注意的是，编写一个风险地图是相对主观的过程。想要完全用量化的方法来测量所有的风险并不现实。精确并不是评估的目标，重要的是对风险的相对排序。这需要足够了解情况并具有一定风险管理经验的人员来进行评估。

（四）行政事业单位的风险应对

风险应对就是在风险识别和风险分析基础上进行风险排序，制定应对措施和整体策略。风险规避、风险降低、风险转移和风险承受是最常用的四种风险应对策略，可以单独或综合使用。

1.风险规避

风险规避是以放弃或拒绝承担风险作为手段来回避损失发生的可能性。风险规避的常用形态有两种：第一，弃除特定的风险活动，如单位取消原定的员工郊游活动、球赛，则可免除因此所导致的责任风险；第二，中止已经开展的行为，如交管部门规定要严惩"闯黄灯"现象，社会公众质疑其科学性的呼声很强，交管部门暂时不予处罚也属于中止。对行政事业单位来讲，完全规避风险是不现实的，因为行政事业单位担负社会管理和服务职能，完全规避风险意味着无所作为，只能在实施某些行为之前多进行调查和论证，避免采取"亡羊补牢"的方式补救，出尔反尔会损害政府的公信力。

2.风险降低

风险降低是指行政事业单位通过降低其损失发生的概率，缩小其损失程度时所采取的控制技术和方法。依据风险管理的目的，风险降低措施又可以分为损失预防和损失抑制两类。损失预防是指在损失发生前采取措施消除或减少可能导致损失的各项因素，主要目的是降低损失发生的概率，如限制高速公路车速减少了车祸发生概率。损失抑制是指在事故发生时或事故发生后采取措施减少损失发生范围或损失程度。损失抑制又可以细分为事前措施和事后措施两种。隔离风险是风险抑制的特殊形式，就是单位把风险因素进行最大限度的分割或限制，按照"不要把所有的鸡蛋放在一个篮子里"的原理，即便发生损失也只是在一定范围内发生损失。

3.风险转移

风险转移是指行政事业单位通过合同或非合同方式把风险转嫁给外部单位或个人的风险应对方式。风险转移分为财务型和非财务型转移两类，而财务型风险转移又可以细分为非保险转移和保险转移两类。非财务型风险转移是指通过合同协议在不转移财产和活动的情况下转移风险。

4.风险承受

风险承受是指由行政事业单位自行承担风险事故所造成的损失。风险承受可能是主动的，例如，负责运动员培养和赛事组织是体育管理部门的职责所在，发生的一部分风险可以通过购买保险进行转移，但是剩余风险都要自行承受；风险承受也可能是被动的，例如，单位对于风险的严重性认识不足，没有对应措施，而最终造成损失由该单位承担。

行政事业单位应当综合评估各种风险应对策略：风险回避只有在其他应对措施都不能将风险降低到单位风险承受度以内的情况下采用；风险降低和风险分担的目标是使行政事业单位的剩余风险和该单位风险承受度相一致；风险承受必须是行政事业单位主动或被动承担的风险在可控和承受范围之内。行政事业单位应及时收集风险相关信息，识别和分析风险，根据客观情况变化调整应对策略。

（五）行政事业单位的风险分析报告

单位开展风险评估活动，应当形成风险评估报告，以便提请单位领导班子关注重要风险，有针对性地采取风险应对策略和风险控制措施。《单位内控规范》没有给出风险评估报告的具体要求。根据行政事业单位的实际情况，借鉴企业内部控制风险评估报告内容，风险评估报告应当包括以下内容：①风险评估活动组织情况，包括风险评估活动的工作机制、风险评估的范围、风险评估的程序和方法收集的资料和证据等情况。②发现的风险因素，包括：单位层面，单位负责人的风险意识、组织机构是否健全、员工素质、单位文化、岗位分离和轮岗情况、关键岗位工作交接情况等；业务层面，预算执行重大差异、资金、资产管理薄弱环节、政府采购风险、建设项目风险等。③风险分析，从风险发生的可能性和风险影响程度对发现的风险因素进行分析，然后进行排序，指出重大和重要的风险因素，提醒单位领导班子重点关注。④风险应对措施建议，提出风险应对措施的建议，包括建立健全内部管理制度、实施关键岗位人员轮岗、加强关键岗位人员工作交接管理等。

二、行政事业单位内部控制建设的控制方法

（一）不相容岗位相互分离

岗位是组织要求个体完成的一项或多项责任，以及为此赋予个体的权力的总和。不相容岗位是指从相互牵制的角度出发，不能由一人兼任的岗位。一般来说，不相容岗位相互分离包括提出事项申请与审核审批该事项申请的岗位相分离、业务审核审批岗位与业务执行岗位相分离、业务执行岗位与信息记录岗位相分离、业务执行和审批岗位与内部监督岗位相分离等。不相容岗位相互分离控制是内部控制体系中最基本的控制手段，集中体现了相互制衡的基本原则。应当合理设置内部控制关键岗位、明确划分职责权限、实施相应的分离措施，形成相互制约、相互监督的工作机制。

1.不相容岗位相互分离基本要求

不相容岗位相互分离的原理是相互牵制，其设计原理在于两个以上的人员无意识地犯同样错误的可能性很小，有意识地合伙舞弊的可能性也低于一人舞弊的可能性。不相容岗位相互分离控制要求行政事业单位要全面系统地分析、梳理业务活动中所涉及的不相容职务，合理地设置内部控制关键岗位、明确划分职责权限、实施相应的分离措施，从而形成相互监督相互制衡的工作机制。首先，每类管理或服务活动的发生与完成，必须经过两个以上的部门或人员，并保证相关部门和人员之间进行相互检查与核对。例如，支票签发必须经过支票申领人、支票签发人、支票核对人、支票盖章人、支票记录人等共同处理。其次，对管理或服务活动实施检查者的管理层级不能低于被检查者，体现"顺向监督"原理。最后，不相容岗位分离控制不能仅仅停留在纸面上，更要切实体现在单位的各个流程中。

2.不相容岗位分离控制的设计

不相容岗位分离控制，首先要明确划分行政事业单位有哪些岗位、每个岗位的职能有哪些。责任的分配与授权应根据行政事业单位规模大小和管理复杂程度而定，明确规定有关个人和部门的权力和责任。行政事业单位应当制定岗位责任书，明确各岗位应承担的职能和责任，并随着单位的发展及时进行维护和更新。通过对岗位职责描述的规范和完善，明确各岗位在处理有关业务时所具有的权力；单位授权人有权对受托人履行授权的行为进行监督、检查，发现受托人有不当行为时，应及时给予批评并纠正；情况严重的，应撤销对其的授权。在明确岗位职责的基础上，单位要全面系统分析、梳理业务活动中所涉及的不相容职务，合理设置内部控制关键岗位、明确划分职责权限、实施相应的分离措施，从而形成相互监督、相互制约的工作机制。不相容岗位相分离控制主要包括：①决策、执行和监督要分离；②业务办理、资产保管和会计记录要分离。不相容岗位定期轮岗是杜绝舞弊、保证岗位新鲜血液的必要措施。

（二）内部授权审批控制

内部授权审批控制是指行政事业单位根据常规授权和特别授权的规定，明确单位内部各部门、下属单位、各岗位日常管理和业务办理的所授予权限范围、审批程序和相应责任。内部授权审批控制关系到单位内部的资源配置和资产使用效益，是行政事业单位内部控制的重要方法。完善的内部授权审批制度将有助于明确岗位权力和责任，层层落实责任、层层把关，有助于单位最大限度地规避风险。应当明确各岗位办理业务和事项的权限范围、审批程序和相关责任，建立重大事项集体决策和会签制度。相关工作人员应当在授权范围内行使职权、办理业务。

1.内部授权审批控制基本要求

内部授权审批控制要求明确各岗位办理业务和事项的权限范围、审批程序和相关责任，建立重大事项集体决策和会签制度，相关工作人员应当在授权范围内行使职权、办理业务。行政事业单位的任何授权都应以法律、行政法规和单位的规章制度为依据，并予以书面化，通知到经济活动业务流程中的相关工作人员。授权一经确定，相关工作人员应当在授权范围内行使职权、办理业务，对于审批人超越授权范围的审批业务，经办人有权拒绝办理，并向上级授权部门报告。对与单位经济活动相关的重大问题决策，重要干部任免、重要项目安排及大额资金使用，即"三重一大"业务，还应当通过集体决策和会签制度，合理地保证决策科学性，确保任何人不得单独进行决策或擅自改变集体决策意见。

2.内部授权审批控制的设计

对"三重一大"（重大决策、重大事项、重要人事任免及大额资金支付）业务，行政事业单位应当实行集体决策审批制度，任何人不得单独进行决策或者擅自改变集体决策意见。授权审批控制要对事不对人，不能越权授权，要授权适度，被授权人不能危及授权人的利益，授权人还要对被授权人实施监督。授权批准的层次应当根据管理或服务活动的重要性和金额大小确定不同的授权批准层次，从而保证各管理层有权有责，避免越级审批。

（三）归口管理

归口管理是指行政事业单位按照管控事项的性质与管理要求，结合单位实际情况，在不相容岗位相互分离和内部授权审批控制的前提下，明确单位内部各个业务的归口管理责任单位的控制方法。应当根据本单位实际情况，按照权责对等的原则，采取成立联合工作小组并确定牵头部门或牵头人员等方式，对有关经济活动实行统一管理。

1.归口管理的基本要求

行政事业单位的有些经济活动分散在各个业务部门具体开展，如果没有统一的管理和监控，就容易导致经济资源流失的风险和财务信息失真的风险。还有些经济活动涉及的内部部门较多，需要各部门协调完成，如果不进行统一管理、明确权力和相应的责任，一旦发生问题，各部门就可能互相推诿，影响经济活动的顺利开展。单位可以根据经济活动的业务性质，将同类的业务或事项由一个部门或者岗位进行统一管理，如收入归口管理、资产归口管理、合同归口管理等。

2.归口管理的设计

对行政事业单位预算管理来说，"归口"主要用于预算的某些项目超出财务部门的审核能力，因此只能将这些项目给一些专业部门（归口部门）去审核。例如，财务部门不可能详细了解能够满足工作需要的设备型号，为了避免"超配"情况的发生，以节约资金，财务部门就把电子设备采购型号的管理转移给信息部门。

（四）预算控制

预算是指单位根据工作目标和计划编制的年度财务收支计划，由收入预算和支出预算组成，反映了预算年度内单位的资金收支规模和资金使用方向，是单位财务工作的基本依据，为单位开展各项业务活动、实现工作目标提供财力支持。应当强化对经济活动的预算约束，使预算管理贯穿于单位经济活动的全过程。

1.预算控制的基本要求

预算控制要求单位要强化对经济活动的预算约束，使预算贯穿于经济活动的全过程。需要注意的是，预算控制不同于预算业务控制。在该业务控制中可以选择不相容岗位相互分离等各种控制方法，而预算控制，本身是一种方法，在行政事业单位的经济活动中发挥着事先计划、事中控制、事后反馈的作用。所以对收支业务、政府采购、建设项目等各项经济活动，都需要强化预算约束，以规范和制约行政事业单位的经济行为。

2.预算控制的设计

单位的各项经济活动都必须先编制预算，开展经济活动前先申请预算指标，没有预算指标不能开展经济活动。如某部门要办一次培训班，需要先申请培训费预算指标，预算指标批准了才能开展下一步工作；工作人员出差，也要先申请差旅费预算指标，并在指标限额内安排支出，超出部分应当按照规定程序报请追加预算，如果追加预算的申请不被批准，则必须由本人承担。要强化预算的控制作用，规范预算追加和调整的审批程序，严格控制预算追加调整。

（五）财产保护控制

财产保护控制是指行政事业单位在资产购置、配置、使用和处置过程中对资产予以保护，以确保资产安全和使用有效。应当建立资产日常管理制度和定期清查机制，采取资产记录、实物保管、定期盘点、账实核对等措施，确保资产安全完整。

1.财产保护控制的基本要求

单位应该根据相关法律法规和本单位实际情况对资产进行分类管理，建立健全资产日常管理制度、定期清查机制、资产控制制度和岗位责任制，强化检查和绩效考评，采取资产购置、资产登记、实物保管、定期盘点、账实核对、处置报批等措施，确保单位资产安全和使用有效。

2.财产保护控制的设计

财产保护控制的主要措施如下：①接触控制，严格限制无关人员直接接近相关财产，只有经过授权批准的人员才能够接触。②定期盘点，定期对实物资产进行盘点核查。③财产增减变动的记录及建档，对各种财产采购和处置等进行会计处理和备查登记，按照档案管理办法妥善保管，对计算机系统记录的财产相关信息要及时备份、异地存放。④财产保险，实物受损后获得补偿机会。⑤明确财产管理流程，做到财产领用、维修保养、出售以及报废流程都有章可循。

（六）会计控制

会计控制是指利用记账、对账、岗位职责落实和职责分离、档案管理等会计控制方法，确保单位会计信息真实、准确、完整，是实现合理保证信息真实完整目标的重要方法，为行政事业单位预算管理和财务管理工作提供基础的保障。

1.会计控制的基本要求

行政事业单位加强会计控制，要求建立健全本单位财会管理制度，加强会计机构建设，配备具有相应资格和能力的会计人员；合理设置会计岗位，确保各岗位权责明确，不相容岗位相互分离，强化会计人员岗位责任制；着力提高单位会计人员职业道德、业务水平，确保会计人员正确行使责权，规范会计基础工作，加强会计档案的管理，明确会计凭证、会计账簿和财务会计报告处理程序，确保会计基础管理、会计核算和财务会计报告编报有章可循、有据可依等。

2.会计控制的设计

（1）会计凭证控制

财务部门要对取得的原始凭证实施严格的审查，对不符合要求的原始凭证坚决予以退回。行政事业单位应以法规为依据，设计符合本单位实际情况的凭证格式，做到内容及项目齐全，能够完整地反映管理或服务活动全貌。会计凭证要实行编号管理并保持编号连续。内部各个部门应当按照规定程序在规定期限内传递凭证，最后定期装订凭证并入档保管。

（2）会计账簿控制

行政事业单位应当按照规定设置会计账簿，并在启用时要填写"启用表"，登记时必须连续编号。登记账簿必须以审核合格的会计凭证为依据。严格按照《会计基础工作规范》及其实施细则的规定登记账务并进行错误更正及结账。

（3）会计复核控制

会计复核首先要进行凭证之间的复核，凭证应真实有效，原始凭证和记账凭证对应一致，会计凭证与账簿和报表一致。此外，还可以建立事后稽核制度，由具有一定经验的财务人员对会计资料进行整理、审核和装订。

（4）财务报告控制

行政事业单位应当按照规定方法与时间编制及报送财务报告。会计报表必须由单位负责人、财务部门负责人及会计主管签名并盖章，并装订成册，加盖公章等。

（七）单据控制

单据控制是指对单位经济活动中外部来源的报销凭证和单位内部形成的表单予以控制的方法，该方法是根据我国行政事业单位的实际情况提出的创新性的控制方法，要求单位根据国家有关规定和单位的经济活动业务流程，在内部管理制度中明确界定各项经济活动所涉及的表单和票据，要求相关工作人员按照规定填制、审核、归档、保管单据。

1.单据控制的基本要求

单据控制从种类上或来源上可分为表单控制和票据控制。其中，表单通常是指行政事业单位开展经济活动所形成的内部凭证，票据通常是指行政事业单位开展经济活动过程中在报销环节使用的外部凭证，用以证实业务活动的真实性及具体发生的金额。

2.单据控制的设计

行政事业单位加强单据控制主要包括单据制度化、使用和管理单据规范化两个方面。单据制度化是指行政事业单位应当根据国家有关规定和单位的经济活动业务流程，在内部管理制度中明确各项经济活动所涉及的表单和票据；使用和管理单据规范化是指相关工作人员必须按照规定使用和管理表单和票据，具体包括填制、审核、归档、保管单据的全环节和全过程，避免单据使用不当、管理不善等情形的发生。包括：①报销单据控制。对外来报销类单据，需要将外来单据作为报销单的附件，费用报销单填写外来单据内容、附件张数、日期金额等，所有的报销单必须经报销人部门负责人、会计、财务部门负责人签字方为有效。②外来其他单据控制。外来单据应具备对方单位印章、收款人签字、日期、经济活动内容或摘要、金额；购销发票还应填列商品名称、规格、型号、单位、单价、金额。所有外来单据金额栏必须有大小写两种格式。③财产盘点单据控制。财产盘点表由资产保管人、部门负责人、盘点人、监盘人签字确认；年终盘点表应由资产保管人、部门负责人、盘点人、监盘人等核实并签字。所有记账凭证，随记账凭证按会计规定装订成册，所有电脑单据同手工单据保管，各部门年终时应将所有装订成册的单据移交财务部门。④重要空白凭证与预留银行印鉴控制。空白支票、预留银行印鉴、支票密码或密码生成器、汇票委托书等要由专人负责管理，必须按照不相容岗位相分离的原则实施控制，避免管理空白支票和汇票委托书等工作人员同时掌管单位的公章、财务专用章、负责人名章或财务负责人名章、支票密码或密码生成器。

（八）信息内部公开

信息内部公开是指对某些与经济活动相关的信息，在单位内部的一定范围内，按照既定的方法和程序进行公开，从而达到加强内部监督，促进部门间沟通协调以及督促相关部门自觉提升工作效率的有效方法。"阳光是最好的防腐剂"，公开透明是监督的最好方式。信息公开也是一种内部控制的方法。

1.信息内部公开的基本要求

行政事业单位应当建立健全经济活动相关信息内部公开制度。根据国家有关规定和单位的实际情况，明确信息内部公开的内容、范围、方式和程序。要进一步提高信息公开的主动性、自觉性和规范性，使信息公开工作做到主体明确、程序规范、方式灵活、反馈顺畅、回应及时。

2.信息内部公开控制的设计

行政事业单位可以搭建信息公开平台，建立健全工作机制，建立信息公开责任机制、规范信息公开流程、细化信息公开内容、完善信息公开基础、拓宽信息公开渠道、创新信息公开方式、扩大信息公开覆盖面。以信息化为平台，及时收集各方的反馈意见，构筑行政事业单位与其工作人员的互动机制。内部信息公开可以有很多种形式，通过内部报告这种正式信息沟通方式向管理层传递信息，帮助管理层决策。需要注意的是内部报告的渠道要非常畅通，行政事业单位可以规定发生什么类型的风险必须在多长时间内向上级汇报，比如，发生伤亡事故必须在一个小时内汇报到部门一把手及整个领导班子。内部信息沟通还应当建立举报体系。

第八章 行政事业单位内部控制管理的实践

第一节 行政事业单位层面内部控制建设

一、行政事业单位层面的风险评估

（一）概念

行政事业单位层面的风险评估是指单位及时识别、系统分析行政事业单位一系列活动中与实现内部控制目标相关的各类风险，合理确定风险应对策略的过程。行政事业单位层面风险评估是全面风险管理的基础。

（二）单位层面风险评估的原则

1.实践与理论相结合的原则

内部控制体系的成功实施取决于能否将各种风险控制在与单位总目标相适应并可承受的范围内，单位需要结合自身的实际情况识别单位层面风险，借助先进的评估方法及模型对风险进行打分评级，建立单位层面风险管理数据。

2.内部管理和外部监管相结合的原则

单位的价值观和管理理念是直接影响风险管理与内部控制水平的内在因素，相关部门的监管要求是影响风险管理和内部控制水平的外部因素，风险评估是风险管理和内部控制水平的基础，因此单位在风险评估的过程中既要结合单位的价值观、管理理念，同时也要满足相关监管部门的要求。

3.实效性和渐进性相结合的原则

构建风险管理体系是复杂的系统工程，需要统筹规划、注重实效、循序渐进。单位应该根据其实际情况客观地进行风险识别和风险评估，并随着情况的变化不断进行调整。

二、组织架构控制建设

（一）组织架构控制概述

行政事业单位的组织架构是行政事业单位要明确单位内部各层级机构设置、职责权限、人员编制、工作程序和相关要求的制度安排。组织架构的主要内容包括单位机构设置、制度建设和权责配置，即单位决策机构、执行机构、监督机构的设置以及这三者之间的权责分配。一般来说，决策机构是单位的权力中心，设计是否合理直接决定内部控制的运行效果；执行机构是决策的具体承办部门，设计是否合理直接影响内部控制的执行情况；监督机构是约束决策机构和执行机构的关键，是单位内部控制得以有效实施的重要保障。三者之间的权责分配要合理，并且保证监督机构的相对独立性。就单位权责配置控制而言，单位应该合理配置各机构的具体职责，明确其管理权限。特别是要明确财会、审计、纪检监察、政府采购、基建、资产管理等机构的内部控制职责权限，建立起财会、政府采购、基建、资产管理、合同管理等部门的沟通协调机制，充分发挥各部门的作用。

（二）组织架构控制目标

一是设计和建立合理的组织架构，优化内部控制环境。单位应严格按照三权分立的原则进行组织机构的设置和职责权限的划分，构建一个科学高效、分工制衡的组织架构。二是严格按照"三定"（定职能、定机构、定编制）规定设置部门岗位，确保岗位权责一致、不相容岗位相互分离。三是确定内部控制牵头部门，充分发挥各职能部门在内部控制建设中的作用，组织协调单位内部控制建设。四是内部控制制度得到有效的贯彻和执行。

（三）组织架构控制主要风险点

第一，单位组织架构没有体现决策、执行、监督相互分离的原则，组织架构模型部分机构缺失，导致单位内部的部门管理、职责分工、业务流程等方面缺乏有效制衡和监督。第二，行政事业单位人员调动比较复杂，有些岗位安排不尽合理，存在一人多岗、不相容岗位兼职的现象，导致权责不一致、权责没有得到很好的履行。第三，单位大多是定编定员，由政府编制部门核定人员编制，不能专门增加内设机构或人员编制，所以目前单位大多没有建立或者明确负责内部控制建设的职能部门或者牵头部门。第四，内部控制制度建设滞后，制度流失或形同虚设，没有被认真贯彻执行。

（四）单位组织架构内部控制建设

1.单位机构设置控制

（1）构建组织架构模型

通常，行政事业单位是由政府出资设立的，代表政府履行相关职能。所以，除了个别由出资人、赞助人等组成的权力机构外，一般的行政事业单位并不存在权力机构，自然不可能产生与决策机构同级的监督机构。实际工作中，行政事业单位内部的监督机构通常是单位的一个部门，与执行机构处于同一级别，无法监督不同级的决策机构，所以，决策机构的监督主要靠外部监督。

（2）单位机构设置

行政事业单位应当根据职能目标，结合单位各项具体工作的内容、性质及其之间的关系，在横向上设置机构部门，在纵向上划分管理层次，确定各部门间的分工协作关系，从而构建一套完整合理的组织架构。机构设置除了在行政编制的基础上进行构建外，还可以根据单位决策、执行和监督工作的需要设置内部管理机构或专设岗位，一般来说包括单位领导班子会议、预算管理委员会、采购领导小组和（专项）监督小组等。

2.设立内部控制职能部门或者明确牵头部门

单位的内部控制覆盖单位的各个业务领域，涉及单位的各个部门，是一项与单位运行息息相关的工作。没有内部控制的专门机构，仅凭借内部控制的一纸发文进行建设，实效性会比较差。设立内部控制的职能部门或明确牵头部门，使其全面负责内部控制工作，带动其他部门内部控制工作的开展，确保内部控制工作在单位内部得以落实。

3.完善和落实单位内部控制制度

完善行政事业单位内部控制制度，使得单位活动能够在制度的框架内进行。内部控制制度应贯穿单位经济活动的决策、执行和监督全过程，实现对经济活动的全面控制。

三、工作机制控制建设

（一）工作机制控制概述

所谓机制，是指以所设机构为载体，建立科学的执行程序和完善的制度规范，并通过监督和评价来激励程序和规范的有效执行，以此实现规则制衡。行政事业单位应当设置符合单位实际情况的工作机制，实现单位的权力制衡。从单位整体来讲，行政事业单位应该设置"三权"、风险评估、议事决策、议事决策机制。

"三权"分离的工作机制即单位的决策权、执行权、监督权相互分离，决策、监督、执行的过程和岗位分离。风险评估机制指单位领导应该定期对单位经济活动进行风险评估，明确业务活动的风险点，采取必要措施控制风险，防患于未然。议事决策机制指单位应该制定议事决策的工作流程，针对不同级别的决策事项明确审批权限，规定具体的决策原则。议事决策问责机制指单位应该适当公布议事决策结果，对议事决策过程进行详细的记录，按照"谁决策、谁负责"的原则，实行责任追究机制。相关部门沟通协调机制指单位内设部门及下属单位间的衔接和联系，部门间应加强沟通协作，保证内部控制在分权的基础上充分高效地协作。

（二）工作机制控制主要风险点

第一，单位经济活动的决策、执行和监督未做到有效分离，单位在办理经济活动的业务和事项前未经过适当的授权审批，决策和监督角色缺失。

第二，开展风险评估时没有明确的经济活动目标及工作计划，无法通过管理控制措施保证目标的实现；未建立风险识别机制，无法准确识别风险因素；未形成合理的风险分析方法，风险分析不到位，无法真正地掌握风险发生的原因和影响；未建立有效的经济活动风险防范机制，不能及时地对识别的风险采取适当的应对措施。

第三，决策机构职责权限不明确，议事决策缺乏科学性，单位出现"一言堂""一支笔"等现象，重大经济活动事项缺乏集体决策；议事决策事项范围划分不清，没有根据单位实际情况明确划分。"三重一大"业务即使确定了，但单位还是免不了随意变更，导致出现管理混乱；单位决策审批权限设置不当，可能导致出现越权决策或未经授权而进行决策，影响经济活动决策的效果。

第四，单位议事决策过程缺乏客观记录，没有如实记录决策过程中每个人的言行，影响单位决策问责，使决策过程流于形式，缺乏权威性；单位没有及时地进行决策信息公开，缺乏社会监督；在决策后缺乏对单位决策的追踪问责，影响决策的落实和执行。单位各部门、各岗位信息沟通不顺畅，各个业务流程衔接不好，导致内部控制执行过程中效率低下，不利于内部控制制度的有效运行。

（三）工作机制控制建设机制

1.决策、监督、执行机制

单位除了根据国家有关法律法规和单位规章制度，结合内外部环境，对单位组织架构进行设置外，还应该形成部门间的制衡机制，处理好组织架构中决策权、执行权和监督权的分配，形成三权分离、相互制衡的机制。要实现三权分离，需要在单位内部的部门管理、职责分工、业务流程等方面形成相互制约、相互监督的机制。从横向关系来讲，完成某个环节的工作须由来自彼此独立的两个部门或人员协调运作、相互监督、相互制约、相互证明；从纵向关系来讲，完成某项工作须经过互不隶属的两个以上的岗位和环节，以达到下级受上级监督、上级受下级牵制的目的。同时，履行内部控制监督检查职责部门的独立性，有利于减少凌驾于内部控制之上的特殊权利的可能性，从而依据分事行权、分岗设权、分级授权的原则，建立权责一致、有效制衡的组织架构体系，使决策、执行、监督既相互协调又相互制约。

2.风险评估机制

风险评估是识别及分析影响单位控制目标实现的因素的过程，是风险管理的基础。在风险评估中，既要识别和分析对实现控制目标具有阻碍作用的风险，也要发现对实现目标具有积极影响的机遇。单位风险评估流程所涉及的主要工作包括风险识别、风险评估与风险应对。

3.议事决策机制

行政事业单位议事决策通常由单位领导班子成员决定，单位领导班子成员由行政、党委和纪检的主要领导组成。议事决策的方式方法、决策权的集中度，以及是否具有可操作性的决策是影响单位内部控制效果的关键环节。单位应当建立健全集体研究、专家论证和技术咨询相结合的议事决策机制，重大经济事项的内部决策，应当由单位领导班子集体研究决定，提高决策的科学性、降低决策风险。

（1）议事决策的权责划分

科学的议事决策机制需要避免"一支笔"现象，限制党政一把手的个人权力，健全"副职分管、正职监管、集体领导、民主决策"的权力运行机制；议事决策过程中应当让单位领导班子成员都能够充分行使职权，通过组织单位党委会、领导班子会议、办公联席会、专项讨论会等形式的决策会议，决定单位重大经济活动事项。同时，要正确处理好集体决策和个人负责的关系，集体决策不意味着要集体负责，因为集体担责的结果往往会是无人担责。

（2）议事决策的事项范围和审批权限

议事决策主要是针对行政事业单位的"三重一大"业务（重大决策、重大事项、重要人士任免及大额资金支付业务）。这些业务应由单位领导班子集体研究决定，但由于各单位实际情况不同，是否属于"三重一大"业务，单位要根据有关规定和实际情况确定。明确单位议事决策的事项范围，一经确定，不得随意变更。同时，应当按照经济活动类别对经济活动决策事项进行分类，针对不同类别的决策事项明确具体的决策机构和决策方式。行政事业单位应当根据经济活动决策事项的类别和标准，建立和完善授权审批制度，原则是建立分级授权审批制度，对于资金划转、结算（支付）事项应明确责任、划分权限，实行分档审批。对于重大经济活动决策事项建立审批制和会签制度。授权审批是对审批权限和级别进行限制，包括分级审批、分额度审批和逐项审批三种方式。分级审批是下级单位发生的经济事项需要按照授权级别不同依级次向上报批的控制方式；分额度审批是按经济业务发生的额度，分别明确归属不同审批人审批的控制方式；逐项审批是按照经济业务的性质，由审批人逐项审批的控制方式。通常单位根据责权匹配原则设立授权审批权限，授权审批的终极权限在于集体决策。

（3）议事过程的科学决策

为防止"拍脑袋"的决策缺陷，议事决策过程要建立在调研、论证、咨询、调整、协调、决定的基础上，严格遵守单位议事决策的工作程序，遵循议事决策原则，确保单位议事决策过程符合国家政策法规。行政事业领导决策要与专家论证、技术咨询和群众意见相结合，建立健全集体研究、专家论证和技术咨询相结合的议事决策机制。在行政事业单位做出重大决策时，碰到一些专业性比较强的问题，要注意听取专家的意见，必要时可以组织技术咨询，进行专家论证；对于关系到群众切身利益的，要认真听取群众的意见和建议。

4.议事决策的问责机制

为体现决策过程的严肃性和科学性，应详尽地记录整个议事过程的参与人员与相关意见，如实反映每位成员的决策过程和意见，在认真做好记录的基础上要向每位成员核实记录并签字，并及时归档。单位应该在决策前实现信息公开，不涉及保密事项的决策要做到决策结果的公开性，将决策结果置于社会的监督之下，保证决策结果的公正和公平。为保证决策效果，在决策后也要实行对效率和效果的跟踪，要建立相关的问责追责机制，决策效果与相关人的升迁降免和经济奖惩相挂钩，促进决策严格落实与执行。

5.相关部门沟通协调机制

内部控制的建立与实施，单位应当建立各部门或各岗位之间的沟通协调机制。为此，应做好以下工作：强化单位负责人在内部控制体系建设中的"第一责任人"意识，只有高层领导充分认识到内部控制的重要性，才能有效调动全员参与建立完善的内部控制体系；各部门积极配合内部控制职能部门，对单位业务活动进行的风险评估和流程梳理，主动开展本部门的内部控制建设工作，开展风险评估、接受检查监督、提供必要材料、认真落实单位的内部控制制度，对发现的问题积极地进行整改并主动上报；各部门之间做到信息流畅、沟通顺利，部门负责人积极履行职责，及时向上级汇报本部门建设情况并及时传达单位内部控制建设信息到本部门，促进内部控制建设工作开展的效率和效果。

四、关键岗位控制建设

（一）关键岗位控制概述

关键岗位是指在行政事业单位经济业务活动中起重要作用，与单位目标的实现密切相关，承担起重要工作责任，掌握单位发展所需的关键技能的一系列重要岗位的总和。一般来说，行政事业单位的关键岗位主要包括预算业务管理、收支业务管理、政府采购业务管理、资产管理、建设项目管理、合同管理及内部监督等岗位。行政事业单位关键岗位既是单位经济活动有效开展的重要保障，也是单位经济活动中最容易发生舞弊和腐败的关键职位，单位应当加强关键岗位控制，防范出现职务舞弊和腐败现象，提高单位公共服务的效率和效果。

（二）关键岗位控制主要风险点

第一，单位没有明确划分关键岗位，或者即使明确了本单位的关键岗位，但是关键岗位职责权限划分不清，未严格分离不相容岗位，出现混岗现象，导致岗位之间缺乏制约和监督。同时，对关键岗位的职责认识不足，关键岗位人员配置缺乏相应的资质，综合素质不过关。

第二，对关键岗位缺乏有效考核，单位各个部门不明确各自的工作任务，绩效考核松散，绩效考核人员缺乏专业性，管理松散，考核过程对不同人采用双重标准，使考核缺乏客观公正，进而导致关键岗位奖惩不合理，无法起到监督、激励和约束的作用。

第三，关键岗位未建立轮岗制度，个别岗位长期由一个人担任，导致单位无法及时发现内部管理中存在的隐患，同时关键岗位人员出现职业倦怠、缺乏干劲，影响其工作效果和效率。

（三）关键岗位控制建设

行政事业单位应当结合本单位性质、预算类型、收支管理特点，对内部控制目标实现有重要影响的一些关键性岗位，明确内部控制关键岗位的职责权限、人员分配，按照规定的工作标准进行考核及奖惩，建立单位关键岗位责任制。

1.确定内部控制关键岗位

行政事业单位可以根据单位目标贡献度、岗位责任的重要性、岗位工作的复杂性、任职条件的独特性等四个方面来衡量各个岗位的关键程度。其中目标贡献度是指岗位工作对单位目标实现具有的重大贡献；岗位责任的重要性是指该岗位所承担的工作责任对组织生存和发展具有的重大影响；岗位工作的复杂性是指岗位工作具有较大的不确定性；任职条件独特性是指岗位工作所需要的关键技能、实践经验和综合文化素质等方面要求很高。行政事业单位的业务各不相同，内部控制的侧重点可能也各不相同，单位要合理地确定内部控制的关键岗位。

2.设置内部控制关键岗位

（1）职责与权限统一

单位要按照权责对等的原则，根据本单位的实际情况和经济活动特点，科学设置内部控制关键岗位，通过制定组织结构图、岗位责任书和权限指引等内部管理制度或相关文件，使相关工作人员了解和掌握流程、岗位责任和权责分配情况，指导相关工作人员正确履行职责。行政事业单位在设置内部控制关键岗位时还应同时确保不相容岗位相互分离、制约和监督。

（2）才能与岗位统一

行政事业单位应当综合考虑经济活动的规模、复杂程度和管理模式等因素，确保人员具有与其工作岗位相适应的资质和能力。一方面，应当按照岗位任职条件把好人员入口关，为内部控制关键岗位配备能力和资质合格的人员；另一方面，应切实加强工作人员业务培训和职业道德教育，不断提升工作人员的知识技能和综合素质。

3.管理内部控制关键岗位

（1）考核与奖惩统一

行政事业单位的绩效考评是指单位运用特定的标准，采取科学的方法，对承担职责的各级管理人员工作成绩做出价值评价的过程。单位绩效考核要与岗位责任制相结合，加强对单位职员的管理与监督、激励与约束。首先，行政事业单位要细化单位绩效考核方案，以完成单位中心工作为立足点，将年度工作任务分解到各个部门和岗位，明确每个部门和每个岗位的工作任务。其次，要严格执行绩效考核制度，单位应当组织由作风正派、综合素质高的干部职工组成考核小组；对单位内部控制建设和财务管理情况，尤其是内部控制薄弱环节进行跟踪检查；考核过程中要秉持客观公正的精神，严格考核；要确保考核不存在双重标准，无论是领导还是普通职工，都要一视同仁、同等对待。最后，要将绩效考核结果与物质奖励、职务晋升等结合起来，既要包括表彰奖励、通报批评等精神奖惩，也应包括物质奖励、职务晋升或者罚款、降级等物质奖惩，从而形成关键岗位考核结果与奖惩挂钩的考核机制，确保奖惩措施落到实处，使关键岗位责任制起到鼓励先进、激励后进、提高工作效率的作用。

（2）轮岗制度

实践证明，关键岗位不轮岗，经济活动风险是比较大的。关键岗位定期轮岗，有利于尽早发现内部管理中存在的问题和隐患，也有利于克服人员管理的疲劳效应，保持关键岗位工作人员的工作干劲，并促使其牢固树立风险防范意识和拒腐防变的思想道德防线，自觉依法履行职责。对于规模小、人员少的行政事业单位，可能不具备人员轮岗条件，在这种情况下，单位应当采取专项审计、部门互审等替代控制措施，确保关键岗位得到有效的监控。

五、关键人员控制建设

（一）关键人员控制概述

关键人员是指在行政事业单位中承担关键岗位工作的人员。同关键岗位一样，关键人员包括预算业务管理、收支业务管理、政府采购业务管理、资产管理、建设项目管理、合同管理及内部监督等关键岗位的人员。有效的内部控制体系是以关键人员的专业胜任能力和职业道德水平为基础的，如果没有专业人才，再科学、再合理的制度设计都难以得到落实。

（二）关键人员目标上，把好关键人员的入口关

选择恰当的方式和程序，遵循"公开、平等、竞争、择优"的原则，确保选拔任用的人员具备与其工作岗位相适应的资格和能力；加强关键人员的业务培训，更新和提升专业技能和业务水平，同时，也要强化职业道德教育和监督，整肃道德风气，提高关键人员的职业道德素质，使关键人员做到德才兼备。根据相关法律法规对关键人员进行奖惩，在合适的时机以合适的方式和合理的强度，公平、公正地对单位关键人员进行奖惩，发挥其对关键人员的监督、激励和约束作用。

（三）关键人员主要风险点

第一，未根据关键岗位的任职要求选择关键人员，或者在关键人员选择过程中存在舞弊或腐败，可能导致关键人员不具有岗位专业胜任能力，耽误单位正常工作或者导致单位活动效率低下，甚至出现由于人员能力不足而产生违法违规行为。

第二，未对关键人员及时开展培训，导致关键人员不能及时、全面、准确地掌握有关法律法规，导致单位经济活动不合法不合规、资产不安全、财产信息不真实不完整，甚至出现舞弊和腐败现象，最终影响公共服务的效率和效果。

第三，忽略了对关键人员的职业道德教育，导致关键人员职业道德感薄弱，疏忽了对个人道德的要求，较容易发生违法违规行为，甚至可能存在屡教不改的情况。

第四，关键人员的奖惩标准和方式不合理、落实不到位，可能导致关键人员工作积极性受损、纪律性下降，不能有效提升关键人员的工作效率，无法有效监督、激励和约束单位关键人员的工作。

（四）关键人员控制建设策略

1.把好关键人员入口关

预算业务、收支业务、政府采购业务、资产管理、建设项目管理和合同管理、内部审计都需要专业人才，行政事业单位在选拔任用内部控制关键人员时将职业道德修养和专业胜任能力作为选拔任用的重要标准，确保选拔任用的人员具备与其工作岗位相适应的资格和能力，包括专业知识、技能、专业背景和从业资格等，切实把好关键人员的入口关。

2.加强关键人员培训

（1）加强业务培训

与行政事业单位经济活动相关的法律法规包括有关预算管理、政府采购、基建管理、国库集中支付、财务管理和会计管理等方面的法律法规，具有规定多、更新快、要求高的特点。因此，行政事业单位应当保证单位内部控制关键人员能够及时、全面、准确地掌握国家有关法律法规政策，进而确保单位公共服务的效率和效果。具体来说，行政事业单位应当根据单位的培训需求，有针对性地制订具体的培训计划，使其及时了解和认真执行国家有关法律法规政策，督促相关工作人员自觉更新和提升专业技能的业务水平，单位还可以结合职务交流、参观考察及人员帮带等多种方式来加强单位关键人员的教育辅导，不断提升关键人员的技能水平。

（2）强化职业道德教育

除了重视业务水平和专业技能，行政事业单位要重视职业道德教育。单位应通过制定内部控制关键岗位职业道德准则等多种方式，明确什么行为是可接受的、什么行为是不可接受的，当遇到不当行为或存在利益冲突时应采取什么措施。一方面，单位要加强职业道德教育，使工作人员了解和掌握职业道德要求；

另一方面，单位要定期检查关键人员对职业道德要求的遵循情况，及时惩戒违反职业道德的行为，整肃道德风气，提高关键人员的职业道德素质。

3.加强关键人员的奖惩控制

单位应根据各岗位的工作特点，设定合理的关键人员奖惩标准和惩戒方式。一般来说，奖励方式包括职务晋升、物质奖励、精神表扬等，惩戒方式包括批评教育、职务降级、物质处罚等。在奖惩实施落实方面，关键人员奖惩实施一定要确保合法合规且能及时兑现，在奖惩实施时应选择合适的时机和合适的方式，保证单位关键人员奖惩合理恰当、公平公正。

六、会计系统控制建设

（一）会计系统控制概述

会计系统是为确认、汇总、分析、分类、记录和报告单位发生的经济业务，并保持相关资产和负债的受托责任而建立的各种会计记录手段、会计政策、会计核算程序、会计报告制度和会计档案管理制度等的总称。会计系统控制是指对会计系统实施的，以确保财务报告的真实性和可靠性为主要目标的控制活动。会计系统控制在行政事业单位内部控制中居于核心地位，源于两个原因：一是从内部控制建设工作机制来看，多数单位会指定财务部门来牵头组织内部控制建设并负责日常管理；二是由于我们将内部控制的客体范围界定为经济活动，"以预算为主线、以资金为核心"，会计系统在内部控制建设中必然起到核心作用。此外，如果单位领导不太支持全单位范围的内部控制建设，按照循序渐进的原则，可以先在会计系统实施。

（二）会计系统控制主要风险点

当前行政事业单位会计系统存在的问题有以下五个方面：

1.会计部门地位不高

在我国行政事业单位，会计部门和会计人员地位不高、会计工作不受重视是普遍问题。与企业相比，行政事业单位会计系统力量比较弱小，这一方面是因为行政事业单位业务比较单一，会计核算比较简单；另一方面，也和单位领导对会计工作的重视程度有关。内部控制建设和实施是一项关系全局的综合性工作，以会计部门目前的地位，很难胜任这个角色。

2.会计部门人手不足

行政事业单位会计部门普遍人手不足，人员配备匮乏的状况，会产生两个后果：一是财务部门自身都很难建立内部控制，"一个萝卜一个坑"，部分不相容岗位无法分离，更无法进行轮岗；二是会计人员普遍日常工作繁忙，无法额外再承担内部控制建设的任务，使得单位的内控建设无人可用、无人负责。

3.会计人员的整体业务素质不高

同企业相比，行政事业单位会计人员在学历、职称、专业等方面处于劣势。会计人员整体学历偏低，不少会计人员属于"半路出家"，没有经过专业化的教育培训；年龄偏大，对新知识、新技术的学习掌握能力较差。这些问题会导致财务部门难以胜任推动内部控制建设的使命。

4.会计信息质量不佳

如会计人员未按支出审批程序和支出标准审核支出凭证；会计人员对数据的计算、抄写错误；原始凭证不真实，从而套取现金；人员、资产等基础数据不真实，核定预算经费数据错误；隐瞒预算收入和支出，未按要求全部纳入预算管理，预算反映不全面；预算编制不准确，未经依法批准擅自变更预算；虚列预算项目、擅自扩大支出范围，提高开支标准；虚报收入，截留、挪用、隐瞒、挤占、坐收坐支、公款私存或相互转移行政性收费、罚没款及各项收入；私设"小金库"；资产处置、出租等经营性收入不入账；违规收费、罚款及摊派；超支出预算列支；违反规定报销，擅自扩大开支、提高开支标准；专项资金未专款专用；不执行采购规定，弄虚作假、违章购买；会议、招待、差旅和公车使用费等挤占项目支出；重大开支不经集体研究；固定资产处置不按规定办理；大额固定资产处置不经集体研究；应纳入资产管理范围的没有纳入资产管理范围；应收款和预付款长期结算不清。

5.财会部门和其他业务部门缺乏沟通协调

一方面，业务部门认为内部控制是财会部门的职责，与自身没有关系；另一方面，财会部门不太注重和其他业务部门的沟通，长期单打独斗，缺乏对业务流程的了解。

（三）会计系统控制建设策略

1.依法设置会计机构，配备会计从业人员

单位应当根据《会计法》的规定建立会计机构，配备具有相应资格和能力的会计人员。

2.落实岗位责任制，确保不相容岗位相互分离

单位应按照不相容职务分离的原则，合理设计会计及相关工作岗位，明确职责权限，形成相互制衡机制。行政事业单位应当依法合理设置会计工作岗位，为每个岗位编写岗位责任书，明确每个岗位的权利义务，并由相应会计人员签字确认，以责定权、责权分明、严格考核、有奖有惩，切实做到事事有人管、人人有专责，建立层次分明、职责明确的会计人员岗位责任制体系。单位应当实行会计部门关键岗位定期轮岗制度，有些单位确实无法采取不相容岗位分离和轮岗等制度的，上级部门应将年度报表汇编互审、不定期审计等方式作为替代控制措施，有效防范财务部门人员流动不畅可能引起的舞弊案件。

3.加强对会计信息质量的控制

会计信息质量控制要求对单位的所有经济业务都要及时、准确、系统、完整地予以反映并进行监督，从而保证会计信息的质量。会计信息质量控制的内容包括通过收付记账控制、标准会计处理控制、会计凭证控制、会计账户和会计控制、财务会计报告控制等手段，确认、汇总、分析、分类、记录和报告单位发生的经济业务，保证会计资料的真实性和完整性。

4.建立健全会计档案保管制度

单位财务部门要结合本单位实际，对单位会计档案的收集、整理、鉴定、编目、查阅、交接、销毁和有效利用等形成一整套的规章制度。单位还要建立严格的凭证制度，建立严格的簿记制度，建立严格的定期核对、复核与盘点制度。凭证是证明业务发生的证据，也是执行业务和记录业务的依据，单位应设计和使用适当的凭证和记录，以确保所有的资产均能得到恰当的控制，以及所有的经济业务均能得以全面、完整和准确的记录。

5.建立部门沟通协调机制

行政事业单位的各项经济活动均与会计工作密切相关，会计部门应当与其他业务部门之间加强信息沟通，定期开展必要的信息核对，实现重要经济活动信息共享。只有加强沟通协调，才能使各相关业务部门形成内部控制合力，充分发挥会计对单位经济活动和财务收支的反映与监督职能，进一步提高单位内部控制效能。

第二节 行政事业单位内部控制评价

一、行政事业单位内部控制体系的构建

行政事业单位内部控制进行评价，基本前提就是构建系统的、可行的内部控制评价体系。内部控制评价体系是指内部控制评价范畴的有关事项相互联系、相互制约而形成的一个内涵与外延相统一的有机整体。通常情况下，内部控制评价体系至少应包括评价目标、评价主体、评价客体、评价程序、评价标准和评价方法等要素。

（一）评价目标

评价目标是行政事业单位内部控制评价体系的起点，它与内部控制的目标紧密相关。内部控制的目标是行政事业单位建立和执行内部控制的出发点，同时也是评价内部控制健全性和有效性的落脚点，因此，内部控制的目标不仅决定了内部控制运行的方式，也决定了内部控制评价目标的确定。根据《单位内控规范》，行政事业单位内部控制的目标主要有合理地保证单位经济活动合法合规、资产安全和使用有效、财务信息真实完整、有效防范舞弊和预防腐败、提高公共服务的效率和效果。评价目标就是评价内部控制的设计及执行是否能够达到内部控制的各个目标，或者说评价内部控制对其自身目标的实现程度，只有首先明确了内部控制评价目标才能更好地开展具体的评价工作，内部控制的评价目标因而构成了内部控制评价理论体系中其他构成要素的基础。

（二）评价主体

在内控评价体系中，评价主体决定了内部控制最终能否真正地建立并有效执行，发挥关键性的作用。内部控制评价可以分为内部评价和外部评价两个方面。对行政事业单位而言，内部评价主要是指内部专职监督部门如内部审计部门对内部控制所开展的监督检查和自我评价活动，外部评价主要是由外部的监督部门如

财政部门、审计部门、监察部门等对内部控制所开展的评价和监督活动。

一般而言，评价主体不同，则评价的角度和目的也有所不同。就当前行政事业单位内部控制的现状而言，内部评价工作比较薄弱，而外部监督相对较为完善。本节叙述的内部控制评价，针对的是单位内部专职监督机构对内部控制做出的评价，评价主体是行政事业单位内部部门或岗位。而审计监督等内容在下一节进行阐述。

内部评价的主体还可分为两个层面：责任主体和执行主体。从责任层面来说，由于我国行政事业单位目前普遍采用首长责任制，单位负责人是单位内部控制评价的责任主体；从执行层面来说，行政事业单位的负责人将评价的工作指派给专业部门去执行。这两个层面的主体应该相互协调、相互配合，才能发挥好评价主体的作用。

1.设立内部控制评价机构

单位负责人应当指定专门部门或专人负责对单位内部控制的有效性进行评价并出具内部控制自我评价报告。内部控制评价机构一般具有以下几个条件：有足够的独立性，评价机构与内部控制设计、实施部门适当分离；有充分的权威性，评价机构能够独立对内部控制系统运行及结果进行监督；具有专业胜任能力和职业道德素质；评价机构与其他部门在内部控制建设工作中相互配合、相互制约。

一般情况下，单位可以选取内部审计机构、专门设立的内部控制评价部门、外部专业机构（如会计师事务所）作为单位内部控制评价机构。

2.发挥相关部门和人员在内部控制评价中的作用

单位负责人对内部控制的建立健全和有效性负责，一般情况下会指定内部审计部门对单位内部控制的有效性进行评价并出具内部控制自我评价报告。对内部控制自我评价报告中反馈的内部控制缺陷，单位负责人负责组织相关人员进行整改。

内部审计等部门在单位负责人授权下开展内部控制自我评价工作。定期拟订评价工作方案，负责组织建立内部控制评价小组，指导内部部门进行内部控制自我评价；编写内部控制缺陷认定汇总表、出具内部控制评价报告，报单位负责人审核；督促相关部门进行整改并检查整改情况。

单位决策机构集体决策审批内部审计部门编制的内部控制自我评价工作方案，审议单位内部控制缺陷汇总表，认定存在的重大缺陷。

各业务部门积极配合内部审计部门的内部控制评价工作,选派专业能力强、道德素质高的人员参与到内部控制评价小组。根据内部审计部门的要求,开展本部门的内部控制自我评价工作,对发现和存在的内部控制缺陷提出整改方案,及时落实整改工作。

(三)评价对象

1.评价对象内容

行政事业单位内部控制评价是评价内部控制目标的实现程度,是对内部控制的有效性进行检验,即评价对象是内部控制的有效性。行政事业单位在关注单位层面的内部控制建设的同时,也重视业务层面经济活动的控制。

行政事业单位内部控制的有效性包括设计和运行两个方面。内控设计的有效性是指为实现控制目标所必需的内控程序已存在并被恰当地设计。内控执行的有效性是指在内控设计有效的前提下,内控工作能够按照之前设计的程序被完整且正确地执行。内控设计是内控运行的基础条件,只有设计有效,运行才有可能有效;如果在设计环节存在漏洞或缺陷,在运行环节即使再怎么一丝不苟地贯彻执行,最终也无法合理地保证控制目标。因此,对内控的有效性来说,设计的有效性和运行的有效性两者互为依靠、缺一不可。对于行政事业单位来说,评价内控设计的有效性,主要是用于检验单位及业务层面中内控的构成要素是否存在,而在经济活动的重大风险点上不存在内部控制设计缺陷。具体来说,主要从以下几个方面来进行评价:内控设计是否合法合规;内控设计是否覆盖了所有的关键控制点;内控设计是否与该单位自身的经营特点及风险管理要求相匹配;内控设计是否具有环境适应性,能否及时应对内外部环境的变化。

评价内控运行的有效性,主要是检查单位层面和业务流程层面的内部控制是否按设计的制度、程序、标准得到贯彻执行,是否存在“设计一套,执行另一套”的情况,是否存在授权审批手续没有落实的情况,等等。具体而言,评价工作应当从以下方面入手:一方面,应当检验相关的控制制度在整个评价期间内,是否得到了持续一致的贯彻和执行;另一方面,应当检验实施控制活动的相关人员是否具备实施该控制活动所必要的能力和权限。

2.内控缺陷

行政事业单位内控的有效性主要是以被评价单位是否存在内控缺陷及其影响

程度为依据进行判定的。内控缺陷按照其影响程度通常划分为重大缺陷、重要缺陷和一般缺陷。重大缺陷是指被评价单位存在一个或多个的控制缺陷的组合，其可能会对单位内部整体控制的有效性产生严重的影响，进而导致单位无法对整体控制目标进行合理的保证，甚至导致严重偏离整体控制目标的情形。行政事业单位常见的内部控制重大缺陷形式有内部控制环境薄弱、内部控制形同虚设、单位领导等高层管理人员舞弊、财政监督检查及审计中发现重大的财务错弊问题、其他经纪检等部门认定的内控关键岗位违法违规行为等。行政事业单位一旦被发现存在重大的内控缺陷，则直接判定其内控无效；重要缺陷是指单位存在一个或多个的控制缺陷的组合，其影响程度低于重大缺陷，但依然会对单位内控的整体控制目标的实现产生比较大的影响，应当引起单位管理者的关注。一般缺陷是指除重大缺陷和重要缺陷之外的其他内控缺陷。行政事业单位的内控如果存在重要缺陷或一般缺陷，则判定其内控依然是有效的；对于不存在内控缺陷的单位，其内控自然是有效的。

（四）评价标准

评价标准的设定是评价实施框架中一个重要的环节，评价标准是衡量内部控制效果的一把标尺，是进行评价活动的依据。准确、合理地评价行政事业单位复杂而多变的内部控制，需要有具体的标准进行参照。具体来说，评价标准是内控评价的相关评判指标，是对各控制要素的分类及细化。只有依据这一标尺，才能衡量内部控制设计及运行的好坏。

1.评价指标的选取标准

行政事业单位内控评价的指标到底该如何选取，是当下国内学者研讨的一个争议点。国家财政部2012年的《单位内控规范》中将行政事业单位内部控制的层面划分为单位层面和业务层面。国家财政部《关于开展行政事业单位内部控制基础性评价工作的通知》要求通过"以评促建"的方式推动本地区（部门）单位内部控制水平的整体提升，提出开展单位内部控制基础性评价工作。其《行政事业单位内部控制基础性评价指标评分表》从单位层面和业务层面两个方面落实评价指标与标准。国内一些学者也根据上述划分标准，提出指标的构建也应划分为单位和业务两个层面。另外也有一些学者认为，应依据COSO五要素来对指标进行归类和划分。总体上看，国际化是大势所趋，基于COSO的整体框架的评价指标体系是将来的发展方向。但是，从目前来看，由于我国行政事业单位的内部控制建设才刚刚起步，短期内采用符合我国实际国情的评价标准更具可操作性。

2.行政事业单位内部控制体系建设评价指标

构建行政事业单位内部控制体系建设评价指标，除了选择有代表性的内部控制评价指标外，还要考虑指标的权重。指标的选取是评价内部控制的基础，权重的设置是有效评价内部控制的保障。

二、行政事业单位内部控制评价流程

行政事业单位根据单位实际情况自行决定内部控制自我评价的流程和周期，一般程序应包括以下四个阶段：

（一）评价准备阶段

本阶段的工作主要包括组织评价工作小组、制订评价工作方案。内部审计部门根据授权要求，挑选业务部门中业务能力强、职业道德素质高的人员，组成内部控制评价小组。评价人员应该发挥专业技术优势，掌握内部控制评价相关的规章制度、工作流程、评价方法等工作要求，加强沟通和配合，公正、客观地开展工作；内部控制评价小组根据单位实际情况，结合内部控制构成要素，分析单位开展经济活动中的高风险和重要业务事项，编制内部控制自我评价工作方案。评价方案可以以全面评价为主，也可以根据单位实际，在全面综合评价的基础上，以重点评价或个别评价为主，从而提高内部控制评价工作的效率和效果。评价方案经单位负责人审核、单位决策机构集体审议批准后实行。

（二）评价实施阶段

本阶段的工作主要包括了解评价客体的基本情况，确定评价的重点范围，开展评价检查测试。各业务部门对本部门的控制活动进行自评，出具自评报告，经部门负责人审核后提交单位内部控制评价小组；内部控制评价小组首先与各业务部门进行沟通，了解单位内部控制审计和执行的基本情况、主要风险点及关键控制措施。然后根据了解的内部控制现状，在内部控制小组内部进行人员分工，利用定性或定量的评价方法对内部控制设计和执行的有效性进行现场测试，按要求填写工作底稿、记录测试结果，研究分析内部控制缺陷。

（三）评价汇总与编制报告阶段

本阶段的工作主要是对评价工作小组的各工作人员的工作底稿进行汇总，形成评价结果，并在此基础上编制评价报告。评价工作底稿应详细记录评价工作人员工作的内容，包括测试人员、时间、测试样本、测试评价等。评价工作底稿应该进行交叉复合签字，报评价工作小组组长审核签字。评价小组将评价结果及报告提交被评价部门，由被评价部门负责人签字确认，提交单位内部审计部门。内部审计部门在完成评价工作后，根据评价结果和评价过程中发现的问题和缺陷撰写评价报告，针对存在的薄弱环节提出改进的建议。评价报告披露的信息，要客观公正、描述准确、详略得当。对评价过程中发现的内部控制缺陷要分类披露，分析产生的原因，对于经济活动的重大风险点可能存在的隐患，评价报告也应该做出相应的披露和说明。披露的信息要有利于信息使用者对内部控制的有效性做出正确的判断。

（四）报告反馈与整改跟踪阶段

该阶段的工作主要是对评价报告中发现的问题提出整改意见并要求限期整改，并对整改情况进行跟踪。内部审计部门汇总评价小组意见，对小组认定的内部控制缺陷进行复核、汇总、分析，编制内部控制自我评价报告，提出整改建议。自我评价报告及整改建议报单位负责人审核、单位决策机构集体审议，审批后的内部控制评价报告下达单位各部门。相关部门根据内部控制评价及整改意见进行整改，并于规定期限内将整改情况书面反馈至内部控制小组。

三、内部控制评价方法

评价方法是指通过什么方法和途径来评价内部控制。内部控制评价的方法有很多，定性评价方法有抽样法、调查表法、个别访谈法、标杆法、功效系数法、穿行测试法、流程图法等，其目的在于把握内部控制的规定性，形成对其完整的看法。定量的方法，如层次分析法、灰色系统理论、模糊综合评价法、熵值法、指标法等，能够定量地对内部控制进行评价。鉴于内部控制定性评价的主观性强、可比性差，许多学者尝试在定量评价方法上有所突破。实际上，不同的评价方法有各自的优缺点，两者是优势互补的。在评价过程中，定性评价和定量评价并不能截然分开。对不同的评价主体而言，不存在某一种固定的或通用的方法，只存在哪种方法比较适用的问题。无论是出于行政事业单位自身的需求还是《单位内控规范》的要求，都需要对内部控制进行评价。我国行政事业单位千差万别，不同的行政事业单位具有不同的特点，不仅包括单位规模大小、具体业务性质、业务流程和业务范围的不同，还包括不同的单位面临着程度不同的风险等，这就决定了没有哪一种方法和程序是放之四海而皆准的，行政事业单位可以根据自身的特点选择符合单位且行之有效的评价方法。

具体工作中，对于评价方法的选取，可以从以下几个方面考虑：应考虑评价主体自身掌握的资源状况和专业技术优势，对于内部评价主体来说，由于其来自单位内部，因此不宜选用过于带有强制性的评价方法，也不宜采用自身不擅长的评价方法；应考虑被评价部门对评价工作的配合程序情况，尽量避开比较繁重的工作时间段，如尽量避开预算编制期间及政府审计期间；应考虑评价标准的设计及其指标覆盖范围，通过采取适宜的评价方法确保能够将各评价指标全面覆盖；还应当考虑对信息技术的应用，采用信息化手段不仅能提高评价方法的效率，而且还可以弥补传统评价方法的不足。如调查问卷通过办公网络发放，不仅可以提高工作的效率，而且也便于对问卷进行数理统计分析。

四、内部控制评价的报告及其应用

行政事业单位内控评价的主体对单位的内部控制进行逐级评价，并汇总评价结果，对其内部控制的"设计的有效性"和"执行的有效性"进行综合判定，形成最终的评价意见。内控评价的结论主要有两类：内控有效与内控失效。内控评价的主体根据内部控制自我评价结论，结合内部控制评价工作底稿和内部控制缺陷汇总表等资料，按照规定的程序和要求，及时编制内部控制评价报告，并就评价报告中发现的问题提出相应的整改意见。

（一）内部控制评价报告的内容和格式

行政事业单位内控评价报告按照其报送对象，可分为内部报告和公开报告，其中，内部报告仅供内部管理使用，通常来说，格式和内容并无硬性要求，但公开报告由提供给外部监督部门及社会公众使用的，其内容和格式应当符合一般披露规范的要求。《单位内控规范》对于评价报告的内容并未明确做出要求，而《企业内控评价》对企业内控评价报告披露的内容有明确要求。通过借鉴企业内控报告披露的要求，结合行政事业单位实际，行政事业单位内控评价报告中一般至少包括以下内容：

1.内部控制目标和主体

单位内控目标是合理保证单位经济活动合法合规、资产安全和使用有效、财务信息真实完整，有效防范舞弊和预防腐败，提高公共服务的效率和效果。内部控制评价的主体是行政事业单位。

2.管理层声明

行政事业单位的负责人应声明其在建立健全单位内部控制中的责任，并对报告内容的真实性、准确性、完整性承担个别及连带责任，保证报告内容不存在任何虚假记载、误导性陈述或重大遗漏。

3.内部控制评价工作总体情况

评价报告中应明确评价工作的领导体制、组织协调、职责分工、评价对象，以及是否聘请外部中介机构协助评价工作等，还应包括内部控制评价工作总体方案和进度安排、汇报途径及评价小组独立性等情况。

4.内部控制评价依据

评价报告中应说明对本单位开展内控评价工作提供支持的法律法规等，如《单位内控规范》（以下简称《规范》）及单位内部管理制度。

5.内控评价范围

评价报告中应描述评价工作所涵盖的被评价单位，对于纳入评价范围的重要业务事项和重点风险领域加以注明。内部控制评价的范围涵盖本单位及所属单位的各类业务事项，应在全面评价的基础上突出重点，确保不存在重大遗漏。

6.内控评价的程序和方法

评价报告中应说明开展评价工作的基本流程及主要方法。

7.内部控制缺陷及其认定

评价报告中应说明本单位的内部控制缺陷具体采用的认定标准和认定程序，且认定标准和认定程序应与本单位的规模、组织结构、风险偏好和风险承受能力相结合。根据内部控制缺陷的认定标准，判断本次检查中内部控制存在的重大缺陷、重要缺陷和一般缺陷。

8.内部控制缺陷的整改情况及整改措施

评价报告中应就以往评价期间及本次评价期间发现的问题的整改情况做出披露，对于评价期末仍未完成整改的内控缺陷，应说明拟采取的整改措施及预期效果。

9.内控有效性的结论

评价报告中应对被评价单位的内控有效性发表意见，对单位内部控制不存在重大缺陷的情形，可以出具内部控制有效性结论。对于存在重大缺陷的情形，不能做出内部控制有效的结论，并应该对该重大缺陷的性质、对控制目标的影响、可能带来的风险进行描述。

此外，其他需要引起报告使用者注意的事项，可通过在报告中添加"其他事项说明"或"附加说明"的形式进行说明。

（二）内部控制评价报告的应用

对于内部控制评价来说，评价报告不是终点，更不是评价的目的。行政事业单位要督促问题部门进行整改，并对整改情况进行跟踪评价。在必要的情况下可以适当地修订评价的标准，易于更好地开展评价工作。对于评价中发现的共性问题，要追根溯源，不断完善内控制度设计。对内部控制评价报告的合理应用，主要有以下三个方面：

1.促进内控制度完善，优化单位管理机制

单位内控体系的建设是一个不断完善、循序渐进的过程，内部控制评价与改进是完善内部控制制度的重要环节，也是内部控制体系不断完善的推动力。通过内部控制评价，可以发现内部控制工作中存在的问题及缺陷，进而提出有针对性的整改措施，通过落实整改措施及时纠正问题并堵住漏洞，最终实现完善制度、解决内部控制缺陷问题的目的。此外，内控评价报告的应用，有助于优化单位的管理机制。将内控评价报告与单位内部考核机制进行有机结合，落实奖惩机制，可以调动部门及其员工参与内部控制的积极性，促进单位管理水平的提升，最终达到优化单位管理机制的目的。

2.促进廉政建设，形成廉洁政府

行政事业单位开展内部控制的目标之一是预防腐败问题。腐败问题分侵占公共资金（产）型腐败与权力寻租型腐败。对于侵占公共资金（产）类腐败来说，其产生的原因是资金的收支管理或资产的管理方面存在漏洞；对于权力寻租类腐败来说，其产生的原因是权力的运行缺乏制约机制。这两类原因归根结底还是单位内部控制存在缺陷。通过对内控评价报告的应用，针对内部控制缺陷采取必要的整改措施，可规范公共资金的管理，降低资金被侵占的风险，保障行政事业单位更好地履行受托责任。这有助于深化政治体制改革，督促行政事业单位改变传统思维，由"管控型"向"服务型"转变，减少权力寻租的市场，从而从源头上堵住导致腐败的漏洞，促进单位的廉政建设，打造廉洁政府。

3.促进政务公开，提升政府公信力

行政事业单位政务活动的不公开、不透明，容易导致公众无法很好地了解其履职情况，并因此而产生误解，这在一定程度上损害了政府的公信力。而行政事业单位内控评价报告进行公开的举措，可在一定程度上促进行政事业单位政务的公开透明，让公众更好地了解其履职情况，促进公众对其行为进行监督，有助于全面推进政务的阳光透明，降低因信息不对称而形成误解的可能性，更多地赢得人民群众的理解、支持与信任，更好地提升政府的公信力。

第三节　行政事业单位内部控制的审计监督

一、行政事业单位内部控制审计监督的必要性

（一）促进行政事业单位内部控制的完善

内部控制系统本身具有监督作用，对内部控制制度不完善的组织来说，内部控制审计的执行是促进组织完善内部控制的必要手段，具有健全和完善内部控制的重要作用。即使内部控制有健全的组织，也会受到内外部环境变化的影响，从而产生控制风险，需要相应的机制来应对环境变化，并尽可能消除变化带来的影响，内部控制审计就是应对相应变化的机制。

（二）有利于完善行政事业单位内部控制环境

内部控制环境是内部控制得以实施和有效开展的基础，行政事业单位的内部控制环境的好坏决定了内部控制能否建立及是否能够有效实施。内部控制审计的评价监督职能，可发现内部控制的健全性和有效性，审计结果可让管理层重视内部控制基础环境的建设。

（三）有利于加强行政事业单位风险管理

行政事业单位在完成相关职能的过程中，不仅要保证履行效果，还要提高相关经费的经济效益。通过内部控制审计监督的实施，不仅可以对内部控制进行常规检查，还可以对潜在的风险进行分析和评价，并运用合理的方法评价各业务流程中的风险及风险发生的概率，结合行政事业单位的特点采用合理的风险应对策略，加强对风险的防范能力，降低风险带来的损失。

（四）提高行政事业单位内部控制的运行效率

有些行政事业单位在内部控制建设过程中，未发挥内部控制应有的监督和保障作用，单位只是建立简单的内部管理制度，也未对相关制度严格执行，没有起到促进行政事业单位内部控制健康稳定发展的基本作用。行政事业单位内部控制审计监督可以促进内部控制体系这一复杂工程的完善，督促相关部门和全体人员共同参与，从内部控制环境、组织架构、预算执行管理、信息沟通和监督等多个方面确保内部控制的各个环节得到落实，提高行政事业单位内部控制的效率，从而促进行政事业单位全面、健康的发展。

（五）有利于加强对行政事业单位的监督

行政事业单位内部控制审计是在内部控制实施和发挥作用的基础上开展的监督和评价工作，体现了对行政事业单位基础工作的再监督。通过内部控制审计对内部控制的执行进行定期或不定期的检查，并及时发现存在的问题或者潜在问题，提出有效的改进建议并督促整改。这不仅可以推进行政事业单位内部控制的落实和执行，还能促进其管理效率和服务质量的提高。

二、行政事业单位内部控制审计的客体

内部控制审计监督的客体是单位层面和业务层面建立和实施的内部控制制度、程序及其实施的过程，包括内部控制设计和运行的全面性、重要性、适应性和有效性。

审计时，应采取自上而下的审计方法，将单位层面控制测试和业务层面控制测试结合起来。单位层面应关注以下方面：单位的组织结构是否有内部控制组织部门，部门之间是否有沟通协调和监督机制；单位的工作机制是否实现了决策、执行和监督相分离，是否有授权审批机制、议事决策机制、岗位问责及轮岗制；人力资源管理方面，单位员工的工作胜任能力、职业道德培养、单位的文化建设；财会机构管理是否有合理的财会人员配备、账务处理是否规范；内部控制信息系统及信息系统的安全性如何。

业务层面应关注以下方面：预算业务控制，包括预算编制、批复、执行、决算、绩效考评等；收支业务控制，包括收入控制、支出控制和债务控制；采购业务控制，包括采购预算与计划控制、采购活动控制、采购项目验收控制、采购项目后续控制；资产控制，包括货币资金控制、实物资产、无形资产控制和对外投资控制；建设项目控制，包括项目立项控制、招标控制、建设控制、竣工控制；合同控制，包括合同订立、履行、结算和后续控制及合同纠纷控制等。

三、内部控制审计标准

审计标准为审计工作提供评判依据，行政事业单位内部控制审计标准可以设定为设计缺陷和运行缺陷。设计缺陷是指由于制度设计不当或者不完善造成控制目标的偏离，运行缺陷是指内控制度本身设计完善，但由多种原因造成执行不到位而导致内部控制的有效性降低，甚至丧失。按照影响程度，行政事业单位内部控制缺陷可分为重大缺陷、重要缺陷和一般缺陷。重大缺陷严重影响内部控制的有效性，导致行政事业单位严重偏离控制目标，一般表现为一个或多个控制缺陷的组合。重要缺陷是指由一个或多个一般缺陷组成，其影响程度低于重大缺陷，但仍会导致行政事业单位偏离控制目标。一般缺陷是除重大缺陷和重要缺陷外的情形。以上从定性方面初步设定了行政事业单位内部控制缺陷的认定标准，还可以采用赋权打分的方法定量确定内部控制缺陷，并根据定量结果设定缺陷标准。

四、内部控制审计监督流程

行政事业单位内部控制审计工作流程包括编制审计计划、实施审计工作、评价内部控制缺陷和出具审计报告。

（一）编制审计计划

行政事业单位内部控制审计工作的开展须制订详细的审计计划，配置具有专业胜任能力与独立性的机构和人员，并进行实时的检查与指导。在编制计划时应以风险作为导向，确定控制的测试范围，再收集测试所需要的证据，并对高风险即可能存在重大缺陷的领域、流程重点关注，配置更多的资源。

（二）实施审计工作

在审计过程中持续进行风险评估，采用自上而下的审计方法，从单位财务方面了解内部控制的整体风险，再从单位内部了解账户信息、披露及其认定情况。

与单位层面相关的控制点包括：与单位内部环境相关的控制、管理工作是否能够促进内部控制的执行，单位是否具有道德和诚信的文化理念，是否具有规范的制度和标准进行制约；风险评估控制，即内部控制是否有完备的系统以识别外部环境变化带来的风险，评估重大风险的性质及发生的可能性，是否采取有针对性的应对方法进行防范；财务报告控制，查看财务流程的有效性，是否能为财务报告提供合理的保证，能否对会计政策的选择和运用、编制及复核报表的程序、编制财务报表与报告等环节进行控制；控制有效性的内部监督与评价，即管理者是否发挥了内部控制的监督职能、是否对内部控制进行了自我评价。

（三）评价内部控制缺陷

如果内部控制的设计和运行不能防止、发现或纠正错报和舞弊，则表明管理者和其他员工在执行内部控制中存在缺陷。内部控制缺陷分为设计缺陷和运行缺陷，设计缺陷是指由于缺少必要的控制或控制设计不当，即使正常运行也难以实现控制目标；运行缺陷是指设计良好的控制没有按设计意图运行，或执行人员缺乏专业胜任能力或没有恰当授权，导致不能有效地实施控制。内部控制缺陷，按其严重程度可分为重大缺陷、重要缺陷和一般缺陷。审计人员应首先确定重要性水平，再考虑错报发生的可能性和潜在影响程度，分析内部控制缺陷的类型，最后从定性和定量两个方面确定内部控制缺陷。

（四）出具审计报告

审计人员与管理者对内部控制所发现的缺陷进行意见的交换，收集具有说服力的证据，形成审计工作底稿，就被审计单位的内部控制发表审计意见，提出被审计单位内部控制的改进建议，完成行政事业单位内部控制审计报告。

五、内部审计监督

（一）内部审计监督的实施主体

1.内部审计部门

内部审计部门在行政事业单位处于相对独立的地位，其日常工作内容及业务特长符合内部审计监督的要求。行政事业单位一般选择内部审计部门作为内部审计监督的实施主体，如果单位未建立内部审计部门或内部审计部门人手不够，可组建内部监督小组履行内部控制监督职能。

2.纪检监察部门

内部控制的建立和实施离不开人的因素，因此可以将纪检监察部门作为内部审计监督的实施主体。纪检监察部门可以通过行使行政监察权力，从管人的角度对单位的业务活动内部控制及相关工作人员进行监督。

3.单位领导层

单位领导层是内部审计监督的领导部门，负责行政事业单位内部审计监督工作的部署及指导工作，并对内部审计监督的成效承担责任。内部审计部门及纪检监察部门在单位领导层的带领下开展工作，并对领导层负责。

（二）内部审计监督存在的问题

1.内部控制与审计意识缺失，单位内部审计工作主动性不足

许多行政事业单位的内部审计工作没有得到重视，内部审计部门没有工作的积极性，审计工作人员没能针对单位发展的审计需求落实内部审计工作，这就使

得单位内部审计工作的监督作用不能得到发挥。有些行政事业单位的工作人员对内部审计工作存在偏见，在思想上不支持内部审计工作。思想上的冲突激发了行政事业单位其他部门与内部审计部门之间的冲突，各部门不配合审计工作的现象时有发生。被动的工作环境，让一些内部审计工作者产生了多一事不如少一事的想法，对审计工作睁一只眼闭一只眼，影响了审计工作内部控制作用的发挥。

2.单位内部审计部门不健全

行政事业单位内部审计部门的工作内容就是对单位经济业务活动进行检查，并针对检查结果进行分析与评价，给单位的决策者提供必要的建议。一些行政事业单位目前并没有内部审计机构，内部审计工作由单位的财务部门完成。财务部门与审计机构的结合，影响了审计部门独立性经济监督职能的发挥。

3.单位内部审计工作缺少科学标准

标准的审计工作，能够促进行政事业单位内部控制工作质量的提高。受到行政工作制度的影响，一些单位的审计工作人员会按照上级领导的意愿执行审计工作，影响审计工作的规范性。部分行政事业单位的内部审计工作具有临时性，这些短期审计工作很难形成一个规范体系。行政事业单位管理者没有重视审计工作质量衡量标准的建立，使得一些内部审计人员总是从个人主观角度去分析与判断审计工作的质量，对审计工作的精准度产生负面影响。

4.单位内部审计工作队伍建设落伍

内部审计工作人员应当具有全面的财务专业知识体系，更要懂得审计工作的相关法律法规，了解国家税收与金融政策等；还应当具有熟练操作计算机设备的能力，具有较强的观察能力。目前，许多行政事业单位内部审计人员的专业水平有限，综合素质达不到行政事业单位内部审计工作的要求。

（三）完善行政事业单位内部控制审计监督的措施

1.提高认识，营造良好的内部审计工作氛围

内部控制强调的是全员控制，只有行政事业单位从领导到基层员工共同参与，营造良好的内部控制环境，才能发挥作用。营造良好的内部审计工作氛围，提高风险防控水平，应当加大内部控制与审计工作的内部宣传力度，增强单位领导干部的认知水平，通过领导干部的模范带头作用，自上而下地构建良好的内部审计意识。只有让单位的每一位工作人员都参与到内部审计工作中，认可且重视

内部审计工作，才能促进内部审计工作顺利进行。行政事业单位的管理者要对全体工作人员的内部审计责任感进行激发，使他们建立经济活动关注意识，重视行政事业单位内部的一切经济活动；引导全体职工监督单位内的经济活动，通过人人监督实现单位利益保护目标。

此外，行政事业单位要就内部审计工作建立有效的激励与惩罚制度，通过两个相反的力量，让内部审计工作人员将更多的主观能动性发挥出来，意识到个人审计工作的重要性，尽最大可能提高审计工作的效益。对不尽职尽责的审计人员要追究其责任。特别是要重视那些为了个人利益而损害单位利益的审计工作行为，发现不真实的审计信息要在第一时间追究责任人。

2.健全审计体制、保持内部审计的独立性

审计体制的健全需要国家及各行政事业单位共同努力。各行政事业单位应当根据自身发展需求，在保证内部审核工作全面、有效展开的同时，做好内部审计机构的建立与健全工作，对内部审计机构和部门进行适当的调整和优化。健全审计工作体系，让审计监督工作推动单位内部控制工作。只有审计工作体系得以健全，部门相对独立，才能不断地提高审计工作的公平性与真实性。

国家应当根据我国经济发展情况，制定科学、合理的内部审计法律法规，给各行政事业单位内部审计工作的展开提供参考依据。制定健全、合理的内部审计制度，是保证行政事业单位内部审计工作高效进行的基础。因此，各行政事业单位应当依据自身的实际情况，积极完善内部审计的相关规章制度，全面明确内部审计工作的职责，规范内部审计工作程序，最大限度地提升审计效率。

行政事业单位要保持内部控制审计的独立性：要明确内部控制审计部门和人员要具备的独立性；要确保内部控制审计的监督职能与内部控制的建立保持相对独立。内部控制审计站在独立客观的角度去评价内部控制建立和运行效果，对内部控制进行监督和评价。其独立性要通过内部政策法规的约束来实现，通过适当授权保证内部审计能独立完成相应职责，且内部控制审计要和外部审计保持良好的沟通、交流关系。同时，通过外部审计进行执行效果的评价，以提高其工作独立性。

3.完善内部审计工作标准、全面改进审计方法

明确的审计工作标准，能够让行政事业单位的审计人员做到有法可依，找到最正确的工作行为。行政事业单位应当积极参照发达国家的内部审计工作模式，

用规范的审计工作标准要求自身。行政事业单位的管理者也应当重视单位内部审计工作发展特点的开发，以现实情况作为审计工作标准制定的重要参考。明确内部审计工作存在的风险，加强评价标准的统一化制定，用统一的标准要求内部审计部门的工作。单位的业务类型不同，以此为依据建立审计工作要求，将单位内外的审计工作风险考虑在内，有利于内部审计工作服务于内部控制工作。

经济的快速发展对于审计方法也提出了更高的要求，与此同时，信息化时代的到来，大数据审计已成为大势所趋，审计方法面临着全新的改革。因此，在进行审计方法改革时，需要将审计方法与信息化结合起来，发展出更适合信息化时代要求的先进审计方法，从而进一步提升审计工作的准确性和高效性。要改进审计方法，需要各行政事业单位在实际工作中，积极学习先进的内部审计方法，同时结合单位工作实际，进行不断的优化和改善，逐步探索出适合自身发展需求的、有效的内部审计方法。

4.提高内部控制审计人员的专业素质和技术水平

各行政事业单位应当提高内部审计的重要性认识，注重内部审计人员素质的提升，引进并培养专业的内部控制与审计人才，以确保内部控制审计工作中的科学性与有效性。为此，行政事业单位可以通过一系列的讲座、培训，或者与政府审计部门进行交流活动来对审计人员素质进行全面的提升。加强对审计人员先进的审计理念、专业知识和技能的培训，让审计人员提高审计素养、开拓审计思路，学习先进的审计知识，并能将其灵活应用在实际工作中。同时，还必须注重对审计人员的业务能力培训，这有助于审计人员业务水平的快速提高和对审计方法的创新和深度探索。在此基础之上，一定要做好审计人员的专业水平考核工作，注重对审计人员道德素质的培养，提高其廉政意识和自我约束力，确保审计人员业务能力能够满足内部审计工作的要求。

现代信息技术对促进内部控制审计发挥了重要作用，行政事业单位积极推进信息化建设，将单位内部活动的流程和相应权限嵌入信息系统中，确保内部控制审计人员可利用现代化手段完成相关工作，以减少人为因素的影响。另外，在原有实地审计的基础上，利用网络技术资源，提高内部控制审计效率。对内部控制审计人员要通过培训和再学习，不断提高其对内部控制审计技术的掌握和使用能力。

六、外部审计监督

（一）外部审计监督的实施主体

审计主体是指实施内部控制审计的单位或人员。由于行政事业单位内部控制审计本质上是一种外在监督，外部审计监督主体应由财政、政府审计和监察部门共同组成，以政府审计监督为主。

1.财政部门

财政部门负责内部控制的日常推动协调工作，积极履行内部控制主管部门职责，对本地区行政事业单位内部控制制度建设进行组织指导，推动单位建立和完善内部控制体系。财政部门负责牵头制定具有地方特色的内控报告制度和评价考核制度，通过定期或不定期的监督检查，着力发现并督促整改内控制度不健全、不完善的问题，着力改善内部控制环境，完善行政事业单位内部控制体系。财政预算是行政事业单位的主要资金来源，财政部门要紧紧抓住财政预算控制这个核心工具，通过建立内部控制年度考核机制，将单位内部控制建设和执行情况纳入部门预算管理绩效综合评价，对单位进行政府年度工作责任制目标考核。

2.政府审计部门

政府审计监督是行政事业单位内部控制中的外部监督的重要环节。要建立健全内部控制的风险评估机制，建立风险监控、评价指标数据库和预警系统，对单位内部控制环境、运行风险及经济活动存在的风险进行全面、系统和客观的评估。创新内审指导监督的工作机制。审计机关应创新工作机制和服务措施，促使内部审计加大对重要管理决策事项、重要内部控制节点、重要下属单位等的监督力度，实现内审指导监督的长效化管理，切实发挥内审监督作用。加强内部控制审计模式创新，健全内部控制评价体系。审计机关应注重从体制机制设置执行的层面来设计指标，注重从关键控制节点来把握重点环节，实现内部控制流程审计全覆盖，实现审计整改工作的规范化管理，健全审计整改落实机制。要加大审计整改问责力度，把审计和审计整改情况纳入年度工作考核内容。建立审计整改联席会议制度、审计整改报告和销号制度，通过制度设计来鼓励被审计单位主动整改以达到审计监督的目的，切实增强被审计单位的整改主动性、时效性，从而有效推进和完善内部控制。

3.纪检监察部门

纪检监督部门要将廉政建设与单位内部控制建设深度融合，将内部控制的制衡原理和流程控制机制充分融入纪检监察中，将内部控制作为反腐倡廉的重要手段，着力构建事先防治和事后惩治相辅相成的反腐倡廉机制。与内部控制相关的政府监督部门建立沟通及信息共享机制，在党风廉政建设机关作风效能建设考核内容中，增加单位内部控制建设执行评价结果，以此为依据确定重点监察单位，从而强化内控制度执行力，实现内部控制的最高层次目标——提高公共服务的效率和效果。

（二）外部监督体系推动与完善行政事业单位内部控制的路径

1.构建行政事业单位内部控制中的外部监督体系

行政事业单位外部监督体系由财政、政府审计、纪检监察等部门组建，各个部门应各司其职，加强信息交流，推进行政事业单位完善组织构架，梳理业务流程风险及归口管控，发挥内部控制"常态化"监管作用，切实保障权力合理运行。

外部监督体系承担起行政事业单位内部控制建设和实施的主要督导和监管责任，负责统筹部署规范实施工作，对实施情况进行指导、评价及结果处理，积极发挥事前监督、事中监督和事后评价作用，定期检查，针对单位实际情况提出意见、建议，并负责督促整改。

2.借助社会中介机构，加强外部监督力度

财政、政府审计、纪检监察等部门通过政府购买服务方式，引入社会中介力量对行政事业单位内部控制进行专业性的审计监督，督促行政事业单位健全和完善内部控制制度。

为弥补政府审计力量不足的问题，可发挥社会中介机构的中介性和公正性特点，将行政事业单位内部控制注册会计师审计监督纳入政府购买服务采购项目，实行招投标制度。同时加强社会中介机构执业质量的监管力度，规范执业环境、执业程序和执业标准，督促中介机构不断提高执业水平。实行中介机构内控监督报告制度和管理建议书制度，督促中介机构建立反馈机制和长效追踪评价机制。强化监督结果运用，社会中介机构与财政、审计等部门要加强彼此间的信息交流，建立有效的沟通交流平台和机制，形成有效的监督合力。

3.优化行政事业单位内部控制体系

相对于行政事业单位的内部管理来说,外部监督体系属于一种外部介入的监督管理手段,具有强大的原则性优势,避免了诸多仅依靠内部管理而产生的弊端行为。外部监督体系应从建立健全组织结构和管理机制入手,从根本上提高行政事业单位内部结构和机制的规范程度,为进行统一的监督管理奠定基础。在具体执行环节上应加大监督力度,对各部门职权的有效行使进行实时的监督与控制,保证其内部各部门的有序运行。在对决策过程进行监督时,应重点注意决策者的思想倾向,也要注重决策部门与监督部门的协作配合,提高决策的准确性。

4.加强对业务流程的管理和控制

推动与完善行政事业单位内部控制,最重要的就是加强对财政资金的使用状况的控制。外部监督体系应在财政预算的合理分配与使用上加大监督力度,对业务流程进行严格的管理与把控,从而提高预算资金的利用率,避免其出现滥用的情况。对行政事业单位业务活动流程的真实性、准确性、合理性等进行严格的审查与监督,利用信息公开的手段进一步拓展监督渠道,提高业务办理的公开性与公平性。同时,应依据处理办法制定相应的预防机制,为可能发生的问题提供参考依据。

5.完善内部控制报告制度,建立考核、问责机制

依照《行政事业单位内部控制报告管理制度(试行)》要求,结合工作实际制定相应的实施细则,建立内部控制报告数据库,组织开展内部控制报告信息质量的监督检查工作。建立评价考核及结果运用机制。组织和指导本地区内部控制考核评价工作,扩大考核结果的影响,建立通报机制,财政部门将各单位内控建设情况和实施绩效作为安排单位部门年度预算和核定绩效工资总额的重要依据。建立沟通协调机制。将内部控制建设与规范岗位管理、依法行政、廉政风险防控机制建设、审计工作等结合起来,建立将内部控制考核评价结果与被考核单位主要负责人落实主体责任、绩效考核、选拔任用、经济责任审计相互衔接的有效机制。建立考核问责机制。完善责任制考核办法,按照有关规定追究相关责任,奖罚分明,将制度执行情况同责任人的利益挂钩,提高督查的整体效能。

6.建立内部控制信息公开机制和公示约谈制度

信息公开作为一种重要的控制手段,有利于行政事业单位提高工作透明度,

减少暗箱操作的可能性。行政事业单位要通过政务信息公开，按照内部控制建设的相关要求，及时公开单位公共服务职能发挥情况和内部控制建设情况，确保公开信息的真实性、完整性和可理解性。建立内外部信息沟通机制，确保信息在单位内外部顺畅沟通和反馈。

探索建立内部控制规范建设情况政府公示制度，定期对本地区内部控制规范建设情况进行公示；实施约谈制度，对内部控制考核评价不合格单位的主要领导进行约谈。

第九章 行政事业单位内部控制的优化路径

第一节 行政事业单位内部控制有效性的理论分析

一、行政事业单位内部控制有效性的基础研究

新公共管理运动彻底打破传统公共行政范式，随之而来的个性化和碎片化的公共服务要求公共部门提升自身能力。我国数量众多的行政事业单位势必需要寻找科学的管理手段来提高自身服务水平，内部控制则是帮助各单位满足公共服务需求的重要手段。行政事业单位实施内部控制是建设法治政府的基本措施，当行政事业单位实现组织结构清晰科学、控制手段适当有效、运行活动合法合规、权责分配明确合理时，才能从根本上推动国家治理现代化进程。

行政事业单位内部控制是否有效取决于控制目标的实现程度。科学有效的行政事业单位内部控制需要实现合规目标、资产目标、报告目标、廉政目标和服务目标。首先，行政事业单位内部控制从外部规制和内部管理分别保证单位经济活动和业务活动的合法合规。一方面，行政事业单位内部控制的建立必须遵循我国现有的法律法规基础；另一方面，健全的行政事业单位内部控制体系是单位各类活动的行事原则，能够保障各项改革措施和管理条例的实施。其次，行政事业单位内部控制需要改善单位资产的管理情况，行政事业单位的资金来源主要是公共资金，有的单位资产管理意识淡薄，单位资产的破损和流失情况比较严重，所以，有效的行政事业单位内部控制需要保护单位资产。

但是，通用资产管理条例不利于各个单位进行具体资产管理活动、未纳入单位财务核算的公共基础设施管控存在明显漏洞等问题。行政事业单位内部控制有效性需要考虑内部控制制度与独立单位间的适应性。信息数据作为公共决策的基础，不仅需要符合信息数据类别，还要满足民众的知情诉求。行政事业单位内部

控制贯穿单位整体活动，需要扮演各类信息的过滤器和处理器，把控信息来源、规范信息输出，为单位信息质量提供保障，帮助信息应对随机不确定因素带来的问题。同时，有效的行政事业单位内部控制不仅用于规范开展业务活动的物，更需要规范操作物的人的行为。"经济人"有限理性滋生协商、谈判、权力寻租等现象，公共权力的特性更是会带来不规范运行的问题，因此，行政事业单位内部控制也是出于规范政府治理的需要。单位内部控制可以规范相关人员行使公共权力，减少政府治理失败带来的相关问题，有效防范贪污舞弊，有效的行政事业单位内部控制就是规范公共权力的"权力笼子"，为国家治理注入新的活力。

行政事业单位最重要的是提供公共服务和提高自身服务质量，社会主要矛盾的转变突显出当下行政事业单位提供的公共服务还未满足公共需求的现状，行政事业单位内部控制能够帮助单位提高行政效率，及时防范或发现并纠正业务活动中的问题，避免公共资源遭受损害，进而促进单位公共服务职责的履行。当下，结合供给侧改革，行政事业单位内部控制能够帮助优化资源、资金、技术、劳力等生产要素，提高公共服务供给能力，解决社会主要矛盾。由此可见，有效的行政事业单位内部控制能够完善单位自身建设，提高单位服务能力，满足社会公众需求。有效的行政事业单位内部控制才能满足目标的基本要求，实现单位各类活动合法合规、单位资产科学管理、信息数据高效运用、贪污腐败严厉打击、公共服务及时高效。

行政事业单位内部控制有效性还体现在控制系统的设计情况和执行情况。结合我国本土化特色，行政事业单位内部控制提出单位层面和业务层面。首先，行政事业单位内部控制有效体现在设计有效上，内部控制的制度和要素是从单位层面和业务层面对具体单位的内部控制进行整体设计，实现组织框架、制度规章、运行机制、关键岗位的完善与优化，为单位内部控制的具体实施提供制度指引和运行支持。行政事业单位内部控制的设计有效性需要考虑内部环境、风险评估、控制活动、信息与沟通和内部监督的情况。单位内部环境奠定内部控制基调，单位一把手直接影响行政事业单位内部控制工作开展是否顺利。因此，可以从一把手工程和内部控制观念教育活动衡量行政事业单位内部控制的开展阻力程度。并且，有效的行政事业单位内部控制设计具备职责明确的特点。风险评估和控制活动的设计需要了解单位层面和业务层面的关键风险点，从而构建合适的风险评估体系和选取具有针对性的控制手段。拥有良好的内部氛围和科学的管控手段后，行政事业单位需要利用各类信息来进行新问题的决策和已有制度的优化，设计内部控制信息系统也非常重要。内部控制信息系统需要着重建立业务内部控制的子系统，考虑子系统的信息交流、汇总、传递、销毁，实现单位层面和业务层面的分离。内部监督则是单位决策、执行和监督三权分离的重要表现，是对已有职责的监督和评价，领导带头的总监督、业务监督和干部监督可以实现较为全面的监督检查，有利于提出全面的改进意见。所以，有效的行政事业单位内部控制设计是对单位组织结构、职责分配、风险评估、控制手段、监督活动进行科学的、符合单位实际情况的设置和优化。行政事业单位内部控制设计有效是执行有效的前提，不然，再高的执行力也无法实现行政事业单位内部控制的有效运行。并且，行政事业单位内部控制的执行依赖单位全体职工，这就要求行政事业单位拥有合格的管理能力，以及单位人员具备必要的胜任能力。

因此，有效的行政事业单位内部控制是在优化单位组织结构和明确单位人员责任的基础上，利用合理的风险评估方法，选取并运行合适的控制手段，配以独立的内部监督，实现内部控制的缺陷整改和持续优化。行政事业单位内部控制有效性不仅需要制度理论的保障，更应当在实际工作中落实优化。最具权威性的调研结果应当是财政部在公布的我国行政事业单位实际内部控制建设情况报告。

综上分析，我国行政事业单位内部控制基本有效，但是，由于处于实施的初级阶段，行政事业单位内部控制还存在制度和机制不完善、相关岗位设置不科学、内部控制人员专业能力不足、风险评估不全面、监督和评价工作不到位等问题，影响了行政事业单位内部控制的有效性。

二、行政事业单位内部控制有效性影响因素的理论分析

行政事业单位内部控制是单位的"免疫系统"，应当保证其设计得当并运行有效。但是，单位特点往往会使照搬照抄的内部控制体系有效性大打折扣，所以，为了充分发挥行政事业单位内部控制的效用，我们需要分析并寻找对单位内部控制有效性产生具体影响的因素。

（一）国家层面影响因素分析

行政事业单位的职能是提供公共产品和公共服务。追求提升公共服务效能是

行政事业单位的工作目标，也是国家治理的根本目标之一。在改善行政事业单位内部控制公共服务质量的同时，当前公共服务质量的情况也影响着单位内部控制的建设和实施。公共服务突出对民众利益的重视，良好的公共服务情况可以提高行政事业单位的服务意识，为内部控制实施提供便利。并且，良好的公共服务可以缓解人口向大城市聚集的状况，促进劳动力均匀分布，有利于不同地区的行政事业单位吸收人才，为今后的单位内部控制建设和改善奠定人力基础；反之，公共服务较差的地区会陷入资源匮乏的困境，又会损害公共服务本身，这种恶性循环的局面使得行政事业单位怠于提高自身行政能力，增加内部控制建设流于表面的风险。

我国开始改革部门绩效评价，基层单位兴起一股研究各类绩效管理方式的热潮，近年来提出的"国家治理现代化"改革目标更是对公共部门绩效管理产生极大的推动作用。无论公共部门绩效体系使用何种技术手段，其内在本质都是改善公共绩效管理水平，实现单位管理目标。公共部门绩效体系的考核指标暗含着对单位人员的控制，再结合公共受托责任观，能够加强单位人员的服务意识，改善行政事业单位内部控制建设和实施。此外，行政事业单位内部控制可以为预算绩效管理过程起到控制、监督和保障作用，公共部门绩效评价体系势必要对单位内部控制提出相应的要求。

行政事业单位内部控制往往会被视为对单位内部利益划分的挑战，面临着与其他公共政策相同的问题，即严重拖拉甚至难产。为了解决行政事业单位内部控制的实施问题，不同政府部门需要沟通协调，正确地了解内部控制实施的目的和意义，减少误解带来的阻碍。而且，行政事业单位内部控制全面覆盖九类单位，空间跨度极大，不能只依赖财政部门的组织，需要利用主导式协同模式，将国有资产管理、审计、纪检、监察、教育、科技等部门纳入协同联动的工作范围，形成较为紧密的内部管理体系，为内部控制建设工作创造良好的协同环境。

目前，已经出台的政策文件没有深入、详细地对行政事业单位内部控制建设提供指导，停留在大体框架的层面；缺乏详细标准的参考和遵循，不免会造成单位内部控制的空泛化和形式化；缺乏操作性和可行性，使有效性大打折扣。另外，监督和评价是行政事业单位内部控制有效性的重要保障，只有监督到位、评价准确，才能及时发现内部控制缺陷，进而完善相关制度和流程，确保内部控制的有效运行。而我国行政事业单位内部控制评价缺乏具体的标准体系，存在监督力度低下、评价粗糙等问题，无法真正评价内部控制存在的缺陷，难以发挥出"以评促建"的作用。这些现象和问题都在损害行政事业单位内部控制有效性。

规章制度是实现功能的基本标准，与行政事业单位内部控制相关的制度体系能够对其产生直接影响。比如，政府会计改革扭转了行政事业单位会计割裂的现象，为汇总编制部门预决算提供一致的信息口径，可比的单位内部信息能够为预算控制的编制预算、实时跟踪、评价结果、指导反馈提供便利。我国目前政府采购政策的主要目标是节省支出、防范腐败、提高效率，这与内部控制目标存在一定的重合。政府采购作为内部控制的重要业务之一，内部控制需要融合政府采购政策的相关规定，以最精简、有效的控制活动实现两者的目标。对于公共管理制度体系，行政事业单位需要考虑公共管理政策的要求，制定相关规章条例，影响着控制对象。可以看出，这些制度体系的完善程度都会影响行政事业单位的内部控制。

综上，行政事业单位的生存环境存在许多内部控制有效性的外在影响因素，如公共部门的公共服务质量情况、廉政治理的重视程度、公关部门绩效体系的建立情况、相关部门间的协同联动情况和相关制度体系的完善程度等。

（二）单位层面影响因素分析

行政事业单位实施内部控制势必要打破单位原有的岗位设置、工作流程、管理制度甚至权利划分，在推进过程中必然会遇到很大的困难。单位负责人对本单位内部控制建设和实施负责，为内部控制的开展提供单位权威。单位行政一把手亲自负责该工作，能够形成指挥准确有力、执行快速高效、避免推诿扯皮的工作局面，尽可能保证内部控制的推行。这种逻辑的原因在于我国行政组织实行"首长负责制"，这种制度的突出优点是责任明确、指挥灵敏有力、减少不必要的摩擦和损耗、能迅速完成任务。一把手工程解决了新制度的开展困难，但是，具体的内部控制制度建设和实施是依赖单位整体人员。单位人员的内部控制意识决定了建设实施效果，拥有良好内部控制意识的单位才能消除单位内部对内部控制的抵触情绪，以热情、认真的工作态度落实内部控制的建设、执行内部控制工作要求。

当行政事业单位具备建设内部控制的能力和内部环境后，单位还需要确定内部控制职能部门或牵头部门。因为，单位内部控制牵涉面广、工作量大，单位需要寻找并确定一个高水平、强能力的部门，了解内部控制相关政策和知识，与其他部门积极沟通，制订内部控制建设方案，真正落实每一项控制活动。所以，单位必须考虑不同部门的业务属性和功能属性，正确设立内部控制职能部门或选取牵头部门。并且，行政事业单位内部控制划分为单位层面和业务层面，涵盖六大业务，控制手段复杂，单位进行相关制度设计、关键岗位设置与控制活动选取时，需要衡量自身工作人员的能力，决定是否需要第三方的协助进行内部控制制度体系的设计和建设。第三方具有丰富的内部控制建设经验，能够帮助单位梳理自身流程，寻找关键风险点，建设出符合单位特点的内部控制体系，这种建设方法也是对内部控制相关工作人员能力不足的弥补。

内部管理制度和流程的完善程度影响单位内部控制的实施速度。当行政事业单位拥有完善的内部管理制度时，有序的内部环境和规范的业务活动会给控制活动提供便利，尤其是六大业务的重复，帮助单位及时开展内部控制建设。因此，单位可以结合自身的实际情况，找到内部管理的薄弱环节，确定相关风险点，将防控机制嵌入内部管理制度，实现单位内部控制的快速设置，提高单位内部管理和内部控制的有效性。行政事业单位内部控制不是某一部门独立开展的工作，而是一项覆盖全部经济业务、贯穿经济事项全过程的系统工作，涉及单位各部门间的横向联结和纵向联结。并且，行政事业单位固化部门和岗位，承担不同职责的人员缺乏对其他职位的基本了解，不利于单位内部开展交流和协作，更不利于内部控制实施，会造成"制度虚设"的局面。所以，单位需要建立沟通协调与联动机制，帮助财务、资产、审计、基建、后勤、纪检、监察等职能部门间及上下级单位间进行交流与协商，减少单位内部摩擦和利益冲突，加快单位部门协作速度，为内部控制的日常运行提供助力。

实施行政事业单位内部控制意味着工作责任更细分、责任主体更多元。行政事业单位可以利用内部监督帮助内部控制迅速发现在设计和运行上存在的缺陷，完善内部控制制度体系，防范内部控制系统自身失灵的风险；单位还可以进一步分离业务监督和人员监督，明确监督主体的职责，提高单位监督活动的效率。不过，当前的内部监督存在机制不够完善，内部审计部门级别低、受制于单位领导等缺陷，使内部监督工作的独立性和权威性无法得到保障，不利于监督内部控制活动。所以，单位需要加强内部监督机制的建设，构建党委、纪检监察和内部审计等部门为主体的内部监督体系；保证监督主体的独立性和工作权限，有序地对决策程序和执行过程进行监督，充分发挥监督检查的合力作用，为内部控制保驾护航。

内部控制是对行政事业单位的风险，尤其是经济活动风险进行防范和管控，对风险的评估至关重要。实际工作中，单位经济活动存在很多固有风险，如决策失误导致的资源配置风险、组织体制不完善导致的腐败风险、人员能力不足造成的经济事项核算风险等，面临这些风险，单位需要利用风险评估对其进行识别和分析，选择最佳的解决方案。单位具备健全的风险评估机制可以减少内部控制建设任务，对已有的制度体系加以修改和完善。随后，内部控制就能够依据风险评估结果，关注重点风险，选取适当的控制方法对其进行防控。并且，风险评估是行政事业单位内部控制的重要理论基础，相同的防控理念表明两者存在一定的重复，各自的建设经验都能够给对方提供指导，最终实现风险评估和内部控制的共同完善。

单位人员处理数据的能力有限，当信息数量爆炸时，他们往往会选择降低数据流动性或管理数据传输渠道等措施，导致数据处理不及时、数据失效、数据缺失等后果。不过，单位可以利用信息化手段，快速过滤无效数据、分析一般数据、报送重要数据，并将相关分析结论分享给各个部门，有效地避免了传统人工手段的缺陷。行政事业单位内部控制也面对数量巨大的信息，单位应该建立内部控制信息系统，实现风险评估、控制活动、监督与评价等活动的自动化管理，方便单位及时管控可能出现的系统性偏差和风险，让相关控制人员重点关注偶然发生的、性质严重的特殊风险。同时，单位建设内部控制信息系统需要考虑自身的实际情况，单位自身实力受级别高低的影响，单位需要考虑自身是否有实力配置相应的信息系统。级别较高的单位往往已经存在业务板块和管理板块的信息系统，进行内部控制信息系统建设时，应该侧重于如何兼容已有的信息系统；对于没有信息系统的单位，可以考虑相关的数据形式、内控功能、业务特性等特点，建设功能完备的内部控制信息系统。

可以看出，单位层面的影响因素主要是对行政事业单位内部控制整体产生影响，不局限于某一业务活动或某个执行人员。如单位对内部控制工作的重视程度、一把手负责制、内部控制工作的负责（或牵头）部门、内部管理制度和流程的完善程度、内部沟通与联动机制的完善程度、内部监督与评价机制的完善程度、风险评估机制的完善程度、内控信息系统的完善程度、第三方机构参与内部控制建设、内部控制专业人员的工作能力等。

（三）业务层面影响因素分析

在实际工作中，一些单位进行内部控制建设，首先是大张旗鼓地要求各部门制定许多内部管理制度；其次才是流程梳理，完善业务流程。行政事业单位内部控制建设的起点应是梳理各类经济活动的业务流程，明确业务环节，系统分析经济活动存在的风险，确定风险点，选择风险应对策略；采取具有针对性的管控措施，建立健全单位各项内部管理制度并督促相关工作人员认真执行。可见，行政事业单位内部控制建设的起点决定了内部控制制度设计的有效性。

行政事业单位内部控制往往会使单位陷入"控制手段越多越好"的误区，对预算、支出、采购、资产、建设和合同六项业务采取各类控制手段，试图防范业务活动的所有风险。但是，不同单位存在不一样的具体业务，不同的业务会有不一样的侧重和风险，单位必须识别业务活动中的重要风险点，分别就不同的业务风险选取相应的控制手段，避免控制手段的滥用和无用。例如，预算业务贯穿单位权力运行的全过程，如果单位对预算业务全程加以控制，会给内部控制部门带来过大的工作量，模糊相关人员的工作焦点，不利于及时应对重点风险。所以，单位必须识别出预算业务的重点风险，选取针对重点风险的控制手段，实施重点风险管控。对于控制手段，单位需要认清控制手段不局限于《规范》的规定，能够有效应对风险的手段就是可选取的。

比如，级别高的档案室需要接触控制，大额发票获取需要验证。财政资金和绩效目标的重要性使得内部控制环节偏向经济活动资金支付环节，风险防控重点为财务端，也就是业务末端。实际上，风险是伴随经济业务的发生而发生的，单位各个部门实施和参与的经济活动，在活动经过的每个环节由于主观或客观的原因，都可能会产生风险。如果控制重点是财务端，也就是对经济活动的最后环节进行控制，有的风险可能已经发生，将无法补救，给单位和个人造成损失，内部控制没有起到应有的防控功能。所以，内部控制应"关口前移"，重点对单位的每类经济活动易发生风险的业务环节进行控制，消灭风险隐患、防患于未然，并及时"查缺补漏"；完善内部控制，筑牢"防火墙"，有效地防控风险。

通过上述分析可以发现，行政事业单位业务层面的影响因素包括内部控制体系建设起点、识别关键风险点并设置控制手段及内部控制的重点。

第二节　内部控制视角下对行政事业单位预算管理优化分析

一、加强预算绩效管理中的内部控制环境建设

（一）加强行政事业单位的预算绩效理念与内控建设意识

一个行政事业单位长期以来形成的单位文化建设是预算绩效管理顺利开展的思想基础。要让所有工作人员都认识到预算绩效管理与内控建设相结合的重要性，首先，要加强行政事业单位主要负责人和管理人员对内部控制建设的认知。只有单位负责人及领导人员意识到内控建设的重要性，才会层层下达给下属，并要求全体工作人员在工作中认真贯彻落实，才会在制度层面上落实预算绩效管理与内控建设结合。如何提高单位负责人及领导人员的重视，最主要的措施是进行相关的业务培训。为此，可以通过组织定期培训的方式，强化内部控制的重要性和必要性。其次，预算绩效管理的实行不仅要领导重视，还要求工作人员重视，这就要求培养工作人员将预算绩效管理与内控建设结合起来的意识。可以通过网络媒体、政府网站、公告栏目、微信公众号、微博等方式大力宣传内部控制理论、预算绩效管理理念等，强化工作人员形成将预算绩效管理理论与内部控制理论结合起来的意识，形成利用内控建设来优化预算绩效管理工作的正确认知。单位可以定期组织学习研讨和培训，提升工作人员执行内部控制与预算绩效管理相结合的业务技能，准确把握预算绩效管理过程中的内控建设要求，将内控建设五要素融入到预算绩效管理流程中，全面配合本单位开展内控建设与预算绩效管理相结合的工作。通过制定定期的学习制度、组织学习业务知识、参加外部的研讨活动及各项培训、对其他地方政府开展的预算绩效措施进行分析研究，从而吸收其他地方或部门的成功经验，不断改进和创新工作的方式方法。

（二）加强行政事业单位的队伍建设

预算绩效管理工作要求具体负责执行人员具备较强的专业素质和丰富的工

作经验，为此需要选拔具备财务、管理及法学等知识的复合型人才。负责预算绩效管理工作的部门一般招聘的是财务专业的毕业生，在其他业务知识如管理知识、法学知识方面有所欠缺。而且由于政府部门提供的公共服务种类越来越多，各单位的在编人员工作任务繁重，在编制及预算有限的情况下，有些单位没有设置专门的岗位或专门人员负责预算绩效管理工作，或者仅通过聘任、劳务派遣的方式补充人力资源，而这些外聘或劳务派遣人员在业务素质方面可能会与正式编制人员有所差别。而人力资源是实施预算绩效管理的基础条件，因此，为了确保预算绩效管理的人才队伍建设符合最基本的条件，各行政事业单位在招聘环节应严格把关，包括任职条件设置、选拔条件、岗前培训等。要加大人员的业务培训力度，不断提高工作人员的业务素质和业务水平，进一步扩充预算绩效管理岗位的人才储备，建设优秀的专业化队伍，为预算绩效管理工作的开展提供人力资源保障。

（三）完善预算绩效管理的组织机构建设

组织结构是行政事业单位内部机构层级设置、人员编制、职责权限等相关的人事组织制度安排，是开展预算绩效管理工作的重要基础保障。①在组织架构建设上，应进一步完善以市人大为主体的监督考核机构、以市财政局为基本的考核部门、以各预算单位为具体实施部门的纵向组织体系。②建立预算绩效管理模式。为全面推进全过程预算绩效管理，各行政事业单位要严格按照绩效管理模式执行，实现全覆盖，不留死角，做到"横向到边，纵向到底"的绩效预算管理新机制，在全国省市县三级预算单位均实施绩效管理。各地应结合本地的实际情况，不断地创新体制机制，不断地从本地特色经验出发，重点从绩效目标的审核方式、绩效评价指标设定的科学性、完善信息沟通渠道、绩效评价及结果反馈应用方面进行完善。③健全预算绩效管理制度。完善绩效管理全过程各个阶段的管理制度，着眼于目标编制、成果应用等重点环节，不断完善第三方中介机构及专家学者参与到绩效管理过程的指导意见，继续扩大引入第三方机构评价和专家联合评审机制。进一步加大力量培养第三方市场，为预算绩效管理工作的开展储备独立的第三方机构，从评价方式、评价指标、评价依据和数据核验等方面提高评价结果公信力，力求评价结果有理有据、准确无误。④健全绩效评价指标体系。虽然国家财政部印发一些指导各地预算绩效评价工作的文件，这些文件对建立绩效评价指标体系有一定的指导意义，给各地设置预算绩效评价指标提供一个参考依据。但是由于各地各部门的职能、目标不同，项目支出性质有别，各地往往根据各单位的特殊性进行个性化指标的设置。在这个设置的过程中因缺乏参考资源，设置出来的个性指标往往不够科学。各单位要考虑各地区经济发展和财政预算管理差异等多方面因素，构建既体现财政政策水平、政策要求和管理项目功能，又符合本地区、本单位实际的预算绩效评价指标体系。绩效指标体系的建立需要大量的人力、物力，因此财政部门可以会同其他部门组织全国性的调研工作，收集、整理、汇编各地已经形成较大成效的绩效指标体系，并在更大范围内推广；为缺乏相关经验的地区提供参考依据，或会同有关部门聘任专家、学者、第三方评价机构等主体，为绩效评价指标体系的建设建言献策，根据提出的意见分部门、分行业制定绩效指标体系，并选择试点地区先行先试，根据试行中存在的问题不断进行调整，进而在全国范围内推广。

（四）加强第三方中介机构的培育

中介机构建设是深化预算绩效管理改革的"先手棋"。委托第三方中介机构对预算绩效独立进行评价，是预算绩效管理的重要环节。但是目前我国的第三方中介机构较少，且存在机构能力不足、履行不充分等问题。因预算绩效评价工作属于一项难度较大、复杂程度和烦琐程度均较高的工作，要求工作人员具备丰富的经验和知识储备。而目前市场上的评估机构不仅数量上不足，而且各机构的人员储备、知识结构、评估经验等均存在欠缺，这些都会导致委托第三方机构开展绩效评价服务时存在质量参差不齐的情况，评估质量亟待提升。要改变上述局面，就要加快第三方中介机构的培育，充分发挥第三方中介机构自我发展、自我管理、自我约束的积极性；建立完善的行业自律准则，出台推动第三方参与预算绩效评价的行业指引规章制度，推动市场合理竞争、健康发展。

二、加强预算绩效管理中的风险意识，建立健全风险评估机制

长期以来，虽然预算绩效管理理念在我国的推广已经取得一定的成效，各单位对预算绩效管理工作的重视程度越来越高，但是有些单位仍然缺乏"把钱花好"的绩效意识。在当前的改革背景下，重视预算绩效管理过程中风险意识的树

立以及风险识别、防范机制的建设，能够减少和预防预算绩效管理工作中可能遇到的风险。因此，从树立风险防范意识，到建立风险评估及预防机制，都对整个预算绩效管理工作顺利开展起到至关重要的作用，而且也能保障内控建设在整个预算绩效管理过程中的有效性和适应性。

（一）强化风险防范意识

针对目前各单位对风险防范意识缺乏的问题，主要采取以下措施：①通过专题培训的方式要求所有入职人员每年第一季度均要完成相关的风险防范意识教育学习，学习内容由财政部门协同内部控制建设的主管部门共同设置，并要求所有人员必须完成规定的学习及考试，并纳入年底考核的范围；②每年举办风险防范意识主题动员会，并制订每年的活动计划，通过现实的案例教育使全体工作人员在工作中树立风险防范意识。

（二）健全预算绩效管理风险评估机制

设置预算绩效管理风险评估工作小组，逐步健全预算绩效管理风险评估机制。①成立风险评估小组，该小组的组成人员主要为各单位的领导层、中层干部及外聘专家。该小组主要负责对预算绩效管理工作中可能存在的风险进行识别，并对风险的大小进行评估、衡量。每年年初、年中、年末均要对预算绩效管理工作进程中可能存在的风险进行识别、评估，并根据风险设置相应的预防机制。②设置专职风险监控人员，对预算绩效管理单位可能存在的风险进行日常监控，并在每月末形成当月的风险评估报告，提交风险评估小组。③设置专职风险分析职位，负责对专职风险监控人员提供的风险评估报告进行分析；利用SWOT分析法，通过分析各行政事业单位预算绩效管理过程中所拥有的优势和存在的劣势来进一步明确预算绩效管理的目标。

（三）建立健全预算绩效管理中的风险预警机制

查找分析全过程预算绩效管理中的风险点，建立风险预警机制。首先，风险评估小组每年年初、年中、年末对本单位开展绩效管理工作进程中存在的风险进行识别后，形成风险评估报告。风险识别的流程包括以下步骤：理顺预算绩效全过程中可能存在的所有风险点；通过对风险点进行分析研究，划分每个风险点的风险等级；根据不同的风险点等级建立对应的风险应对政策。其次，根据风险等级建立风险预警机制。风险评估小组根据识别出来并已经划分风险等级的风险点设置不同的风险预警线，并由风险监控人员对此进行动态监控，将监控过程中发出的风险上报风险评估小组。风险评估小组召开会议针对风险点设置相应的应对策略。总之，通过设置风险预警机制，及时发现风险，并采取风险防控措施。

三、规范与优化预算绩效管理中的控制活动

控制活动是内控建设的核心，应对预算绩效管理工作的全过程进行控制。控制活动的主要措施包括岗位分离控制、授权审批控制等。针对目前各单位预算绩效管理中存在的绩效目标设置不科学、事中绩效监控填报不规范、事后绩效自评流于形式等问题，可以从加强预算绩效管理的控制活动加以改善。

（一）加强岗位分离控制

在预算绩效管理工作的每个环节，按照岗位分离原则，设置组织机构及人员职责权限，如在预算绩效目标管理过程中，将目标的设定、审核、调整、运用设置不同的岗位人员负责，通过相互牵制，使得绩效目标的管理能够实现。在事前绩效目标评审、事中绩效执行监控、事后绩效结果自评、最终绩效评价结果运用方面也要建立严格的岗位分离控制。

（二）健全预算绩效目标管理体制机制

预算绩效管理工作的开端就是进行绩效目标的设定。在编制预算时，只有预算编制设置符合标准的预算绩效目标才能列入项目库管理，未设定绩效目标或未按照相应要求设定的，则不纳入项目库，不得申请部门预算资金。单位完成预算绩效目标后，由审核部门从完整性、可靠性、适当性、相关性四个方面进行审核，不符合要求的须进行相应的调整。一旦最终确定该单位的预算目标就不得再调整。各单位负责人及绩效管理工作的具体执行人员均要不断强化法律意识，严格按照预算绩效目标进行执行，发现偏差要及时进行修正，未按照规定的程序对绩效目标进行调整的不得自行调整。

（三）创新预算绩效管理过程中的控制手段

随着"互联网+"时代到来，预算绩效管理全过程的控制活动不仅依赖于传统的管理模式，而应将现代人工智能运用到绩效管理的控制活动中，实现对预算绩效管理工作各个环节、各个阶段的动态监控，范围涵盖预算编制、绩效目标审核、预算执行、绩效评估等，真正落实全过程预算绩效管理。例如，可以将人工智能嵌入预算绩效管理全过程中，设置具有人工智能的风险警示机制、自动提醒机制、自动反馈机制等，实现预算管理信息系统的人工智能化处理。在工作人员履行预算绩效管理职能时，按照要求将数据或材料导入绩效管理信息系统，此时由人工智能进行检测，出现问题自动弹出提醒信息，并指引执行人员按照正确的流程处理。再如，进行预算绩效目标设定时，如果绩效目标没有按照相应的要求设定，系统将自动弹出警示信息，并提出存在的问题及修改意见，执行人员只须在人工智能的引导下完成绩效目标的填报工作。此外，人工智能系统还可以将发现的预算绩效管理系统中存在的问题及时反馈给风险监控人员，以便及时采取措施，解决风险隐患。

四、加强预算绩效管理中的信息沟通

预算绩效管理工作的有效开展离不开信息的有效沟通。只有加强信息沟通渠道建设、实现信息互通，才能将预算绩效管理工作中产生的信息及时传递给有关部门；协调各方诉求，推动各部门协力做好单位的预算绩效管理工作。

（一）建立内部信息管理系统

因各部门业务分工不同，在履行绩效管理工作中可能存在衔接不畅的问题。因此若能充分利用现代科技，可以有效提高绩效管理过程中的信息化程度，提高绩效管理工作效率，完善预算绩效的信息沟通渠道，促使各部门之间相互借鉴、交流经验，并对各自开展预算绩效管理的工作进展情况相互监督。行政事业单位应该与时俱进，主动研发适应于预算绩效管理工作全过程的信息管理系统。在系统中根据预算绩效管理工作流程分模块设置，提高全过程预算绩效管理的信息化、科技化程度，不断提高工作效率，减少工作失误。

（二）健全信息公开制度

单位内部必须建立一个信息公开的程序，便于将预算绩效管理过程中产生的信息及时对外公布；通过建立起与社会公众进行沟通交流的平台，不断拓宽各行政事业单位预算绩效管理信息发布渠道；建立信息收集、反馈机制，并不断收集社会公众对推行预算绩效管理的意见、建议，拓展社会公众对财政资金使用绩效的知情权、监督权。

五、完善预算绩效管理中的内部监督渠道

合理地设置组织架构，建立预算绩效管理全过程的监督新机制。各行政事业单位应该梳理预算绩效管理工作的整个流程，在关键岗位、人员职责权限设定上与执行环节、监督环节相匹配，从而形成内部相互制衡、相互约束的机制。预算绩效管理的一个重要目标就是将预算绩效评价结果运用到预算中，这是推进预算绩效管理的初衷。预算绩效评价结果也反映整个预算绩效管理过程的成果，体现绩效管理工作的成效。因此，应以评价结果的反馈机制和运行机制为重点，以评价结果"提质"和评价结果应用"增效"作为考核机制的内容之一，并以是否完成绩效评价反馈与运用作为考核的奖惩依据。

（一）建立监督评价小组

绩效评价结果是整个绩效管理工作的最终成果。目前，绩效评价结果的应用方面依然薄弱，且有些单位并不重视最终的绩效自评报告。因此，完善各行政事业单位的内部监督体制，首先要设立一个预算绩效评价监督小组，对各单位每年年终形成的本单位绩效自评报告进行审核。而且每季度各单位均要向评价监督小组反映预算绩效管理工作的实施情况，评价监督小组也要开展定期和不定期的抽查工作；将抽查中发现的问题进行汇总，形成问题清单报告，要求单位在一定期限内进行整改，并将整改结果及时反馈。

（二）建立评价结果反馈机制

预算绩效评价分为三种模式：一种是单位内部进行自评，一种是由财政部门选择重点项目进行评价，一种是委托第三方独立机构进行自评。首先，每个单位

均要进行绩效管理结果的自评工作，自评后要形成相应的单位绩效自评报告，并将自评报告上传至预算绩效管理信息系统。其次，形成自评报告后还要对存在的问题提出整改意见，并将自评报告及整改报告报送评价监督小组。评价监督小组按照规定程序进行审核，对自评报告存在不客观、不准确、不完整的单位，将自评报告退回去重新进行自评。重新自评后再次提交评价监督小组审核，只有审核通过后，才能确认该单位完成绩效自评工作。最后，自评报告经本单位负责人签字确认后，提交给本单位同级及上级的各监督部门、纪检部门备案，并提交人大审核，作为来年各单位申请预算资金的重要依据。其他两种评价方式产生的评价结果也应采用类似的方式反馈绩效评价结果。

（三）建立绩效管理考核机制

建立与预算绩效管理工作相契合的考核机制，可以提高各部门参与预算绩效管理工作的自觉性和积极性。考核机制应分门别类，针对不同职能、岗位的人员设置不同的考核指标，指标中包含预算资金的产出和效益等内容，在年度考核时按照具体的指标项目进行评分，通过考核落实主体责任。本年度的绩效考核结果将作为来年预算的参考依据及问责依据，如绩效考核情况良好，可以在来年的预算资金安排时予以优先考虑，并作为年终评优评先的参考依据；如考核结果较差，则约谈相关责任人，分析原因、查摆问题，制定相应的整改措施，并对因工作失职造成的资金浪费情况进行追究，同时相应地减少来年的预算资金安排。通过强有力的考核机制，确保各部门负责人及执行人员牢固树立预算绩效理念，强化责任意识，共同推进预算绩效管理工作的落实。

（四）健全评价结果的报告和公开机制

首先，建立报告机制。逐步完善预算绩效评价结果的报告机制。目前，只有重大预算项目的绩效评价才向市人大进行报告，应该逐步推行所有的预算项目向财政部门、市政府、市人大或人大常务委员会进行报告，并向审计、纪委监察委等部门抄送评价结果。其次，建立结果公开机制。对社会普遍关注的预算项目，通过政府微信公众号、政府网站、政务微博等方式向社会公众公开绩效评价结果，接受社会大众的监督，进一步保障落实公众的知情权、监督权和提出建议的权利。

六、内部控制视角下对行政事业单位预算绩效管理的进程分析

（一）行政事业单位内部控制对预算绩效管理的作用

内部控制理论起源于西方理论，最早运用到企业中，后面被广泛运用到公共管理部门。为了顺应时代发展潮流，我国也在政府部门推行内部控制建设并施行。行政事业单位实施内控建设与实施预算绩效管理目标存在一致性，均是为了提高公共服务部门的运作效率和公共产品及服务的质量。而且二者均在单位内部实施过程控制，内控建设是在整个单位内部进行，贯穿于所有的部门，绩效管理则贯穿于预算全过程。此二者均体现出了共同参与的管理特征：预算单位的全体人员都要参与到绩效管理过程中，各单位的工作人员都要参与到内控建设过程中。可见，内部控制与预算绩效管理具有高度的契合性，从内部控制的角度出发，将为预算绩效管理改革工作提供一条崭新的道路。

1.内部环境是预算绩效管理顺利开展的基础

内部环境是指受行政事业单位长期以来形成的历史和文化的影响，并作用于单位全体工作人员意识的一切物质、文化等因素的总和。有效的内部控制环境能够对内部所有工作人员的责任意识、诚信意识、敬业意识等方面造成影响，这种影响是无形的，而且能够吸收更优秀的人才加入到该单位中，从而有利于推动该单位各项目标的实现。具体到单位实施的预算绩效管理工作中有以下表现：

①单位文化建设是单位工作人员在履行政府职责的过程中逐步形成的，该文化是单位人员都普遍遵守的价值观念、服务理念，以及受该思想观念的影响在履行职务行为中所表现出来的行为举止。实施绩效管理旨在提高资金使用效率，从而提高公共产品和服务的质量，进而强化政府的责任意识。但是长期以来因受传统预算管理模式的影响，普遍存在财政资金使用效率低下的情况。特别是在地方政府债务越来越重的情况下，政府要开展各项职能活动，但受限于财政资金，很多与社会公众切身利益相关的财政项目因无财政资金支持而被迫放弃。因此，行政事业单位预算绩效管理文化建设将会从思想观念的塑造上影响单位工作人员，促使他们在工作中树立绩效理念，将绩效理念内化为心、外化于形，推进绩效管理工作的真正落实。

②组织结构是实施绩效管理的基础保障。行政事业单位职能范围广泛、职能

部门众多，若没有在组织架构上对负有预算绩效管理职能的机构进行科学设置，将可能导致政府职能交叉、职责权限不分、机构重叠、人员冗余、效率低下等问题。这些问题都会严重拖延绩效管理工作的开展。因此，建立科学合理且权责分配、相互制衡的绩效管理组织架构，是实施全过程预算绩效管理的前提，只有在组织架构上理顺，才能规范各职能部门的工作流程，保障各职能部门各司其职、各负其责。

③队伍建设是推进预算绩效管理工作向纵深发展的重要基础条件，是实施预算绩效管理的智力支持。合理的人力资源配置能大幅度提高行政事业单位各职能部门职责的充分履行。若是人力资源配置不合理，导致有些部门人员过剩、人均工作量少，有些部门人员紧缺、人均工作量大，将会影响到各部门人员工作的积极性、因绩效管理工作复杂多样、专业性强，需要知识储备和业务能力熟练的人员负责，若是因为预算部门人员紧张、任务繁重，将会导致工作人员对绩效管理工作应付了事，甚至会导致优秀的人才流失，特别是经验丰富的人才流失，造成绩效管理工作的执行人员进一步稀缺。预算绩效管理是一项综合性较强的工作，需要复合型人才。但是目前的调查显示，财政部门招聘的人员主要以会计学、审计学、财政学等为主，无法满足绩效管理工作的要求。因此，为了确保绩效管理工作的开展具备足够的人力资源，必须不断加强队伍建设、合理配置人力资源。如果人力资源总体规划不完善、人力资源配置不合理，预算绩效管理制度设计再完美，无人可执行也是枉然。只有在组织机构设置和人才队伍建设方面下功夫，才能为预算绩效管理工作的开展提供基础的制度保障。

2.风险评估是预算绩效管理顺利实施的前提

预算绩效管理是建立现代财政制度的一项重要举措，旨在对原有的预算管理制度和财税制度进行改革。它是一种以结果为导向的管理模式，要求在预算编制、执行、监督全过程中贯彻绩效理念，从而提高财政资金的产出成果。通过实施绩效管理，提高财政资金的使用效率，用较少的钱办较多的事，为公众提供质量更高、品种更多的公共产品和服务。任何人都会为未知的、不可预测的事情产生恐惧感，而预算绩效管理作为一项新的改革措施，势必会对原有的利益进行重新分配，因此不管是领导层还是具体负责执行的人员自然会对实行预算管理产生抵抗情绪。特别是绩效改革势必会触动一些部门原有的利益格局，改革必然会遭受阻力。加上预算绩效管理工作复杂，具体负责人员或执行人员也会有畏难情绪，对执行中遇到的问题提出少，或为了应付上级检查而下表面功夫，或为了应付年底考核而粉饰太平。这些都是推行预算绩效管理中遇到的风险因素，它将是预算绩效管理改革进程中的最大变数。因此，应当进行风险评估，对绩效管理改革中可能存在的风险进行识别，并有针对性地设计出风险预防措施，将风险控制在一定范围内，从而减少阻碍预算绩效改革中的风险。

3.控制活动为预算绩效管理提供标准

控制活动是指为保障上级领导部门的意见部署、单位负责人的意志得到贯彻落实，实现本单位行政管理目标，贯穿于本单位所有工作人员的职务行为中，如批准、授权、职责分工等一系列活动。预算绩效管理就是行政事业单位打造"阳光财政"过程中，通过强化绩效理念，在预算全过程中采取的一系列改革措施。控制活动可以说是贯穿于整个预算绩效管理过程，是保障预算绩效管理能够持续有效进行和衔接的关键一环。它的主要措施包括不相容岗位分离原则、授权审批控制等，这些措施旨在对相关权力拥有者、执行者进行不同的权力分配，实现相互制衡的目标，防止权力的腐败。这也是为了确保预算绩效管理的各个环节由不同的职能部门负责，促使各职能部门相互监督、相互约束，推进预算管理工作的有序开展。

4.信息沟通是预算绩效管理的内在要求

信息与沟通对预算绩效管理工作的影响，主要体现在各单位具体负责执行的人员在履行预算绩效管理职能中，将该过程中产生的信息及时反馈给相关部门及负责人，实现单位内部信息的沟通和交换，同时对预算绩效管理工作中产生的问题及时地进行修正、调整。有效的信息沟通加快了实施预算绩效管理的部门与其他相关部门的信息流通，确保绩效管理措施有效实施。总之，预算绩效管理过程中所产生的信息均关系到绩效管理的最终目标能不能实现，从预算绩效目标的设定、审核、调整、应用，到事前绩效的评审、事中绩效的监控、事后绩效的自评、自评结果的应用，都需要对预算绩效管理每一步的执行情况进行反馈、沟通，若没有畅通的沟通机制，将导致信息反馈不及时、不充分，问题无法及时发现并及时解决，预算绩效管理工作的开展势必受到影响。

5.内部监督是预算绩效管理不断发展的保证

随着政府职能的转变，政府所要提供的公共服务和产品的种类越来越广，原来的内部监督体系不能完全适应预算绩效管理改革，造成监督的失位、缺位或错位。为了保障预算绩效管理改革工作继续向前推进，内部监督制度必不可少。预算绩效管理工作一直处于发展之中，会不断出现新问题，若没有一个强有力的监督机制，就无法保障工作人员及时发现问题，导致问题越来越来严重，甚至偏离绩效管理的目标。因此，将内部监督贯穿到绩效管理的全过程，才能保障绩效管理工作的顺利完成。

（二）预算绩效管理中内部控制的内容

将内控建设与预算绩效管理融合起来是一个复杂的系统工程，可以参照COSO"内部控制框架"理论，将行政事业单位的绩效管理与内部控制结合起来，贯穿于预算全过程。

1.预算绩效管理的内部控制环境

将内部控制环境融入预算绩效管理中，首先，要提高单位工作人员的内控意识，在行政事业单位内形成内部控制文化。内控意识的形成主要是通过不断的培训，甚至进行考试的方式，确保工作人员真正树立内部控制意识。其次，培养一支更为专业的预算绩效管理人才队伍。通过开展培训，提高执行和管理能力，通过制度设计完善的人员管理措施，建立内部竞争机制，提高执行人员的积极性和创造性。再次，领导层的推动和支持对预算绩效管理工作的推进起着至关重要的作用。单位负责人的行为可以说是行政工作人员参照的标准，影响着行政工作人员的职务行为，没有单位负责人的支持，预算管理工作就不会引起具体执行人员的重视。因此，行政事业单位负责人对实行预算绩效管理要有一个清醒的认识，要熟悉上级部门的部署要求，熟悉绩效管理的规章制度、流程，只有在思想上形成正确的认识，才能指导行动，并以身作则，起到为单位具体执行人员做好先锋模范的作用。最后，落实预算绩效管理工作需要有组织做保障。目前，还有一些单位尚未设置专门的预算绩效管理部门和预算岗位。鉴于一些单位规模小、行政人员编制受限制的情况，设置单独的组织机构显然不符合实际，唯一的办法是通过调整内部组织机构，并重新进行职责的设置、分配，根据不相容职位分离的原则设置职能部门，确保预算绩效管理工作有专人负责，在组织上保障预算绩效管理工作的顺利开展。

2.预算绩效管理的风险评估

绩效管理过程中的风险评估程序主要包括以下内容：第一，风险识别和排查机制。各单位在开展绩效管理工作之前，必须梳理各绩效管理工作中可能存在的一切风险点，逐一进行识别、排查，并对可能存在的风险种类进行分类归纳。一般预算绩效管理过程中可能存在的风险种类主要有以下五项：①因预算绩效管理制度不健全导致的风险，如相关规章制度不健全，甚至存在相互矛盾的情形；②具体负责执行预算绩效管理工作人员能力不足的风险；③单位负责人及具体负责执行人员由玩忽职守造成的风险；④单位负责人及具体负责执行人员由滥用职权导致的风险；⑤单位负责人及具体负责执行人员利用职务之便，贪污受贿、徇私枉法造成的风险。第二，对预算绩效管理工作中可能存在的风险进行识别、排查后，采取相应的风险应对策略，针对①风险，是因为总体制度设计层面存在问题，只能通过不断地完善相关制度，并对出台的规章制度进行整理、编纂、修正来预防①风险。②风险产生的原因是由于人力资源存在问题，由于预算绩效管理工作相对复杂，需要复合型人才，而现有负责绩效管理工作的人员显然不具备相关方面的知识储备，才出现能力不足的风险。针对该项风险，首先，是人员招聘方面把关好；其次，加强业务素质的培训，可以通过组织专题培训的方式，不断提高有关人员的业务能力和业务素质。③风险主要是来源于负责人或执行人员的责任感，对自己的职责缺乏正确认识，虽然主观上没有违法的意识，但客观上因对工作缺乏责任感导致该风险出现。针对该项风险的主要预防措施是设置风险提醒机制以及责任追究机制。针对④风险和⑤风险是负责人或执行人员主观上存在的恶意违法意识，客观上在恶意违法的思想意识控制下做出的违法犯罪行为，这也是预算绩效管理过程中最大的风险。防止此类风险的预防机制主要是设置全过程的监督以及严厉的责任追究机制。

3. 预算绩效管理的控制活动

预算绩效管理的控制活动是预算绩效管理全过程"动态观"最直接的体现，也是有效控制预算绩效管理风险、实现预算绩效操作层面的保证，具体包括但不限于授权、业绩评价、信息处理、实物控制和岗位分离等相关活动。预算绩效管理中的控制活动应重点关注以下几点：是否合理地设置了绩效目标；是否正确地按照预算计划执行；是否设立了风险预警机制；出现例外或突发情况时，是否采取及时、恰当的措施确保预算绩效目标的实现；等等。具体到预算绩效管理活动实务中，最常见的控制活动类型有：预算绩效管理过程中的岗位分离控制；授权审批控制，包括明确预算绩效管理中的授权范围、授权期间和被授权人的职责、权限等；预算绩效管理牵头部门对预算项目实施部门的目标审核和动态监控等；通过一系列控制活动有效地防范和规避预算绩效管理过程中的风险。

4.预算绩效管理的信息沟通机制

预算绩效管理中的信息沟通机制是指以现代科学技术为依托，通过不断创新设计出与预算绩效管理相符合的信息沟通机制，确保将预算管理过程中所产生的有用信息准确、完整、高效地传达给各相关部门，从而提高预算绩效管理工作的效率。信息沟通机制应着力解决预算项目执行部门对于预算绩效信息了解不充分、不全面的问题。此外，还应建立预算绩效管理全过程的信息披露制度，在单位内部构建一个信息共享与沟通平台，打破部门之间的信息壁垒。

5.预算绩效管理的内部监督

预算绩效管理内部监督机制的内容包括以下两个方面：①建立专门负责的监督职能机构或部门，并明确该监督部门的职责权限。只有各监督部门的职能清晰，才能精准发力，各负其责、各司其职，确保各项内部监督机制发挥作用。②明确内部监督结果的责任追究机制。对内部监督过程中发现执法不合规行为，要追究其责任；通过落实责任追究机制，才能形成强大的威慑力，监督才能发挥实用性，才能促进执行人员依法履职。

第三节　行政事业单位固定资产管理内部控制流程的优化

一、行政事业单位固定资产管理内部控制流程优化的目标及方法

（一）固定资产管理内部控制流程优化目标

1.构建完善的内部控制机制，提高本单位固定资产管理效率。

2.根据分析查找错误及原因，进行回溯，明确问题。

3.优化会计方法，提高会计资料的准确性、真实性及完整性。

3.确保国家相关规章制度能够得到有效的贯彻和落实。

(二)流程优化方法

目前,侧重于企业流程优化的建模方法有以下五种:流程图、角色行为法(RAD)、Petri网方法、ARIS-EPC、UML统一建模语言。综合分析各种方法的优劣后,本书选择采用UML统一建模语言对行政单位固定资产管理内部控制流程进行优化分析。UML统一建模语言由对象管理组织发布。作为一种标准的通用设计语言,其设计本意是计算机程序人员可以采用此种方法进行计算机程序的建模,后发展为开放的标准被应用于各个方面。UML统一建模语言为企业的业务运作的优化提供了可应用性的分析方法。UML统一建模语言的完成模型组成部分为视图、通用机制、模型元素。

企业流程优化中的图主要分为四种:用例图、静态图、行为图、交互图。第一种是用例图。用例图主要是从用户角度对整个流程的运作进行说明,并详细说明参与者及其操作功能。用例图作为流程运作过程中重要的功能说明单位,有助于团队详细地了解客户的需求。第二种是静态图。静态图主要包括包图、类图及对象图。其中包图是为了说明整个流程的分层结构;类图则是流程的静态关系,用来显示流程中各个类的静态结构;对象图包含定义流程中的类,也包含不同类之间存在的关系。第三种是行为图。行为图主要是说明流程的动态关系及对象之间的交互关系,用来说明流程的动态模型与组成模型的对象之间的交互关系。作为类图的补充,状态图仅仅需要在状态行为受到外在环境的影响而发生变化。活动图主要用来说明根据用例要求而采取的活动以及其存在的关系。第四种是交互图。交互图主要用来说明对象之间存在的交互关系。

二、行政事业单位固定资产管理内部控制流程优化的系统设计

(一)固定资产采购内控流程的优化

1.固定资产采购业务分析

固定资产采购业务需要由经办人员、资产所需部门领导、固定资产管理人员、财务人员共同完成。经办人员根据本部门所需要固定资产,准备相关的审批材料,申请审批时需要考虑采购的固定资产是否超过预算,如果没有超过预算,则资料需要向分管领导提交审批,如果采购的资产超过预算,则需要上一级领导

的审批。如果申请通过了分管领导或局长的审批，资料就可以提交给资产管理中心中固定资产处管理人员。该人员根据提交的资料制订固定资产采购计划，然后将采购计划提交给财务处人员审核；审核通过后增加总账以备后期查验，并将审核后的材料交由固定资产人员安排采购。针对行政单位固定资产采购内控流程存在的审批不严格问题，须对预算审批流程进行优化，即单一审批模式区分为预算内采购和预算外采购审批模式。其中预算内审批人为分管部门领导，预算外审批人为行政单位一把手；可以严格审批机制，有效地防止采购审批模式不健全带来财务风险；此外，增加了财务处人员的账务审核，审核通过后才能实施采购计划，提高行政单位固定资产采购安全性。

2.优化后效果采购审批更加合理

行政单位实行全面预算管理，因此单位的各项业务都应严格执行预算，特别是在采购业务上，相关领导要严格把关。在新的固定资产采购流程中，特意增加了预算内和预算外审批流程。预算内采购申请执行单位常规审批流程，并且经过分管领导审批后即可开展采购业务；预算外采购一般会涉及特别重大的固定资产设备采购，往往涉及金额庞大，因此必须由一把手做出审批决策。同时，在新的固定资产采购入账流程中，财务部门全程参与，对于单位的固定资产采购工作进行全程监督，保证采购过程的透明性，防止采购违规现象发生，维护单位财产利益。

（二）固定资产转移调拨内控流程的优化

1.固定资产转移调拨业务分析

固定资产转移调拨业务需要由经办人员、分管领导、固定资产管理人员、财务人员共同完成。经办人员根据本部门所需要转移和调拨的固定资产需求，填写相关单据材料并分管领导审批；分管领导审批后由经办人员提交给固定资产管理人员，固定资产管理人员根据审批后的单据进行审核；审核通过后即生产转移调拨变动表，如没有通过审核则需要经办人员返回重新整理材料；如果资料审核通过后，生产的转移调拨变动表将提交到财务人员处；如果财务人员通过审核则完成固定资产的转移调拨业务，若未通过审核则退回到固定资产管理人员处。

2.固定资产转移调拨功能分析

行政单位固定资产采购的流程主要涉及经办人员、分管领导、固定资产管理人员、财务人员；此外，为了提高固定资产管理的效率，提高固定资产的透明度，流程优化中还须考虑参与者的具体功能。

3.固定资产转移调拨优化后成效

优化后的固定资产转移调拨程序，在原有的转移调拨程序的基础上改变了模式，要求财务部门、分管资产管理部门、资产调入调出部门共同参与整个固定资产转移调拨的过程中，固定资产管理人员及财务处人员均对固定资产转移调拨具有监督权；若提交的材料不合格，在固定资产管理人员环节发现，可以要求退回；如果没有发现，材料提交到财务人员处，审核出现问题，依然可以要求退回。优化后的行政单位固定资产转移调拨流程相比较之前的流程更加严谨，有助于降低风险。

（三）固定资产处置内控流程的优化

1.固定资产处置业务分析

经办人员根据固定资产的使用情况提交固定资产处置申请，然后经过分管领导的审批后由固定资产管理人员进行审核，并且获取相关的处置批准文件，之后将固定资产的明细账目减少以备后期查验，然后财务人员进行总账的减少。

2.固定资产处置功能分析

由业务分析可知行政单位固定资产处置的流程主要涉及经办人员、分管领导、固定资产管理人员、财务人员。

3.固定资产处置优化后成效

优化后的固定资产报废处置流程在原有报废处置流程的基础上改变了原有报废处置模式，要求财务科、分管资产管理部门和资产使用部门共同参与到整个报废处置的过程中，以保证整个报废处置工作的严谨性。首先，财务科和分管资产管理部门能够对整个固定资产报废处置过程进行监督，对于拟报废资产要进行第三方专业鉴定，以保证整个报废处置工作规范完成，维护单位经济利益；其次，新流程要求财务科在收取处置收入、支出相关费用后，财务会计和分管资产管理员同步进行销账处理，并知会固定资产使用部门及时更新台账，这样有利于避免账务脱节现象，保持资产管理各部门账实相符。

（四）固定资产年度盘点内控流程的优化

1.固定资产年度盘点业务分析

行政单位固定资产盘点管理流程优化业务主要由固定资产管理委员会进行，而固定资产管理委员会是由固定资产管理人员、财务人员、领导组成的，具体的流程为：固定资产管理委员会人员对固定资产情况进行盘点，包括盘点数量，确定是否报废或过多数量；然后录入固定资产盘点后清单并保存相关单据。

2.固定资产年度盘点优化后成效

优化后的行政单位固定资产盘点流程改变了固定资产需求部门单一盘点的局面，将盘点工作交给由分管领导、资产管理中心人员、财务科人员；需要固定资产部门的经办人共同组成的固定资产管理委员会负责，增加了资产盘点涉及的部门及人员数量，有利于提高行政单位固定资产盘点工作的可靠性、安全性，盘点过程更加科学，提高了行政单位固定资产管理水平。

三、优化方案实施的保障措施

（一）加强单位领导层的重视

行政单位固定资产管理内部控制优化后的流程能够促进本单位固定资产管理效率提高的基础是单位全体人具有内部控制意识，尤其是单位领导人的内控意识。根据《内部会计控制基本规范》及《会计法》的规定，单位领导对于固定资产管理的工作需要作为第一责任人负责，并且对本单位固定资产管理内控制度的科学性、完整性、真实性具有重要的责任。加强单位领导层的内控意识，提高单位领导层的重视度，首先需要加强固定资产管理内控知识的学习。具体来讲，行政单位的分管领导、资产管理中心领导、固定资产委员会领导及财务科领导应积极主动地学习本单位固定资产管理内控知识，分期分批地组织固定资产管理内部控制讲座，讲解固定资产内部控制知识；使单位领导层具备基本的固定资产管理内控知识，并将了解到的知识运用到日常工作中，促进良好的固定资产内控环境的形成。

（二）完善固定资产管理内部控制考核机制

固定资产管理内控优化后的流程发挥应有效果的前提是单位人员将流程融入到日常办公中，而固定资产管理内控控制的考核机制就显得尤为重要，没有扎实的落实，只会带来制度存在感过低；单位人员忽略固定资产管理内控制度，造成投入精力和资金的浪费。因此，行政单位需要完善本单位固定资产管理内部控制考核机制，形成管理加考核的双层机制，提高固定资产管理效率。具体措施为实施单位固定资产管理时坚持落实固定资产管理内控流程，提高固定资产管理效率的目标；通过科学分析本单位固定资产管理内部控制优化的内外部环境，确定固定资产管理内部控制绩效考核的评价标准；加强过程中的预算管理，对于达到考核要求的给予一定的奖励。

（三）完善固定资产管理内部审计监督

行政单位固定资产管理内部控制优化的过程中，如果缺乏相关的内部审计制度对优化后流程的监督，可能导致流程控制的混乱运行。因此，行政单位固定资产管理内部控制流程的优化需要与严格的内部审计相结合。具体措施为行政单位的审计部门应定期开展固定资产审计工作，对本单位的固定资产采购、转移调拨、处置及盘点环节的科学性、规范性实施抽样调查进行监督；制定固定资产管理内部控制的测试机制，通过测试加强对固定资产管理内部控制各个环节的监督；然后根据监督的结果撰写报告，将本单位固定资产管理内部控制流程中的问题及时地反馈到相关领导层；通过固定资产管理委员会的会议研讨，提出进一步完善流程的方案，以保障行政单位固定资产内控的目标。

第四节　行政事业单位内部控制优化对策

一、事业单位落实财务内部控制的必要性

当前社会经济发展形势下，事业单位财务内部控制逐渐趋于规范化、制度化、日常化，对于事业单位维持稳定运营、实现社会价值有着积极、重要的作用。

在实际的执行过程中，应遵循财务内部控制的实施原则，落实操作流程、控制标准和行为规范等，基于事业单位层面及业务层面，根据政策指引，对财务内部控制的相关制度、实施方案及管理流程进行完善。

（一）规避财务风险的客观需要与保障

与普通机构及企业相比，事业单位更容易面临财务风险。企业主要资金来源为融资与利润，为保障稳定长远的运营，企业对财务风险的重视程度较高，会建立科学、完善的财务风险防控机制。而事业单位在运营过程中，其主要资金来源为政府财政拨款，部分事业单位内部存在资金浪费、资源利用不合理等问题，同时员工对于财务风险防控缺乏应有的重视，导致事业单位财务风险系数相较于企业而言更高。而财务内部控制体系包括内部审计、监督机制，对于货币资金分配情况、专项支出的规范性进行动态管理，有效地强化财务工作流程的规范性与透明性，实现财务管理质量提升，有效地规避财务风险。另外，财务内部控制是通过规范财务工作流程，分析处理财务数据报表来实现事业单位精细化管理水平提升，规范财务管理人员行为，保障其道德建设与能力建设，实现工作效率及质量的全面提升，从源头上避免员工违规行为的产生，降低财务风险。

（二）优化资源配置、降低经营成本的客观需求

财务内部控制在事业单位内部的落实，将直接作用到财务管理工作环节之中，实现财务管理流程的优化与改善。长期以来，财务资源配置的不合理一直是阻碍事业单位发展的重要因素，而财务内部控制的全面落实，有助于事业单位实现财务行为的规范，进一步明确财务目标，确保财务资金配置及使用的合理性，避免资金浪费、流失等现象的发生，确保其实现价值最大化。此外，财务内部控制借助内控手段，对单位财务管理部门及员工进行监督，促进财务管理效率的全面提升，有效地降低运营成本，减少不必要的支出。同时，财务内部控制还能帮助事业单位对业务流程进行全面的梳理，明确薄弱环节，推进整改工作的全面落实，规避财务风险，以便更好地履行职责。

二、事业单位财务内部控制应用过程及应用困境

（一）对财务内部控制认知匮乏

与业务部门业务指标完成相比，财务内部控制作为一项监督管控手段，短期内作用于事业单位的成效不够明显。因此，现阶段事业单位管理层对于财务内部控制不够重视，在实际的执行过程中仅根据政策指引开展相关工作，并未全面考量事业单位当前运营状况。员工在工作开展过程中，受认知匮乏影响，浅显地认为财务内部控制专属财务部门负责，因此缺乏应有的参与度，无法为财务内部控制的落实奠定良好的基础。在组织机构建设环节，对岗位的设置不合理、不相容，导致舞弊现象时有发生。此外，部分事业单位对财务内控体系建设缺乏主动性，其实施目的在于应对上级领导检查，因此并未基于自身实际运营状况，充分发挥财务内部控制价值，实现精细化管理水平的全面提升。

（二）财务内部控制制度亟待完善

事业单位在运营管理进程中，应严格遵循政策指引，充分履行自身职责，紧跟时代的发展步伐，推动财务管理转型，注重财务管理效率及质量的有效提升，以此助力事业单位的长足发展。就现阶段事业单位改革成效来看，仅对表面问题进行罗列和梳理，在制度体系方面缺乏应有的重视程度。在财务内部控制落实过程中，缺乏科学完善的规章制度，导致员工工作落实缺乏应有的指引，难以保障工作流程的规范性。此外，涉及部分关键岗位，如经费支出与监督岗位，并未严格地遵循岗位分离原则，导致其设置不合理，难以避免员工违规行为的产生。

（三）预算编制合理性不足，预算执行力度不够

良好的预算编制是预算管理工作开展的重要前提。现阶段，部分事业单位预算编制时间较为仓促，并未应用科学的预算编制方法，通常参考上一年度预算数值，只进行简单的增加或减少，导致预算结果较为随意，同时在预算编制过程中易产生收支不平衡问题。在实际的执行过程中，并未严格地按照预算支出计划，易出现预算短缺现象，严重影响预算的严肃性。涉及预算调整时，相关审批机制落实不到位，对于预算执行偏差分析度不足，整改工作落实不到位。此外，部分

事业单位还存在预算资金执行进度缓慢的问题，导致内部资金大规模结余，往往在最后一季度进行突击花钱，并未充分发挥预算编制的价值。

（四）审计机制有待完善

健全的审计机制是促进事业单位财务内部控制有效性提升的重要前提，通过审计工作的全面落实，能及时发掘财务内部控制执行过程中存在的问题，并督促整改工作全面推进，切实提升财务内部控制水平。部分事业单位在实现审计工作落实过程中，缺乏现代化审计理念，并未基于审计工作落实需求设置独立的审计机构，难以保障审计工作开展的权威性。审计机制完善程度不足，审计价值并未充分发挥。此外，部分事业单位存在岗位设置不合理的问题，部分审计人员专业能力难以满足审计工作的落实需求，并未根据政策法规及外部环境变化实现知识储备的优化更新，严重影响了审计质量。

（五）信息化程度与人才储备不匹配

信息化技术的应用，在一定程度上决定了事业单位整体的工作效率。受财政压力、预算统筹能力、技术发展成熟度等因素的影响，部分事业单位在信息化建设方面缺乏投入力度和科学规划。一方面，为方便目前工作，简单地将其等同于使用会计核算软件代替手工；另一方面，并未制订长期规划，对信息化目的及范畴认知不足。因而采用因事推进方式，导致数据多头管理、多头产生问题的出现。同时，并未全面地发挥信息化业财协同作用，数据传输口径不一致，无法实现资源共享。部分事业单位员工缺乏良好的信息化系统操作能力，并未及时根据政策变化实现自身知识储备的优化更新，难以满足工作开展的需求，在一定程度上阻碍了财务内部控制在事业单位内部的全面落实。

三、事业单位财务内部控制优化策略

（一）提升全员财务内部控制意识

事业单位应深入解读国家政策法规，积极地推进财务内部控制的充分落实，从思想意识层面树立正确认知。针对传统管理模式下事业单位缺乏财务内部控制意识的问题，事业单位的管理层应深入了解财务内部控制的积极作用，在单位内部借助新媒体平台大力开展宣传，引导全员积极参与到财务内部控制的落实过程中。从组织架构层面为财务内部控制落实奠定良好的基础，摒弃传统管理模式下偏颇的思维理念，强化各职能部门协调配合，为财务内部控制体系建设提供所需资源。在单位内部搭建良好的沟通渠道，进一步强化各职能部门参与度。合理地划分岗位，保障工作流程的规范性。充分明确财务内部控制在事业单位内部的落实目标，对目标进行细化分解，落实到具体职能部门。对管理流程进行全面的梳理，合理地借鉴其他单位财务内部控制案例，对比管理流程中的薄弱环节，有针对性地落实整改工作，在事业单位内部营造良好的财务内部控制落实氛围。

（二）完善财务内部控制制度

只有从思想意识上对财务内部控制的基础概念、内涵和作用有相对深入的了解，才能推动各项管理制度的不断完善，为财务内部控制体系有序地运行奠定良好的基础。在单位内部大力开展宣传教育活动，强化基层员工的理论认知，化解管理层与执行层之间的矛盾，结合执行层反馈的建议，建立健全财务内部控制管理制度，为员工工作的开展提供指引。推动前期风险评估工作的全面开展，对于制度运行过程中可能存在的问题进行预判，并制定完善的应对措施。改变传统模式下重视事后监督的弊端，将关注重点放在全流程监督管控之中，充分抓住重点、实现主次分明。完善责任追究机制，保障员工充分明确自身职责的同时提升重视程度，严格按照各项规章制度推进工作，从源头上规避违规行为的产生，实现事业单位财务管理水平的提升，强化内部廉政建设。

（三）完善预算管理机制，强化预算执行

提升对于预算管理的重视程度，建立健全管理机制，确保员工在工作落实过程中有据可依。对于事业单位当前运营现状进行全面的分析，推进预算编制工作的有序开展，严格遵循"自上而下"原则，预算管理小组下达预算指标及编制计划，各职能部门积极响应，形成初步草案，及时上交到预算管理小组及监督管理部门审批，并根据修改意见对其进行更正、修改，经过层层审批修改后形成下一年度预算方案。同时，在预算编制过程中，还应基于事业单位的需求采用合理的方式，实现零基预算、动态预算、弹性预算等预算编制方式的合理结合。在实际

执行过程中，进一步强化预算执行刚性，严格遵循"收支两条线"管理原则，一方面，提升员工对于预算管理的重视程度；另一方面，完善预算审批制度。针对预算执行过程中出现偏差的问题，向相关部门提交预算调整申请，通过审批后方可调整。对偏差原因进行充分的分析，形成相关的经验积累，为下一年度预算编制水平的提升，奠定良好的基础。

（四）实现监督与审计并重

财务内部控制不仅关乎制度制定、计划落实、执行控制等环节，还需要事业单位建立完善的监督管控机制，才能解决内控约束作用不足的问题。实践活动中，事业单位应树立正确的内部审计意识，基于工作落实需求将审计职能落实到独立的部门和专业的岗位，主要针对财务内部控制制度的制定情况与实施成效进行评估，切实地提升财务内部控制的有效性。必要时可与第三方机构进行合作，借助其专业性全面评估事业单位财务内部控制的落实成效，充分发挥财务内部控制的价值，助力事业单位实现长足发展。

（五）提升信息化建设水平，积极培养内部控制人才

事业单位应有效地强化信息化建设水平，充分利用信息化技术，实现内部管理效率及质量的提升。同时，应充分明确大数据、云技术等信息技术应用的积极作用，基于事业单位运营管理特点，搭建具备自身特色的一体化信息管理平台，强化业务部门与财务部门融合度，充分发挥业财协同效应，实现各职能部门之间信息资源共享，建立高效率的沟通渠道，实现财务与业务信息化联动。

必要时可与第三方机构进行合作，引进专业信息技术人才，定期对信息化系统进行维护，确保其维持高效稳定的运转，更好地服务于事业单位。此外，事业单位还应进一步强化复合型人才储备，积极培养财务内部控制人才。在实际的执行过程中，应定期开展教育培训活动，保障员工正确认识财务内部控制的价值，深入解读政策法规，实现知识储备的优化与更新，提升专业素养更好地满足财务内部控制落实需求。同时，完善事业单位绩效考核制度，将财务内部控制落实成效纳入考核范畴，激发员工执行动力，推进财务内部控制体系从建设到落地工作的开展。

四、数字财政背景下行政事业单位内部控制优化路径

近年来，我国逐步推进政府的数字化转型，大数据财政监督制度改革日见成效，在一定程度上调动行政事业单位的积极性，增强其责任意识和落实主体责任。随着我国推行了更加公开透明的预算绩效制度、政府会计制度中引入权责发生制、成本核算体系在行政事业单位逐步开展，数字财政的监管功能日益凸显。财政运用大数据进行财政监督，通过动态提取、分析、预警和跟踪、反馈行政事业单位的预算、绩效、成本、决算等信息，以全面、真实、系统地反映各行政事业单位的财务状况和内部控制情况。数字财政促进各行政单位内部控制更高效、全面、动态地对资金使用过程进行监督，明确资金流对应责任体，以提高资金使用效益，同时更准确地判断单位资产使用情况，并就此予以监督和管理。数字财政是建立现代财政制度、推进国家治理体系和治理能力现代化的重要手段，其促进行政事业单位内部控制进一步优化。为此，本文将探讨数字财政对内部控制的作用机理，运用数字财政的大数据构建内部控制评价指标，并解析行政事业单位业务层面优化的措施，以实现管理数据的充分运用，提高内部控制的运行效率。

（一）数字财政对内部控制的作用机理分析

数字财政背景下，行政事业单位财政性资金及自有资金的出纳、会计核算业务均纳入财政一体化系统的监管范围下，行政事业单位实现财政资金预算、执行、决算、财务报告一体化管理，数字财政构建了国库部门、业务部门和监督部门共同参与财政执行和监督的机制。当前各级财政逐步建成了由部门预算、指标管理、预算拨款、用款计划、国库集中收付、公务卡、财政总预算会计等财政数字化系统，以建立"数据大集中"模式的财政监管系统。财政数字化转型实现行政事业单位财务系统与财政业务系统的整合和数据交互，满足财政资金预算、执行、核算和决算、财报的全生命周期一体化管理。

数字财政一体化系统与行政事业单位数据实现互联互通，可以强化财政监管，包括以下方面：①财务集中核算系统与国库支付结算系统进行比对。财政专管员可以进行按月、按季度、按年度进行预算拨款执行率的统计分析，同时监控行政事业单位记账的及时性、核算的准确性、"三公"经费使用情况、财政资金记账等情况，敦促归口管理的行政事业单位加快预算的执行进度和记账准确性，

并进行奖惩管理。行政事业单位据此分析得出财政资金国库支付记账执行率，同时分析出实际执行率和测算财政归垫的资金，按要求及时入账和管理单位财政资金。②财务集中核算系统与人大在线联网监督。通过系统对接能够查询预算收支变化情况、本级财政收支占比情况、税收收入占一般公共预算收入的比重变化情况、民生各项支出情况、转移支付等情况，为人大代表履职及监督提供数据基础。横向上实现人大与本级财政部门联网，实时介入财政的预算收支数据。在纵向上，由区、镇街实现数据的信息传输应用，形成纵向联网监督体系。通过数字财政，财政监督评价更全面和快捷，能够及时发现问题，将问题落实到个人，快速解决问题。

（二）数字财政背景下内部控制优化路径研究

数字财政下对行政事业单位信息化提出更高的要求，包括对预算会计、财务指标及非财务指标的综合分析和运用，进而实现业务上的融会贯通；通过设置外部、内部监督，发现单位及业务层面可能出现的异常风险，并及时防范。基于数字财政以及单位内部业务系统，运用内控评价指标体系，定期采集和监控数据，可以提高工作效率，也有利于提升财务管理水平。

1.预算绩效管理的优化建议

当前行政事业单位绩效评价以事后管理为主，缺乏系统的事前、事中和事后指标。预算支出的过程跟踪不足，不利于提升资金使用效率，预算分析缺失个性化报表，绩效评价指标体系模板化，针对性不足，无法利用系统动态穿透项目绩效管理。为此，行政事业单位应定期将数字财政的预算管理系统与财务集中核算进行核对。根据功能分类、项目、经济分类、费用类型等要素进行数据比对分析，分析得出财政资金的记账执行情况、非财政资金预算执行情况，为后续的预算执行提供财务数据决策支持。预算绩效管理方面的内控优化方向是健全预算绩效管理制度，在预算一体化系统协助下，将事权和财权结合起来，建立绩效指标库，依据政府任务要求动态调整标准，并实时更新绩效的完成情况。

2.会计核算和收支管理的优化建议

政府会计制度改革后，会计核算的准确性是首要内控工作，单位财务人员应该定期核对零余额用款额度与资金结存零余额用款额度，业务活动费用与行政/事业支出，财政拨款收入与财政拨款预算收入，本期盈余与预算拨款结转形成差异的基础和核算精准度，不断提高会计核算的真实性、完整性和及时性。此外，收支执行常见问题是项目不断提出调整、更新，行政事业单位应定期抽取预算调整较多的项目进行定期监控。同时，应当规范支出核算、建立支出授权审批制度、强化经费支出审核，尤其应当建立"三公"经费、会议费和培训费的台账，跟踪数据变化，防止在支出审核时发生审批随意性较大。

3.采购和合同管理的优化建议

规范政府采购流程、优化采购验收环节、加强采购档案管理，实现对采购业务的控制优化，防止出现采购超预算的情况。同时，在进行政府采购时应严格按照《政府采购法》规定流程，对采购实行动态跟踪，防止出现政府采购不合规现象；在单位内部设立专业的验收小组，形成验收报告，保证采购入库的商品和服务质量达标。搭建档案室，对每项采购业务资料进行编号归档，同时利用信息化手段将编号和采购业务链接，为采购业务管理提供支持性保障，也为后续单位在对某项采购业务进行复查时提供便利，提高整个单位的采购业务档案管理效率。与此同时，借助合同台账、合同管理系统或者第三方采购系统对合同签订、变更、履行、归档和保密等工作进行跟踪处理。

4.资产管理优化建议

在资产管理上，单位应定期核对财务集中核算系统与固定资产管理系统的金额，明确资产区分界限，严格区分存货和固定资产。权责发生制的落实使得单位能够增强单位资产的安全性，支撑单位做出正确的资产内部控制决策。定期更新台账，注重资产条码管理，对固定资产的详细信息，例如，种类、领用部门、维修情况等进行登记，区分在用、闲置及待处理三种不同类型进行登记。资产领用和购置应根据以往的数据评估该项资产在该业务部门的饱和度和资产成新率，避免资产重复购置或者闲置。测算各类资产负债指标，设置往来款预警指标，开展资产清查，包括往来款核对等工作，确保单位资产安全。

5.基建管理优化建议

当前，很多行政事业单位开展的基本建设项目多数为代建制建设项目，基建项目管理难度大，为此应当规范其会计核算、增加立项前可行性分析、完善项目业务管理制度。在项目立项前，做好项目建设可行性分析和事前绩效评价，要对项目建设是否符合国家相关建设标准、环保要求、消防规定等进行调查研究；完善建设项目业务内部控制制度，对建设项目各个环节实施控制，对岗位的设置严格按照行政事业单位不相容岗位制度进行设置。若基建项目较多，建议搭建工程基建管理系统，及时跟踪基建完成率、资金拨付率、验收合格率等指标，督促业务部门及时完成竣工决算。

6.成本管理优化建议

目前，医院、高校、科研单位已开始全面实施《事业单位成本核算基本指引》，成本管理日益得到行政事业单位的重视。各单位运用成本管理系统，结合大数据采集、统计分析、辅助决策等功能，准确、快速、完整地提供成本信息，自动完成数据归集和分析，通过分部门成本报表反映各部门的投入和产出，运用人均费用率、个人支出比率、人均公用经费比率、招待费支出比率等指标进行成本监控。同时，单位在设置绩效评价指标时也结合成本数据，以全面评估单位整体和内部组织部门的运行效率、核心业务的实施效果、政策和项目资金使用效果。

综上，数字财政正在深度影响行政事业单位日常管理，机遇和挑战并存，各单位应顺应财政要求，积极搭建和完善相关内部控制系统，将资产管理、预算绩效管理、合同管理、成本管理等工作运用系统紧密联系在一起，引入大数据技术，实现内部控制智能化，运用更多的预警、预测和决策数据支持公共服务的提供，不断降低行政运行的成本。

第十章　基于大数据的行政事业单位内部控制管理

第一节　大数据技术概述

一、数据与大数据的本质特征

（一）数据的特征

数据作为一种新型生产要素，具有独特的自然属性和社会属性。

1.一种新型生产要素

数据古来有之。随着信息化的不断发展，在不同的阶段数据的社会属性也在不断发生变化，在社会中的地位也日益重要。

（1）驱动现实的重要力量

最初的信息时代以单机应用为主要特征，数字化办公和计算机信息管理系统逐渐取代了纯手工处理，将现实世界中的事物和现象以数据的形式存储到网络空间中，主要是一个生产数据、存储数据的过程。数据的主要作用在于准确描述现实，数据是记录自然、生命、人类行为、社会发展的重要载体。

自20世纪90年代开始，互联网应用成为信息化发展的主要特征，"互联网+"成为新范式，互联网与政治、经济、文化、社会等各领域的快速融合加速了数据流通与汇聚，数据呈现出海量、多样等一系列特征。在这一阶段，人们逐步认识到数据的重要作用，基于数据分析、挖掘而产生的各类应用逐步兴起，网上购物、社交平台、电子地图、智能导航等各类应用平台纷纷进入人们的视野，"数据+"平台不断革新人们的工作、消费、互动、出行、办事等生产和生活方式，成为改变现实的重要力量之一。

当前，数据不断产生、计算、分析和应用，成为网络空间不停流动的血液和知识经济的原材料，数据的大体量、多维度、及时性等特征更加明显，数据蕴含的价值更值得期待，各类企业、部门加快了数据的聚合、处理、分析和应用。数据成为反映现实、优化管理、科学决策的主要依据，也成为驱动现实发展的重要力量。

总体来讲，从数字时代到网络时代再到智能时代，数据的作用逐渐从描绘现实向改变现实进而向驱动现实转变，信息技术由最初经济发展的辅助工具演变为引领经济发展的核心引擎。

（2）重要的社会生产要素

当前人类社会已经进入数字时代。在农业时代，土地是关键生产要素；工业时代以劳动、资本、技术作为关键生产要素；数字时代最显著的特征则是以数据作为关键生产要素，进而催生出一种新的经济范式——"数字经济"。随着数据收集、存储和处理成本的大幅下降、计算能力的大大提高，采集、管理、分析和利用好各种海量数据已成为国家、地区、机构和个人的核心能力之一，数据流可以引领技术流、资金流、人才流不断地汇聚与重组，逐渐改变国家或地区的综合实力，重塑战略格局。可以说，数据资源的多寡和利用情况的好坏已成为一个国家、一个地区软实力和综合竞争力的重要标志。

中共十九届四中全会审议通过的《中共中央关于坚持和完善中国特色社会主义制度、推进国家治理体系和治理能力现代化若干重大问题的决定》（以下简称《决定》）中提出，健全劳动、资本、土地、知识、技术、管理、数据等生产要素由市场评价贡献、按贡献决定报酬的机制。这是国家层面首次增列"数据"作为生产要素，数据资源的重要地位得以确立。这反映了随着经济活动数字化转型加快，数据对提高生产效率的乘数作用凸显，成为最具时代特征的新生产要素的重要变化，体现出新时期背景下我国制度的与时俱进。数据作为新生产要素从投入阶段发展到产出和分配阶段，标志着我国正式进入了数据红利进一步释放的阶段，数据将作为生产要素参与到市场的投入、管理、产出、分配等各个阶段。

2.体量巨大、增长迅速

随着信息技术的蓬勃发展，社交平台、电商平台、搜索引擎等平台工具的广泛使用，以往所不能获取的文字、方位、沟通、心理等内容都被数据化，并产生

"取之不尽，用之不竭"的数据，数据量由以前的GB和TB级别，发展到如今的PB和EB级别。

另外，与传统的数据载体不一样，纸质媒体的传播速度非常有限，而互联网在线使得数据的产生和传播速度变得非常快，每天都会有大量级的数据被高速地创建、移动、汇集到服务器上，这对数据处理平台和技术都提出了更高的要求。大数据的处理响应时间非常短，一般要在秒级的时间范围内给出结果，时间意味着价值，数据处理速度越快，意味着传播速度越快，就能在越短的时间内做出反应，从而具有先发优势。

面对如此大规模的数据量，迫切地需要新的技术和平台来处理这些数据，进而对数据进行统计、分析和预测。在数据量少的时候，人们只能通过部分样本来预测分析，如今数据量已经达到了很大的量级，人们可以使用全样本的数据来进行统计、分析和预测。如今，数据量的限制正在消失，通过无限接近"样本＝总体"的方式来处理数据，我们会获得很大的好处，能更快速地了解一个事物的大致轮廓和发展脉络，这是大数据带给我们的巨大惊喜。

3.多维复杂的天然属性

数据是具有多个维度的。以服装为例，它具有材质、大小、价格、生产厂家、适用季节、适用性别、适用年龄等多种属性。再结合网民的访问终端是手机还是电脑、手机或电脑的型号、上网时间、历史访问记录、定位信息等，通过不同的组合，可以推断出特定网民的消费习惯、年龄、学历、生活状态等不同分析结果。数据的多维度、多层次的属性应用到社会经济生活的各个领域中，可以加速流程再造、降低运营成本、提高生产效率、加速供需信息匹配、提高产业链协同效率，从而放大生产力乘数效应，创造更大的价值。

数据还具有复杂性。以行为数据为例，人的行为具有适应性。所谓适应性，指人的行为是依据自己对事物的认知，主动适应环境的结果。行为数据正是无数个体的适应性行为通过系统进行记录、存储在数据库的集合。人的认识是不断建构、迭代的，从人类行为轨迹可以看出，数据的产生遵循这样一个过程：当人们接受外部环境的刺激时，做出反应并产生某种行为，通过系统或平台进行记录，继而在某个数据库中留下某个数据，进而刺激其他个体的某些行为并留下相应的数据，对这些数据的学习改变了认知结构，从而产生新的进一步的行为，这些行为又刺激了更多数据的产生……这个过程将会是无穷无尽的。行为数据具有复杂性的原因在于人们行为之间的适应性相互作用，而这样的相互作用会形成多样化的数据记录。再加之，由于人们接受的外部环境刺激不同，因此做出的反应和形成的记录也不同，再加上记录的系统工具不同、进一步应用的场景不同，从而使得数据结构也不尽相同，呈现出文字、图像、音频、视频等不同形式，在内容逻辑层面也出现看似杂乱无章的情况。但这些看似杂乱无章的数据其实是有章可循的，当我们进行关联性分析比对时，就能发现蛛丝马迹。例如，当将个人的姓名、身份证号码、电话号码、所使用的手机品牌、移动支付的账号、购物的习惯、笔迹、指纹等数据进行关联性分析时，就能得出很多清晰的结论。正是这些能基于杂乱数据，为各项工作寻找到最科学的答案的智能化算法，成为当下和未来一段时间内大数据技术的攻破重点，也是数据企业的核心竞争力所在。

4.依赖平台存在的无形资源

与传统资源不同，数据具有虚拟性、无形性，依靠平台而存在。只有将数据存储在相应介质上并通过设备显示，数据才能以更直观的方式被人们感知、度量、传输、分析和应用，数据质量的好坏、价值的高低才可能被评估。数据的虚拟性、无形性特点决定了数据的管理有别于传统生产要素的管理模式。

①数据管理与数据平台管理不可分割。

②数据的价值与平台算力、算法模型密切关联。

③数据无法从平台单独剥离，从而倒逼现行资产管理法律法规升级完善。

综上所述，伴随着5G、云计算、大数据、互联网、物联网等信息技术的创新突破，万物皆能产生数据，数据间皆能关联，数据正在爆炸性地增长着。我们畅游在数据海洋中，将走入"万物互联、万物智能"时代，也必将推动传统思维模式、生产方式等产生巨大的变革。

（二）大数据的特征

当前，较为统一的认识是来自互联网数据中心（IDC）对大数据的定义，包含四个基本特征——规模性（Volume）、多样性（Variety）、高速性（Velocity）、价值性（Value），即所谓的4V特性。

大数据的4V特性使得大数据区别于传统的数据概念。大数据的概念与"海量数据"不同，后者只强调数据的量，而大数据不仅用来描述大量的数据，还更进一步指出数据的复杂形式、数据的快速时间特性，以及对数据进行专业化处理并最终获得有价值信息的能力。

二、大数据背景下财务会计现状

在传统的企业财务会计工作日常过程中，财务人员需要频繁地对企业运营过程中产生的各种财务数据和财务资料进行收集和归纳，而这些烦琐并且效率很低的工作给财务人员造成了非常大的压力。例如，编制并审核企业每个月度的财务报表、编制年度财务报表等。这部分琐碎复杂的工作很大程度上消耗了财务工作人员最有效率的工作时间和最有洞察力的那部分精力，由于财务工作者这部分有效率、有洞察力的精力被这部分落后的工作内容占据，他们就很难在工作中挖掘出经手财务数据中包含的潜在价值，在很大程度上形成了当今许多企业运营成本不断增高而其财务部门的工作效率却并没有质的提升的尴尬局面，这些企业的财务人员仍然把有限的效率时间用于传统的工作，而这对企业的健康运营和长远发展势必会造成深刻的影响。

除此之外，每套财务数据背后都蕴藏着非常巨大的潜力和商业价值，而这些价值并没有被传统的财务工作方式挖掘出来，这就造成了财务数据之间的联系性被削弱：更进一步使信息之间的交互作用被削弱，出现信息孤岛的现象，财务数据中隐藏的潜在经济价值就这样被浪费了。然而，在如今大数据技术日益成熟发展的大环境下，各种交叉学科不断发展，衍生出了形形色色的许多新技术，例如，人工智能系统已经开始实践运用到财务工作中，这就给传统的财务工作带来了巨大的挑战和机遇。

通过以上内容我们可以得出这样的结论：传统的财会工作在如今大数据技术的冲击下已经产生了不可抗拒的变化。许多基础而浪费精力的财务工作交给大数据智能系统处理，使企业财会人员可以脱离烦琐基础的数据收集和归纳工作，把主要精力放在蕴含更高价值的财务管理和战略制定工作上，这样不仅使财务人员的价值得到更充分的发挥、工作更有效率，也使财务数据中的隐含价值在信息技术的分析下表达得更为透彻和具体。在信息科技的辅助下，企业财务人员可以进行更有效率、更高速的统计，从而快速地分析出企业运营管理核算中存在的漏洞和弊端，揭示出企业的短板之处，进一步可以为高层管理人员提供企业经营走势、税务筹划和财务预算等更有价值的信息，辅助管理层做出最优化的企业运营相关决策。

三、大数据背景下财务会计转型策略

(一)完善大数据管理系统

财务管理实现自动化已经成为财务管理工作不可或缺的保障和后盾,而近年来新兴的大数据技术,作为一种信息技术,能够为企业财务自动化管理提供强大的技术支撑并且能够提高企业的财务管理工作效率。在这种大环境下,企业可以通过完善企业的大数据管理平台来进一步完善财务系统中的大数据管理平台,企业可以通过对大数据技术的充分利用,实现对企业财务数据的精准归类和有效筛选,从而实现对数据的深入分析,能够较大程度地避免人为操作方面的失误,为实现财务会计向管理会计的成功转型奠定坚实的基础。

在大数据背景下,企业想要实现财务会计的成功转型和发展,除了要分析企业日常运行所需要的各项信息内容之外,还要对各项信息加以整合,从而对企业的具体运行状况有所了解,分析企业的运营风险及存在的隐患。企业可以通过大数据、云计算等方式对企业的经营方式进行完善,从而能够帮助企业合理地规避财务风险和隐患,并且可以提高企业的管理效率,然后为企业的持续发展奠定基础。

(二)及时转变思想观念

企业管理层应紧跟时代的步伐,及时转变思想观念。在大数据背景下,企业需要对财务会计的工作职能范围进行拓展,在企业的实际工作当中应结合大数据技术所带来的应用优势,精准地分析企业财务数据,并根据数据对结果进行分析和筛选,制订出适合的成本运作方案,从而使企业经济效益有所提高,为企业管理层提供参考数据,有助于企业确认发展的大方向。传统的财务会计在体现企业的经营状况时,通常只是利用财务报表及企业的资金收支情况,但这些数据在反映企业当前的资金流动状态时通常不够客观,企业管理层无法切实地掌控企业的资金流向、资金运作等方面的信息,也无法针对企业的具体情况制订适合企业的远景规划,这样一来,极易影响企业的健康发展。因此,企业管理层应及时地对思想观念加以转变，并且财务管理人员应提高收集数据信息、分析处理数据信息及高效管理数据信息的能力，企业财务会计也需要提高对新型管理理念的认同感，从而使企业能够顺利实现财务会计向管理会计的过渡和转型。

（三）拓展数据收集渠道

传统的财务报表通常是时点报表，即只反映企业某一经营时点的会计信息，通常显示的是会计科目余额的年初数和年末数，但是对企业来说，企业的经营发展是会随时改变的，企业的经营发展处在一个实时变动的过程中；同样，企业的财务信息也始终处于一个随时会发生变化的动态模式中，所以企业所需要关注的应当包括但不限于每年12月31日的财务信息，即企业的资产负债情况、企业的利润情况及企业的现金流量情况。企业还应将注意力放在能够全方位、多角度地反映企业一整个经营年度的经营状况及资产流动情况的财务信息上，这些财务信息会在很大程度上帮助企业决策层对企业未来发展趋势进行预测，也会作为重要依据帮助企业进行未来发展规划的制订。在这种情况下，企业决策层应当逐渐把财务预算和财务决算有关工作的总结和分析作为关注的重点。在能够尽可能地保证财务数据准确无误的前提下，财务管理人员更应该把财务数据的收集流程作为关注的重点，财务管理人员还应该定期组织企业各部门开展关于财务协调的会议，进一步促进企业各部门间的合作及交流，并且企业能够通过各部门开展财务协调会议的方式，收集各部门关于资金流动与使用情况的相关信息，并将各部门的财务报表数据与财务协调会议的会议结果结合起来，结合后的信息能够提供更多具有利用价值的数据信息，为财务数据的精准分析提供更多的帮助。

（四）健全大数据培训体系

迄今为止，企业的内部财务管理人员已经开始出现"新老并存"的情况，而其中大多数企业这种态势更是走向了双向极端，较有资历的财务管理人员的思想意识往往比较传统，思想意识的先进性比较缺乏，对大数据等新兴技术的接受度也比较低，应用新兴技术的能力也相对较差，而年轻的管理人员通常资历较浅，岗位管理经验相对缺乏，专业技能也相对较弱。企业可以通过建立健全财务大数据专业技术培训体系的方式，加快企业财务会计向管理会计的积极转型，也为财务管理人员能够尽快适应新角色打下基础。日益健全的财务大数据专业技术培训体系中应当包括管理会计所需要的知识，例如，大数据知识、财务管理知识等内容。培训体系还应注重个人职业素养的培养，企业应该为在培训中表现优秀的管理会计提供机遇，例如，有机会参与派遣学习、有机会参与经验交流、有机会得到内部晋升，同时企业还应该鼓励企业的会计学习管理会计，会计学习后可以通过参加具有专业资质的机构组织的管理会计师资格考试并且顺利考取专业证书，得到企业相应的激励政策，这种做法可以帮助企业财务会计成功转型为管理会计，在这一过程中企业也可以实现健康可持续发展。

（五）建立健全相关制度

企业在从财务会计向管理会计转型的过程中，为了能够保证财务会计向管理会计的实际转型工作能够进展顺利，需要建立健全相关的制度措施。从财务制度上来看，财务会计应将工作内容作为基本参考来建立工作流程、任务、目标体系，以此获得多方面、多角度的财务信息，并且可以通过数据替代货币信息处理企业内部数据的方式。从审计制度角度上看，企业不仅需要注重培养管理会计的思维，企业审计部门在无形中还需要加强监管。另外，企业还可以适当建立奖励制度以达到鼓励的效果，即财务人员的工作积极性与薪酬、福利呈正相关，工作积极性越高薪酬和福利待遇也会相应较高，以此激励模式鼓励相关部门的工作人员尽快转变工作模式，鼓励相关工作人员主动学习和适应新型工作方式，企业会计人员应积极将岗位责任制度落到实处，做到真正的恪尽职守。

第二节　大数据技术在内部控制管理中的应用

一、人工智能技术及其在内部控制中应用

得益于大数据的发展和社会的进步，诸多新兴技术方兴未艾，其中关于人工智能技术的应用和发展更加受到重视，人工智能技术的智能化、自动化及自身强大的数据分析能力，令其技术优势受到社会各界广泛关注，在企业内部控制中也有应用。

（一）人工智能的概念

人工智能是研究使计算机来模拟人的某些思维过程和智能行为（如学习、推理、思考、规划等）的学科，主要包括计算机实现智能的原理、制造类似于人脑智能的计算机，使计算机能实现更高层次的应用。人工智能涉及计算机科学、心理学、哲学和语言学等学科。可以说几乎是自然科学和社会科学的所有学科，其范围已远远超出了计算机科学的范畴。人工智能与思维科学的关系是实践和理论的关系，人工智能是处于思维科学的技术应用层次，是它的一个应用分支。从思维观点看，人工智能不仅限于逻辑思维，还要考虑形象思维、灵感思维才能促进人工智能的突破性的发展。数学常被认为是多种学科的基础科学，人工智能学科也必须借用数学工具，数学不仅在标准逻辑、模糊数学等范围发挥作用，还进入人工智能学科，它们将互相促进而更快地发展。

尽管人们已经对 AI 进行了数十年的研究，但直到最近，AI 背后的技术才兴旺起来并开始应用于各种可用的工具。AI 的支柱是训练计算机，即利用大数据源来识别模式并完成所需的计算任务和关系任务。要使 AI 系统成功运行，需要进行人工查询、指导和观察。

（二）人工智能技术及其应用领域

1.智能感知

智能感知不仅包括通过各种传感器获取外部信息的能力，也包括通过记忆、学习、判断、推理等过程，达到认知环境和对象类别与属性的能力。智能决策是指在对环境和对象智能感知的基础上，为达到某种目的，经过再次记忆、学习、判断、推理等过程，给出行为决策的能力。

智能感知技术主要涵盖以下三个人工智能应用领域：

①模式识别。模式识别是对于表征事物或现象的各种形式（数值、文字和逻辑关系等）的信息进行处理和分析，以对事物或现象进行描述、辨认、分类和解释的过程。模式识别领域，基于神经网络的人工智能技术已经成功地应用于手写字符识别、汽车牌照的识别、指纹识别、语音识别、字符识别等方面。

②计算机视觉。计算机视觉旨在对描述景物的一幅或多幅图像的数据经计算机处理，以实现类似于人的感知、感觉功能。

③自然语言处理。自然语言处理是用计算机对人类的书面和口头语言信息进行处理加工的技术，它涉及语言学、数学和计算机科学等多学科知识领域。

2.智能推理

逻辑是人脑思维的规律，也是推理的理论基础。机器推理或人工智能推理用到的逻辑主要包括经典逻辑中的谓词逻辑和由它经某种扩充、发展而来的各种逻辑，后者通常称为非经典或非标准逻辑。上述逻辑为机器推理提供了理论基础，同时也开辟了新的推理技术和方法。

智能推理的又一项应用是在搜索技术上。所谓搜索，就是为了达到某一"目标"，而进行连续推理的过程。搜索技术就是对于推理进行引导和控制的技术。搜索技术也是一种规划技术。在人工智能研究初期，"启发式搜索"算法曾一度是人工智能的核心课题。近年来，人们又将神经网络技术用于问题求解，开辟了问题求解和搜索技术研究的新途径。例如，Hopfield网络解决31个城市的旅行商问题，已取得很好的效果。

近年来，大数据知识工程的顶层设计被提出。大数据知识工程的基本目标是研究如何利用海量、低质、无序的碎片化知识进行问题求解与知识服务。该项目将以领域开放知识源为对象，通过碎片化知识挖掘与融合，建立具有增值、适配、群智特点的PB级数据与知识中心，并研制出具有碎片化采集、挖掘、分析、融合、导航等功能的系列化工具软件，为研究成果的应用提供技术支撑。

3.机器学习

机器学习是使计算机具有智能的根本途径。机器学习研究计算机怎样模拟或实现人类的学习行为，以获取新的知识或技能，重新组织已有的知识结构，使之不断地改善自身的性能。学习方法通常包括归纳学习、类比学习、分析学习、连接学习和遗传学习。

其中，人工神经网络是现在流行的一种学习方法。人工神经网络的工作原理模仿了人类大脑的某些工作机制。这种计算模型与传统的计算机的计算模型完全不同。从计算模型上看，它是由大量简单的计算单元组成网络进行计算。这种计算模型具有鲁棒性、适应性和并行性。这是传统计算所没有的。对神经网络模型、算法、理论分析和硬件实现的大量研究，为神经网络计算机走向应用提供了物质基础。现在，神经网络已在模式识别、图像处理、组合优化、自动控制、信息处理、机器人学和人工智能的其他领域获得日益广泛的应用。神经计算的可扩展性和可理解性是采用神经网络技术解决现实问题必须面对的困难。任何神经网络方法都要经受问题规模和海量数据的考验。

深度学习是机器学习领域中一个新的研究方向，它被引入机器学习使其更接近于最初的目标——人工智能。深度学习是学习样本数据的内在规律和表示层次，这些学习过程中获得的信息对诸如文字，图像和声音等数据的解释有很大的帮助。它的最终目标是让机器能够像人一样具有分析、学习能力，能够识别文字、图像和声音等数据。深度学习是一个复杂的机器学习算法，在语音和图像识别方面取得的效果，远远超过先前的相关技术。

大数据产业的发展又催生了数据挖掘与知识发现这方面机器学习的发展。近年来，数据挖掘引起了信息产业界的极大关注，其主要原因是存在大量数据，可以广泛使用，并且迫切需要将这些数据转换成有用的信息和知识。获取的信息和知识可以广泛用于各种应用，包括商务管理、生产控制、市场分析、工程设计和科学探索等。数据挖掘是人工智能和数据库领域研究的热点问题，所谓数据挖掘是指从数据库的大量数据中揭示出隐含的、先前未知的并有潜在价值的信息的非平凡过程。数据挖掘是一种决策支持过程，它主要基于人工智能、机器学习、模式识别、统计学、数据库、可视化技术等，高度自动化地分析企业的数据，做出归纳性的推理，从中挖掘出潜在的模式，帮助决策者调整市场策略，减少风险，做出正确的决策。知识发现过程由以下三个阶段组成：①数据准备；②数据挖掘；③结果表达和解释数据挖掘可以与用户或知识库交互。

4.智能行动

智能行动主要包括但不仅限于以下三个应用场景：

①智能检索。对国内外种类繁多和数量巨大的科技文献之检索远非人力和传统检索系统所能胜任，研究智能检索已成为科技持续快速发展的重要保证。

②智能调度和指挥。确定最佳调度或组合的问题是人类感兴趣的又一课题。一个古典的问题是推销员旅行问题，要求为推销员寻找一条最短的旅行路线。智能组合调度与指挥方法已被应用于汽车运输调度、列车的编组与指挥、空中交通管制及军事指挥系统等。

③智能控制。智能控制是驱动智能机器自主地实现其目标的过程。许多复杂的系统难以建立有效的数学模型和用常规控制理论进行定量计算与分析，而必须采用定量数学解析法与基于知识的定性方法的混合控制方式。智能控制目前涉

及较多的是以下六个方面：智能机器人规划与控制、智能过程规划、智能过程控制、专家控制系统、语音控制及智能仪器。

（三）人工智能在内部控制中的应用

人工智能技术在企业内部管理体系中加以应用，可以从审计工作加以执行实验。人工智能技术在企业内部控制中的应用优势主要有以下三点。

1.提高企业管理水平，保障评判结果的公正、客观

在企业内部管理的审计工作中，其最大的工作难点就是客观公正性有待提升，人工智能技术能利用计算机对数据进行分析处理，在海量的数据支撑下，能保证审计的正确性和科学性。同时因为机器不会掺杂人类的情感，因此在企业内部控制中能减少思想因素导致的控制结果造成偏差，进而导致考核失衡、员工之间不平衡的心态加重等诸多问题的发生。人工智能技术应用于企业的财务管理工作，能提高财务管理的准确性。人工智能技术能借助机器的"大脑"尽可能保证输出结果的客观、公正和准确，因此非常适合诸如审计、财务等需要高度数据准确性的部门工作。

2.减少管理人员工作量，提升工作效率

长期的审计和财务审核工作对人的体力和精力的消耗非常大，加上人为主观因素的影响，在疲惫或者状态不佳的情况下企业管理人员的工作效率和工作的准确度会有明显下滑，很容易导致工作失误和结果偏差，导致不能给管理人员一个准确的企业运营评定。采用人工智能技术能减少工作人员的工作量，机器劳作能大幅提升工作效率，加上人工智能系统的使用和操作只需要很少的人力，节省下来的人力资源能为企业创造更大的价值。

3.创造更大的经济价值，减少企业成本支出

对企业来讲，尽管花费资金购入人工智能技术相关设备和软件是一笔巨大的投资，但是因为人力成本的投入是持续不断的，相比雇用大批员工进行人工作业，人工智能的优势更明显，企业在投资买入后可以长期使用，并且不存在加班、休假等问题，能够长时间作业。大量雇用人力需要占用更大的办公空间，其对公司的运营成本来讲是种负担。人工智能技术能帮助企业创造更大的经济价值，有效降低企业的生产成本和运营成本，因此在未来发展中企业应用人工智能技术，是人员精简和企业结构调整的必然趋势。

从人工智能技术在企业内部控制中的实践来看，其主要包括一下方面：

①研发智能管理软件，搭建统一化智能化企业管理平台。将人工智能运用到企业内部控制中，需要企业搭建统一的智能化管理平台，将各部门之间的业务统一协调，并且逐步集中到线上执行控制工作，逐渐加强各部门之间的联系，建立部门与部门之间的数据共享平台。此外，可以研发并使用智能管理软件，例如，部分企业已经研发出营销专家智能系统，通过让人工智能"学习"市场上营销专家的营销经验，形成完善的知识体系，进而对企业的营销和发展状况进行评估、对企业未来发展走向进行合理的推断，以便为决策者管理公司提供依据。同时可以将人工智能技术加入决策中来，分析处理数据给出多个解决方案，决策者只需要选择即可。企业应当重视人工智能知识库的搭建，不断为人工智能系统下的专家系统、决策系统、审计系统、财务系统提供理论支持。

②创新管理体制，实现企业内部控制管理的智能化。人工智能系统的建设应当以公司为单位实施，其中涵盖公司的所有部门、工作人员的基本信息，初步的人工智能系统搭建应当能满足员工上下班打卡、出勤评定的基本任务，并且上传至数据库进行绩效评定。在输入特定的算法以后，借助人工智能开展审计、财务等公平性和准确性较强的工作，在逐渐成熟以后再为企业内部的风险控制和战略部署做出最客观、最准确的数据支撑，方便决策者管理公司。在企业内部控制管理中加入人工智能技术是一个循序渐进的过程，系统设计师可以根据企业内部的组织架构和评定标准进行深入的把控，并且对各部门的职能进行明确的划分和评定，将工作落实到个人，员工在完成工作后进行打卡或者确认，人工智能根据其工作结果进行绩效考核。因为很多工作都是相互联系的，这也要求企业的人工智能系统的子系统能形成一个闭环，例如，很多工作既要管理层执行也要财务执行，那么子系统中的管理系统和财务系统都要进行运行分析，并且各部门之间的数据是可以共享的。

从人工智能对内部控制的影响来看，其主要集中在内部审计、财务机器人、经济决策等方面。内部审计方面，利用人工智能解决信息传递速度与成本之间的困难，让审计人员从枯燥、烦琐的体力劳动中解放出来，将精力与时间集中在提高审计质量，提升内部控制水平之上。财务机器人方面，财务机器人有深度学习、精准可靠、高效低耗和快速反应等优势，其出现必将进一步简化企业的管理流程，降低管理成本等；但同时也给财务行业带来巨大挑战，基层会计将面临失业或转岗再就业的压力，传统财务理论将经受挑战，内部控制亦会面临新的难题。经济决策方面，人工智能的出现可以帮助财务人员区分有用与无用信息，及时、便捷、科学地做出财务决策，这对企业的内部控制经营至关重要。

学界普遍认为，大数据、人工智能等信息技术的发展在推动企业内部控制优化的同时，也会带来诸多风险。因此还需要分析上述两大技术在企业内部控制领域的应用与可能隐含的风险，并探索风险规避的方法，以期对企业发展有所帮助。

（四）基于人工智能与大数据的风险识别模型

这里，我们将通过风险识别模型来看看人工智能及大数据是如何助力内部控制的。

1.基于深度机器学习算法DBNs的风险识别模型

在进行风险识别的机器学习模型训练中，传统的机器学习算法往往会遇到一个无法解决问题的，那就风险样本数据不足，能够提取的特征有限。因为在正常的生产环境中，无害数据远远大于有害数据，而基于统计学的传统机器学习算法只有在大量的、高质量的样本数据训练下才能得到比较理想的识别模型。基于深度机器学习DBNs算法的风险识别模型的思想是使用可以使用有限无害数据进行训练，通过多层神经网络（RBM）的迭代来进行多维度、多层次的学习，来快速的增加学习得到特征数量，这种通过RBM叠加进行贪婪逐层学习的方法在很多领域都取得了很好的效果。

2.大数据和人工智能视角下的银行业风险防控

在银行业的风险控制领域，实践证明，遵循监管要求和技术进展，人工智能技术的应用也有深与浅之分。初级阶段，以短平快、切口小为特点，大数据和人工智能在此阶段只是对传统银行风险控制手段的补充，如在开户环节的信息核验、黑白名单匹配、人脸识别等，通过简单规则的判定和匹配，辅助银行进行风险决策。规则的创建依赖专家经验和已发生风险事实，无法针对新的风险模式自动更新，风险控制规则容易被欺诈者得知后绕过。总体来说，在此阶段，模型算法需要依赖人工事先定义的规则告诉程序如何区分好与坏，还无法学会如何区分欺诈和正常案件。高级阶段，是在大数据和人工智能技术不断成熟，相关外部数据进一步开放，市场培育达到一定阶段后，通过使用人工智能技术构建风险控制模型，并将模型应用到如授信定价、贷前审核、贷后监控、交易欺诈侦测等细分业务流程中。在此阶段，通过不断向算法"喂数据"（训练模型），算法自己学会了如何区分好与坏，在模型精度和适用性上有了质的提升。

在将大数据和人工智能技术应用于风险管理领域，已经有了一系列的应用实践和解决方案，其中之一是智能模型。智能模型是一种欺诈风险量化的模型，最典型的是监督型机器学习模型，基于可观察到的交易特征变量和给定"正确答案"的案件数据，模型从正确的答案中学习什么是好的、什么是坏的案件，从而进行正确的风险预测。同时，在一些交易、账户登录等场景应用无监督机器学习模型，在没有"正确答案"的标签数据的情况下，通过分析欺诈用户和正常用户行为模式的异同，识别欺诈风险。另外，是在信贷场景中，基于用户的多维度数据，利用信用评分的建模方法，研发一款大数据产品。它综合了用户信用相关的多维度信息，描述了用户的信用等级，衡量用户的还款能力和还款意愿。

3.基于AI和大数据技术的智能风险检测与溯源机制

开发基于AI和大数据技术的智能风险检测与溯源平台，实现实时采集并深度解析流量数据，采用大数据技术结合AI智能、统计模型、调查画布、攻击画像、交互式数据图谱等分析手段，并应用事件关联与自定义实体网络分析，识别流量的异常行为等安全隐患，并进行攻击溯源、调查取证，进而构建新一代以数据分析为核心的威胁检测与响应机制。

二、大数据下基于个性化需求的内部控制信息披露

当前内部控制信息的披露质量良莠不齐，很多不足之处逐渐显露。首先，内部控制信息披露过于简单，很少涉及实质性内容，无用的信息披露过多，既不符合《上市公司内部控制指引》提出的突出企业自身特点，又不能揭示其内部控制系统的缺陷；其次，由于《企业内部控制自我评价指引》和《上市公司内部控制指引》等文件仅仅做出一个模糊的框架，而没有对内部控制五要素的披露内容做出清晰明了的限定，因此同一企业不同时期及同一时期各个公司披露的内容、格式不统一，企业间的可比性不强；最后，部分上市公司考虑到自身经营状况不佳，经营风险比较大，为了避免向外部传递不利的信号，于是没有很强的积极性去披露内部控制信息。这些现象严重制约着内部控制信息使用者对上市公司风险

的评估，阻碍资本市场信息不对称的改进，增加企业的融资成本，并且加剧资本供求双方之间的道德风险和逆向选择，从而将严重导致我国资本市场的失灵。因此，需要另辟蹊径，对我国上市公司当前的内部控制信息披露进行优化。

（一）大数据背景下的内控信息优化思想

现代经济社会很早就提出了"以客户为中心"的服务理念，强调把满足客户的需求作为企业生存和发展的必要条件。同样，内部控制信息使用者——投资者、潜在投资者、债权人和监管者等，由于他们为企业提供经营资金、保障企业合规经营，因此，我们同样也应该把他们归为企业的"客户"。为了更好地服务这些"客户"，我们有必要对他们进行个性化的了解，以更好地为其服务。然而，传统的方法只是通过一些结构化的维度对它们进行分析，也提出了一些基本的规范来提高披露的效率和效果，但从我国上市公司内部控制信息披露现状来看，当前的披露质量难以满足内部控制信息使用者的需求，进而增加企业的融资成本，影响企业绩效和资本市场的运营效率。因此，必须在此基础上更进一步了解内部控制信息使用者的需求，提供更多他们真正需要的信息。于是，大数据时代的到来将会很好地解决这一难题。

在大数据时代，我们跳出了以部分样本来研究总体的局限，强调对全部对象进行研究，即"样本二总体"，通过对研究对象全部相关信息进行收集并加以分析，萃取出研究对象的需求趋向，就能够在更高的概率水平上满足需求者的心理预期，这样我们就能大大提高决策的效率和准确性。目前，对大数据的应用逐渐趋于成熟，尤其是在提供大数据分析业务的第三方（如BM大数据平台）市场迅速成长的情况下，企业对内部控制信息使用者进行全面个性化的分析已经成为可能，如果能够抓住时机为这些特殊的"客户"提供个性化的"服务"，即相应的内部控制信息，就能进一步保证融资稳定和经营安全，同时也将有助于维持整个资本市场生态稳定。

基于上述分析，我们可以从大数据的大量化、多样化、快速化和价值化着手，对当前的内部控制信息披露进行进一步优化。

1.大量化

大数据首先要体现一个"大"字。大数据的内容必须能够反映公司内部控制各方面收敛于全部的信息。其次，还要能够考虑到收敛于全部内部控制信息使用者的反馈。在大数据时代，由于对数据的采集和萃取成本大大降低，企业能以较低的成本收集并整理出公司内部控制治理现状自上而下的各个层次的信息，使得企业能够搭建起一个包含内部环境、风险评估、控制活动、信息与沟通和内部监督全部内容，并且细化到点、责任到人的信息披露平台。最后，在大数据环境下，企业可以获取收敛于全部内部控制信息需求者的反馈信息。从这部分信息里面，企业可以充分了解这部分"客户"的需求，例如，"什么信息有待披露""什么信息需要更深地披露"等。通过对这一部分信息的分析，企业再据此对已披露的内部控制信息加以改善，既能满足"客户"的需求，又能高效地传递出公司内部控制信号，从而降低了内外部内部控制信息的不对称性。

2.多样化

由于目前我国上市公司内部控制信息的披露载体主要是公司年报和内部控制自我评价报告，其披露的格式也仅仅局限于文字表述。这样的披露方式对于能够以财务数据量化的经营信息来讲是比较适用的，但是对于不能完全用数字量化的内部控制信息来讲，就造成了极大的局限。因此，在大数据背景下，企业可以开拓各种内部控制信息披露方式，如在披露平台展示有关公司内部控制实施的图片、音视频等。具体到实施细节方面，可以细化到公司内部控制会议视频、办公职场的高清视频监控录像、公司车辆GPS定位信息等立体化信息。

通过对内部控制信息披露方式的拓展，内部控制信息的使用者能够身临其境般地看到公司内部控制实施的各个方面，提供了内部控制信息的真实性和可信赖性。

3.快速化

互联网、智能设备和移动互联网的发展让信息的实时流通成为可能。时间就是金钱，信息就是财富。对于投资者、债权人等企业利益相关者，公司内部控制的任何变动都非常重要，甚至一个微小的信息就可能掀起融资环境的轩然大波。显然，我国上市公司通过每年一次的年报和内部控制自我评价报告难以满足"客户"及时性的需求。因此，企业可以组织专门的操作人员，在公司内部控制实施过程中，不定期地在独立于年报和内部控制自我评价报告之外的信息平台上，对企业当前的内部控制情况进行陈述。尤其是发生重大事项变动时，应保持内部控制信息的实时更新，确保"客户"能够在第一时间掌握到与其利益相关的信息。

4.价值化

大数据发展的价值就在于实施者能够趋向于精确地得到其研究对象的反馈信息，以满足这些研究对象的需求，从而通过满足他们的需求来获取自身效用的最大化。对于实施大数据策略进行内部控制信息披露的上市公司而言同样如此，他们的研究对象是内部控制信息的使用者，他们想要得到的反馈信息是内部控制信息使用者对上市公司内部控制信息的需求倾向。通过满足内部控制信息使用者的这些个性化的需求，内部控制信息使用者能够据此比较准确地研判公司的投资风险，而上市公司获得了与投资者、债权人等利益相关者之间信息沟通成本的降低，从而能有效地减少资本市场中的逆向选择现象。

（二）基于个性化需求的内部控制信息披露

当前，我国上市公司内部控制信息披露的内容和形式尽管存在着种种不足之处，但是其对于内部控制信息需求者的使用价值也是值得肯定的，因此不能把它全部否定，而应该在此基础上加以修正和补充。例如，可以保留当前《企业内部控制评价指引》和《企业内部控制具体规范信息披露》等规定的必须披露的结构化、公用的信息，按照内部控制信息需求者类别分别划分出"投资者""潜在投资者""债权人""监管机构"和"其他信息使用者"五个模块，然后由经营大数据整合分析业务的第三方做大数据分析，细化出个性化的内部控制信息需求内容和披露标准，最后由上市公司依据"公用信息十个性化信息"为框架系统地披露出实用、有效的内部控制信息。具体实施过程如下：

1.形成通用信息

我国沪深两所先后发布《企业内部控制评价指引》，要求上市公司由董事会负责在年报中披露内部控制建设和实施情况，并披露会计师事务所的核定意见。除此之外，还应按照《企业内部控制评价指引》的披露要求，进一步重视"全面性""可靠性"和"重要性"三个基本原则。依据《企业内部控制评价指引》关于上市公司内部控制信息披露内容的相关要求，内部控制信息要包含"内部环境""风险评估""控制活动""信息与沟通"及"内部监督"五要素的内容，企业还应结合《企业内部控制基本规范》及其《企业内部控制应用指引》和本企业自身建立的内部控制制度，在基本层面评价本企业内部控制的设计、运行及取得的成果或显露出的缺陷。

2.划分模块化信息池

依据劳动分工理论，细致的分工能够提高工作的效率。在以上基本的通用信息披露的基础之上，为了更加迅速、高效地捕获内部控制信息使用者的需求偏好，进一步区分内部控制信息使用者，将是一个明智的选择。参考前人的研究成果，我们按照需求方的不同需求动机可以把内部控制信息使用者划分为"公司股东""潜在投资人""债权人""监管者"和"其他需求者"五个信息池。

3.第三方整合

鉴于当前大数据分析要求的数据量巨大，每个环节对专业性和人才素质要求都很高，仅仅依靠某个公司的某个部门远远满足不了对大数据的处理条件。日渐崛起的第三方分析平台具有该信息管理的专门研究开发人员、专业的开发工具，因此，借助IBM、Microsoft、SAP等经营大数据整合与分析业务的第三方平台，利用其海量数据处理系统，如IBM公司的Hadoop System、Hadoop和EcoSystem等，结合其云计算能力建立大数据仓库，整合内部控制信息需求者的各种结构化信息、半结构化信息和非结构化信息，提升数据的可视化程度，提取出需求者的个性化偏好。

4.上市公司系统被露

上市公司董事会和内部审计部门配合第三方大数据分析机构做出详细、准确的个性化需求内容和相应标准，并依据第三方大数据分析平台的整合结果，结合本企业内部控制建设和运行的实际状况，按"公司股东""潜在投资人""债权人""监管者"和"其他需求者"分类整理出相应需求的个性化内部控制信息。这部分个性化内部控制信息以丰富多样的形式、实时地在公司网站等平台上进行披露。此外，在上市公司年报或内部控制自我评价报告等载体上对通用内部控制信息进行总括性披露。这样，非传统的模式和传统的模式形成一个相互补充的披露系统，为不同的需求者提供高质量的内部控制信息。

第三节　大数据下的云审计

一、大数据、云计算对审计模式的影响

传统手工审计是通过对纸质账簿的检查来实现其职责的，自从20世纪80年

代开始，以查账为主要手段的审计职业遇到了信息技术的挑战。传统审计面临着"打不开账，进不了门，审不了数"的困境。随着被审计单位信息化趋向普及，审计对象的信息化使得审计信息化成为必然。目前。面对大数据、云计算技术的产生和发展，审计人员需要应时而变来适应由此而带来的变化，分析大数据、云计算技术对审计方式、审计抽样技术、审计报告模式、审计证据收集等技术和方法的影响。

针对审计单位，由于不断采用新技术，信息系统日趋复杂，数据量急剧增长，要求管理者和被管理者、审计机关和被审计对象所使用的工具手段必须处于同一个量级，才能相互适应，形成有效的监督制约关系。应对大数据背景下对审计工作带来的挑战，规划构建审计信息化"3+1"平台（建设三大系统、完善一个支撑），推动审计能力和技术水平提升。

建设三大系统，即建设审计综合作业系统、审计指挥中心和审计模拟仿真实验室，提高审计管理、分析预测和领导决策支持水平。建设审计数据综合分析系统，主要包括现场审计实施系统（AO）"云"化改造，建设证券、住房公积金、国土、定点医疗机构等行业的联网审计系统，并在此基础上，建立审计数据综合分析系统。建设审计指挥中心，完善审计管理系统（OA）项目管理、动态展示、决策指挥、审计风险防控等功能。建设模拟仿真实验室，开展情景化培训和案例化教学，促进提高审计人员技术应用水平和审计实战能力。

而随着会计大数据时代的到来，所有企业都需要改变传统的观点，向数据分析型企业转型，构建会计大数据分析平台，全过程、全方位、全员地利用数据。而如何避免云平台闲置，使其真正发挥作用，是各个企业内部控制必须关注的问题。

首先，企业务必深刻认识到，数据分析能力可以决定价值创造过程的质量。对企业来说，真正有价值的是数据背后的信息，通过对信息的集成、处理，集思广益，找寻到企业的精准点，才能转化为企业的"智慧"。每个企业的精准点各不相同，需要靠企业各自的内部控制来挖掘。

其次，企业必须确保大数据的质量。垃圾的数据只会使企业获得垃圾的信息、产生垃圾的决策，最终导致失败，数据具有时效性、无形性、多样性、完整性、准确性，数据收集、传递、处理、分析等集成过程中的任何一个环节都要保证质量。企业内部控制的有效性必须基于大数据的完整性、准确性、一致性、可信性、时效性和可解释性。

最后，企业须解决内部控制的核心问题：云平台的建设。大数据黏合性的特征决定了大数据不是单一产品、单一部门可以解决的问题，它需要融合多个部门传统＋创新的技术，构造出一整套解决问题的方案。构建云平台的基础是构建大数据分析平台，要求企业完善内部控制体制，协调各个部门，从大数据中挖掘出价值，构建一个灵活的、可拓展、可延伸、易管理的企业大数据云计算平台。

对审计人员来说，大数据也有其深远的影响。为了适应大数据环境下审计工作的要求，现代审计人员需要具备审计知识和业务能力，也需要掌握现代信息技术思维方式和技术技能，即提升四种能力：数据分析、思路创新、综合判断和跨专业知识运用。

（一）数据分析能力

大数据时代，审计人员应具备较强的数据分析能力，将各自为政、相互分割的账本、报表等有机结合起来，整合各种数据资源，综合运用查询分析、统计分析、多维分析及挖掘分析等多种数据分析技术，强化财政预算和预算执行单位的关联分析、财政与宏观经济数据的关联分析、财务数据与业务数据的关联分析、不同领域和专业间的关联分析等。

（二）思路创新能力

审计人员应在已有审计经验和知识积累的基础上，具备发现新事物、创造新方法、解决新问题的思维能力，包括审计思路创新、审计观念创新和审计方式创新。大数据背景下的审计工作必须打破传统，从海量的数据中提取有效信息，创新审计思路，构建数据分析方法，发现存在疑点，最终归纳出审计结论。

（三）综合判断能力

大数据审计，需要加强对海量数据的性质、状态及其发展趋势的认定能力。能够将职业判断与数据分析有机结合起来，从看似不相关的数据中发现其内在规律和联系。数据是载体，载体反映的是经济活动、业务活动的过程或结果。在大数据环境下，需要利用信息流向，去判断资金的走向、物资的走向、业务的走向，进而对已发生的经济业务进行查错纠弊，对未来经济业务趋势进行合理的预测。

（四）跨专业知识运用能力

审计对象业务的复杂化、审计数据的海量化，需要掌握审计学、统计学、计算机科学与技术等方面的知识，提升对审计电子数据的获取，安全管理和综合分析能力，掌握数据处理与分析的基本原理和方法，灵活运用主流的数据处理与统计分析工具，搭建数据分析框架和数据分析模型，逐步建立和完善相关审计方法体系，实现数据分析方法的有效运用。

二、电子数据审计与云审计平台

（一）电子数据审计

随着信息技术的发展，组织的运行越来越依赖于信息技术。因此，一方面，在信息化环境下信息技术成为审计的对象，即如何对被审计单位应用的信息技术进行审计，一般情况下多称为信息系统审计；另一方面，在审计信息化环境下，信息技术成为审计的工具，即审计人员如何应用信息技术帮助他们开展审计工作，也即计算机辅助审计技术（Computer Assisted Audit Technologies，CAATs）。

概括来说，常用的计算机辅助审计技术可以分成两类：一类是用于验证程序或系统的计算机辅助审计技术，即面向系统的计算机辅助审计技术；另一类是用于分析电子数据的计算机辅助审计技术，即面向数据的计算机辅助审计技术，也可以称为电子数据审计技术。电子数据审计是我国目前开展审计信息化的重点。国际上也高度关注电子数据审计问题，国际内部审计师协会于2011年发布的全球技术审计指南《数据分析技术》中重点分析了面向数据的CAATs在审计数据分析中的应用。

在实际的审计工作中，为了避免影响被审计单位信息系统的正常运行，并保持审计的独立性，规避审计风险，审计人员在开展电子数据审计时，一般不直接使用被审计单位的信息系统进行查询分析和检查，而是将所需的被审计单位的电子数据采集到审计人员的计算机中，利用相关软件进行分析。

审计人员根据审计任务的需要，到被审计单位现场采集电子数据，然后对这些电子数据进行预处理并完成数据分析，获得审计证据，这种开展电子数据审计的方式可称为现场电子数据审计，这是目前电子数据审计的主要方式。近年来，信息技术的发展使得审计信息化向持续、动态、实时的方向发展，持续审计（或连续审计）成为审计信息化的一个重要发展方向。

相对于现场电子数据审计，现今正在逐步实施开展的联网审计也可以看成是远程联网电子数据审计，其原理可以看成是一个采用远程联网方式从被审计单位采集电子数据，并对其进行分析，获取审计证据的过程。联网审计技术的应用为审计单位积累了大量的电子数据，这为开展审计大数据分析提供了条件，也为云审计平台的构建做出了铺垫。

（二）云审计平台的构建与运行

在具体介绍云审计平台之前，我们必须先弄清楚云计算的一些具体概念。云计算是在大数据发展过程中所诞生出来的一种分布式计算、并行计算和网格计算的发展。它的核心思想是将大量用网络连接的计算资源统一管理和调度，构成一个计算资源池向用户按需提供服务。

那么云计算具体是如何向其用户提供服务的呢？目前，根据权威定义，云计算主要分为三种服务模式，而且这个三层的分法主要是从用户体验角度出发的。这三种服务模式是基础设施即服务（IaaS）、平台即服务（PaaS）和软件即服务（SaaS）。

IaaS层的主要作用是以服务的形式提供服务器、存储和网络硬件及相关软件。它是三层架构的最底层，是指企业或个人可以使用云计算技术来远程访问计算资源，包括计算、存储及应用虚拟化技术所提供的相关功能。无论是最终用户、SaaS提供商还是PaaS提供商都可以从基础设施服务中获得应用所需的计算能力，但却无须对支持这一计算能力的基础IT软硬件付出相应的原始投资成本。

PaaS层的主要作用是以服务的方式提供应用程序开发和部署平台。它将一个完整的计算机平台，包括应用设计、应用开发、应用测试和应用托管，都作为一种服务提供给客户。在这种服务模式中，客户不需要购买硬件和软件，只需要利用PaaS平台，就能够创建、测试和部署应用和服务。

SaaS层的主要作用是以服务的方式将应用程序提供给互联网最终用户。它是用户获取软件服务的一种新形式。用户无须购买软件，不需要将软件产品安装在自己的电脑或服务器上，而是按某种服务水平协议（SLA）直接通过网络向专门的提供商获取自己所需要的、带有相应软件功能的服务。

以上三种不用类型的云服务层为有效管理信息资源、充分利用信息资源提供了新思路，为研究实现信息资源云服务提供了新机遇。

基础设施层IaaS为审计机构提供了统一的基础设施服务，包括处理、存储、网络、安全防范和其他基本的计算资源。而系统服务层PaaS为下级审计人员提供审计与其他综合服务，包括资源服务中的信息共享、专家经验库的上传和下载审计案例经验、对资源进行调度和安排，实现对各种资源的高效利用；管理服务平台提供综合管理、消息发布和接收，审计论坛的交流和讨论等；应用与维护平台提供资源部署与分发、专业工具和程序段开发、系统应用与维护服务等功能，下级审计机关无须为缺乏维护的专业人员和高昂的维护费用发愁。

系统应用层SaaS是云审计平台的中心，主要部署审计实施系统、审计管理系统、审计决策支持系统和审计数据中心。审计数据中心是在云环境下对大数据信息进行集中采集、处理、存储、传输、交换和管理的一个中心数据库，中心数据库除了包括被审财务业务数据，还包括审计综合信息数据库、审计专家经验数据库、法律法规数据库等。审计人员只需要通过Web浏览器进入云端应用系统，就能方便、快捷、安全、完整地从云审计数据中心获取审计所需要的数据并进行审计作业。

在云审计平台的运行上，主要分三大块内容：数据采集、数据分析、数据存储。

1.数据采集

由于被审计单位信息系统的布局、云平台架构、系统结构等方面各不相同，因此对不同的单位应采取不同的数据采集方式。被审计单位可以不使用云平台存储数据，也可以使用云平台来存储数据。如果不使用云平台，那主要采用联网报送审计数据方式；如果采用云平台的方式，那么可以通过建立数据接口的方式采集数据，抑或可以利用嵌入审计软件来达到同样的效果。

2.数据分析

审计数据分析技术是指通过分析财务数据之间，以及财务数据与非财务数据之间的关系，取得审计证据的技术。在云审计模式下，利用云审计软件服务层的审计实施软件，通过建立审计中间表，运用审计分析模型、多维数据分析、数据挖掘技术等，实施审计数据分析。

3.数据存储

审计过程中采集的电子数据越来越多，数据量也越来越大，从而形成海量的审计数据。数据的爆炸性增长不仅要求云数据中心能存储日益增长的数据，合理地管理数据，更重要的是要保证数据的安全和有效使用，数据的存储成为云审计中的一个关键环节。传统的现场审计模式下，审计人员采集和转换后的电子数据要经优盘等磁性介质传送，容易丢失，还容易传播病毒。采集来的电子数据一般都保留在自己的笔记本上或本地局域网的计算机上，数据安全得不到保障，共享性差。而且随着时间的推移，如果这些数据没有得到很好的组织和维护，其利用价值也将越来越低，对信息资源是一个很大的浪费。在云审计平台下，数据存储依托云数据中心。云数据中心通过集群应用、网格技术或分布式文件系统等功能，将云审计平台数据中心的存储设备集合起来协同工作，共同对外提供审计数据存储和审计作业访问。采用云存储后，审计数据的使用和输出也变得相当便利，审计人员通过平台应用端口同步文件到本地即可，审计人员只要有一个接收端，电脑、手机、平板等都可以，就可以在任何时间、任何地方进行审计作业，工作的便利性大大提高。

三、基于云审计和云会计平台的信息生态系统

诞生于信息智慧文明时代的信息商务生态系统，是商业生态系统的一个环节，也是这个庞大系统的基础系统之一。本节主要探讨在大数据时代下的云审计与云会计平台的信息生态系统的组成要素与构建条件。

（一）信息生态系统的定义和形成路径

信息生态系统是指在一定信息空间中，由于信息流动而形成的人、人类组织、社区与信息环境的有机统一体。在大数据、云会计时代，信息系统不再局限于一个组织的内部，而是可以拓展为以组织和个人为双重主体，通过数据挖掘等技术筛选出来的信息为生产要素，使信息流通过生态位势的差异实现跨组织流

动，从而形成科学合理的信息生态系统。在从信息共享向信息增值和优势产生不断演化的过程中，使各信息主体不断优化、持续发展，进而促进信息生态系统的动态发展与演化。

信息驱动视角下，一方面，会计信息作为信息生态的生产要素，是连接会计领域、审计领域、内部控制领域及税务领域的核心，也是信息流动的基础；另一方面，随着社会信息化的发展，特别是大数据、云计算技术的兴起，以云会计为代表的会计领域的信息化发展一直领先于会计其他相关领域。因此，云会计的产生和发展从信息质量、信息载体和信息形式等多方面影响着审计、税务等领域的信息使用者，加快了其他领域信息化的进程，并推动了基于云会计的信息生态系统的形成。

云会计（会计信息化）、审计信息化、税务信息化和内部控制信息化构成了"多位一体"的信息生态系统，其中云会计既是系统要素，又可以作为系统环境。由于云会计的发展在现阶段领先于其他系统要素，所以在信息系统构成的初期，云会计主要作为系统环境推动审计信息化和内部控制信息化等系统要素的发展，而在基于云会计的信息生态系统发展至成熟阶段，各要素的发展程度较为统一且达到较高的发展水平，此时云会计更多的是作为系统的构成要素，与其他要素相辅相成，共同促进信息生态系统的均衡发展和持续演化。

（二）基于云会计与云审计的信息生态系统构建

大数据时代，组织和个体对于数据的需求由单一的结构化数据向半结构化数据、非结构化数据和结构化数据共同构成的多元化数据集转变，将数据资产转变为对组织或个体有用的信息资产显得越来越重要。云会计、云审计的出现为企业的数据获取与分析提供了基础，以云会计和云审计平台为基础构建审计领域、内部控制领域和税务领域"多位一体"的信息生态系统，更能适应大数据时代的发展，实现系统的均衡优势。其中，平台的构建条件包括以下方面：

1.大数据相关的法律法规完善。我国与大数据相关的法律法规还并不完善，可能会产生数据滥用与数据安全等多种风险，如果想要大数据在信息生态系统中得到更广阔的发展与安全应用，制定一套合适的法律法规是必要的基础保证。

2.大数据信息标准化。会计信息化的发展一直伴随着对信息标准化的讨论。

信息生态系统的建立和运行需要从技术层面上对既有会计信息标准不断改进完善，并在企业和第三方机构等各类信息主体中深入推行。

3.大数据为理念的文化建设。信息生态系统的建立需要系统内各主体对大数据的充分了解与认识，形成良性的文化环境才能充分发挥信息主体的主观性学习能力，在重复博弈中利用历史数据的相关性不断自我更新，从而为生态环境提供新的信息，并促进博弈各方的信息优化，实现系统的均衡态发展。其中，文化建设主要包括大数据和信息化知识的普及应用和人才的培养，以及实际应用的互动分享和理论研究的深入。

4.大数据模式下的管理模式跟进。信息生态系统中的审计、会计、内部控制和税务的信息化都植根于企业或第三方等机构内部，与企业管理模式密不可分。基于信息化的管理模式适应性变革是企业或机构内信息化得以实现的前提。首先，在组织架构方面，"去中心化"带来的是"金字塔"结构向"扁平化"发展的变革；其次，在业务层面，信息化可以使决策更加高效，实现对决策流程和业务流程的优化，从而提高管理效率；最后，向战略导向的管理模式转变，从上层建筑完成对企业的信息化改造。

（三）基于云会计和云审计的信息生态系统的构成要素

构成信息生态系统的要素包括信息主体、信息和信息环境。基于云会计的信息生态系统的信息主体包括个体主体和组织主体。个体主体主要指参与信息生态系统的个人，例如，会计人员和审计人员等。组织主体指系统构成要素的主要参与组织，包括企业、会计师事务所和政府相关部门等。信息主要以会计信息为核心，审计信息、内部控制信息和税务信息等均是以会计信息为基础产生的衍生信息，系统内部的信息流动也主要是指会计信息和会计衍生信息的流动。信息环境包括信息的内部环境和外部环境，内部环境主要指组织主体内部的管理环境、企业文化环境等；外部环境指技术环境、政策环境等宏观环境。

1.信息主体

信息主体是指在信息生态系统中因为信息需求而参与到信息流动中的组织、机构或个人，可以详细分为信息的生产者、消费者和分解者。按照长尾理论，趋于个性化的需求是无穷的，然而传统的信息主体数据来源狭隘，多以结构化的数据为主，难以满足和定位个体用户的差异化需求和潜在需求。大数据、云计算技术的快速发展，云供应商可以在云端获取大量数据，也包括非结构化和半结构化的数据，使其对用户定位更加精准，并能够推出低成本的按需订制服务，使市场细分更加精确，充分发掘用户的个性化需求甚至潜在需求。云端数据的另一个特点是实时动态，云供应商可以针对用户需求的变化及时地做出调整，实现服务的可拓展性和用户数据的实时更新，通过对用户实时需求追踪达到对信息主体需求的动态掌控。

2.信息

基于云会计的信息生态系统中的信息主要以会计信息为主，信息资源主要来自信息主体和内外部环境产生的结构化、半结构化和非结构化的数据，不再局限于传统的数据库内结构化数据，还包括邮件、报表、音频和视频等半结构化、非结构化数据，包括企业内管理活动产生的各种信息、市场监管部门等相关机构出台的政策法规，以及事务所产生的各类报告等。通过云会计平台等基础设施对数据进行清洗和提取，借助大数据处理技术和方法，如Hadoop、Drilland Rapid Miner等，实现对获取数据的规范化处理，并通过多维数据分析与数据挖掘技术等提取组织所需的各类信息。

3.信息环境

信息生态系统包括内部环境和外部环境，系统不同的组织内还有各自的子循环环境，多样化的信息环境构成了信息系统的复杂性和动态化。信息技术对系统环境构成起到支撑作用，云计算、大数据技术的发展与应用，带来了云会计的产生和会计信息质量、形式等多方面的变化，为各领域的信息共享和集成提供了可能。同时，环境与信息主体之间产生的相互作用，也推动着信息生态的发展和演化，例如，管理模式和信息系统的变革引起的信息系统审计的建立，企业内部控制审计报告的强制披露政策又推动内部控制信息化的发展等。外部环境的变化，例如，"互联网+"等概念的提出在对信息生态固有的系统产生碰撞的基础上，也推动信息生态系统的信息主体不断完善和适应性发展。系统内组织间可以通过不断地重复博弈，包括与环境的，也包括和其他主体的，吸收前沿信息，巩固加强自身的生态位势，通过主体间的协同创新，获取收益增量的乘法累积。

第四节　大数据时代下的事业单位内部控制管理

一、大数据时代下事业单位财务内部控制的必要性

（一）财务人员素质方面的要求

大数据技术的应用对人才提出了新的更高的要求。大数据时代背景下的事业单位内部控制工作不仅需要具备丰富经验的管理型人才，还要有掌握现代化信息技术和财务管理知识的专业人才。只有这样，才能满足大数据技术背景下事业单位内部控制工作对人才的需求，有效地提升工作的效率和质量。

（二）财务信息数据安全性方面的要求

目前，以大数据技术为代表的现代互联网信息技术，在事业单位财务内部控制领域实现了广泛应用，先进的技术为相关工作带来了便利，但同时也产生了一些负面影响，尤其是在信息安全领域的负面影响不容小觑。无论是木马病毒还是黑客攻击，都会对事业单位财务内部控制信息造成严重威胁。因此，事业单位必须加强信息数据安全管理，及时找出信息传输和应用过程中可能存在的安全隐患。

（三）财务信息数据传递途径的要求

大数据时代背景下，企业为适应财务管理的新要求，正在积极购置管理软件并搭建信息平台，但事业单位很少具备科学完善的财务内控软件和系统。网络信息化时代背景下，事业单位的职能不断变化，其工作内容和形式也日益综合化与复杂化，对财务信息处理和分析提出了新的更高的要求。因此，只有引入与之相匹配的财务软件或系统才能有效地保证信息的传递和应用，并为单位的决策与日常管理提供依据。

二、大数据时代下事业单位财务内控管理工作的现实意义

（一）与事业单位财务管理改革目标相契合

随着社会的发展和进步，事业单位不仅要开展财务内控管理，还必须注重管理手段和模式创新。大数据技术为网络信息时代背景下事业单位财务内部控制工作提供了方法和技术支撑，不仅可以实现对各种复杂信息的分析、处理和应用，还可以有效改变传统的财务内控管理模式，促使事业单位的财务内控管理满足改革的实际需求。

（二）更好地反馈事业单位的财务信息

在现代社会背景下，事业单位的职能不断拓展和延伸。事业单位必须对基础信息数据进行分析研究，以便做出正确的决策。因此，事业单位需要充分借助大数据技术，实现对信息数据的收集、汇总、统计、传递和反馈，为事业单位未来的发展提供决策依据。其有利于事业单位的相关人员及时发现财务风险，并将负面影响降到最低。

（三）实现事业单位各部门间的财务信息共享

在大数据时代背景下，事业单位要进行财务内控管理工作创新，单位内部各部门之间就必须实现财务信息共享。要实现财务信息共享，应针对财务管理中的问题进行有针对性的沟通和交流，财务部门要通过财务信息共享及时准确地了解业务部门的运营管理情况，业务部门也可以通过财务信息共享为本部门的日常工作提供决策依据和信息支持。其有助于提升财务内控管理效率，促进对事业单位资源的优化配置。

三、大数据时代下事业单位财务内控工作中存在的问题

（一）对大数据背景下财务内控工作的重要性认识不足

在大数据时代背景下，事业单位的财务内部控制工作面临着新的问题，也提出了诸多新的要求。然而当前大部分事业单位都尚未认识到财务内部控制的重要

性。具体来看，主要表现在如下方面：

1.对财务内部控制工作的重视程度不足

部分事业单位管理者认为财务内部控制只是对企业的要求，没有必要在事业单位进行财务内部控制建设，导致事业单位的财务内部控制工作内容并未发生根本性变化，缺乏推进事业单位财务内部控制工作的积极性和主动性。受上述错误思想的影响，事业单位内部控制工作进展缓慢，未发挥出财务内部控制的价值和作用。此外，受专业教育培训的影响，事业单位财务管理人员对内部控制工作具有较强的责任心和较高的敏感度，也认识到了信息化时代背景下推行内部控制制度建设的重要性，然而其他部门人员仍然认为内部控制工作与自身关联不大，存在抵触心理，导致内部控制工作执行难。

2.对财务内部控制工作的宣传力度不足

部分事业单位由于相关教育和宣传力度不足，工作人员对财务内部控制缺乏深入的了解和认知，在具体工作层面上缺乏有效的协调与配合，导致财务内部控制制度建设进展缓慢，难以满足当前财务内部控制工作的实际需要。

（二）财务内部控制机制缺乏规范性

目前，事业单位财务内部控制机制的规范性建设存在以下问题：

1.相关工作权责不清

由于缺乏重视和教育培训，部分人员在财务内部控制工作中的职责划分不明确，尤其是管理系统和软件中未设置操作权限，一旦工作中出现信息丢失或泄露，难以精准定位到具体责任人，导致财务内部控制信息管理存在风险。

2.财务内控内容单一

当前大部分事业单位仍然将资金流转作为财务内部控制管理的重点，管理系统往往只能体现出流转的具体内容，而没有对其他领域的事项进行记录和反馈。导致财务内控内容单一，难以在风险控制和防范方面发挥作用。

3.财务内控人员的综合素质不高

事业单位财务内部控制人员的综合素质有待提升，风险管理意识薄弱。具体来看，财务人员大多为会计专业出身，对网络信息技术和大数据技术等现代信息技术的掌握不熟练，难以在工作中充分利用上述技术对财务数据进行科学、有效的分析，影响了财务报告的科学性和准确性，不利于财务内控工作的长期开展和管理目标的实现。

（三）财务信息化发展水平落后导致信息共享难度大

目前，事业单位部门之间在信息化建设方面缺乏统筹管理，信息壁垒问题突出，尤其是财务与业务两个模块之间的数据难以得到有效的整合与衔接。

（四）对财务内部控制工作的监督力度不够

1.单位财务内部控制反馈程序不通畅

在网络信息技术迅速发展的时代背景下，部分事业单位未能充分利用互联网技术进行内部控制监督，未建立起科学有效的反馈机制，导致重要信息难以在单位内部有效传达，未充分发挥出内部控制在风险控制和防范方面的价值与作用。

2.内部审计力度不够

当前的事业单位财务内部控制工作与之前相比发生了明显的变化，但事业单位未进行及时的调整和改进，难以通过审计发现工作中的问题。即使审计人员在工作中发现问题和风险，并按照要求及时反馈给上级部门，但由于管理层级较多，难以在第一时间对其进行改进和纠正。此外，审计人员在工作中缺乏独立性，工作会受到诸多外部因素的影响和干扰，不利于内部控制工作的顺利开展。

四、大数据时代下事业单位财务内控建设的对策

（一）提高对大数据背景下财务内控工作的重视程度

大数据时代背景下，事业单位必须将大数据技术充分应用到具体工作中，积极、稳妥地推进内部控制体系建设。

1.以大数据思维提升财务管理理念

随着时代的发展和进步，管理方法日益呈现出科学化和多样化的特征，为事业单位财务人员做好日常工作提供了更多的选择。财务人员必须转变传统的管理理念，通过引入大数据思维提升财务管理理念，摒弃传统的工作模式和思维。首先，财务人员应积极参与教育和培训，不断地提升自身的技术能力和水平；其次，在日常工作中必须拥有先进的技术，能够通过财务与管理的深度融合全面落

实大数据技术和思维在内部控制工作领域的具体应用。与此同时，做好各部门之间的组织协调工作，使其形成统一的认知，在财务内部控制工作领域实施动态管理，提高管理的准确性和高效性。

2. 提高领导层对内控工作的重视程度，建立合理的内控制度并贯彻执行

事业单位的领导层必须深化自身对内部控制工作重要性的认知，对大数据技术与内部控制工作进行深度的融合，制定与单位情况相匹配的内部控制机制。

3. 加强宣传力度

事业单位必须加大教育宣传力度，运用传统媒体或网络加强对财务管理工作的宣传，使相关工作人员熟练掌握内部控制流程，确保各部门的内部控制工作实现密切配合。

（二）优化和完善财务内部控制机制

1. 建立健全财务内部控制岗位责任制

大数据时代下，业务运营和管理过程中会产生海量数据，数据的安全性成为财务内部控制管理工作的重点。因此，事业单位必须强化制度建设，明确工作原则和岗位职责，为各岗位人员赋予不同的权限，一旦发生信息泄露和丢失，便可迅速调查并落实相关责任人的责任，通过责任分工和责任追究实现对风险的有效防范。

2. 完善财务内部控制内容

大数据背景下，事业单位在财务内部控制工作中不仅要做好资金流转记录，还要进一步完善管理控制，使管理控制能够渗透到管理的全部流程和领域中，将资金申请、审批、执行及固定资产控制等相关内容及时反馈给单位管理者，实现内部控制领域信息的有效传输和交互，不仅可以使单位的决策者获得准确的信息，也有助于对风险的有效控制和防范。

3. 加强财务内部控制人才队伍建设

在大数据时代背景下，财务内部控制对人才队伍建设提出了更高的要求，这就需要事业单位进一步强化人才队伍建设，为大数据时代背景下财务内部控制工作的顺利开展提供人力资源支持。

首先，做好相关人员的业务培训工作。目前，事业单位的财务人员大多为会计专业出身，对内部控制和现代信息技术的了解及应用有限。针对这一情况，事

业单位必须制订科学、有效的培训计划，积极开展大数据分析能力训练，提高财务人员的信息技术和大数据技术应用能力。与此同时，通过开展培训提高财务人员的业务水平和职业素养，使其成为适应大数据时代背景下事业单位财务内部控制工作的复合型人才。

其次，将"走出去"与"请进来"并行，以提升培训效果。事业单位可以组织相关人员进入内部控制工作先进单位进行参观学习，还可以聘请专家学者到单位开展专题培训活动，通过"走出去"与"请进来"的结合提升财务人员的职业素养和工作能力。

最后，加强事业单位内控人员的作风建设。强化对内控人员的内部和外部监督，减少工作过程中的徇私舞弊和贪污受贿行为，保持人员队伍的廉洁性和自律性。

（三）构建信息数据共享平台以创新财务内部控制的方法

在事业单位管理改革深入推进的背景下，下属各部门之间实现数据信息共享既是必然要求，也是大势所趋。因此，事业单位必须积极推进数据信息共享平台的建设，实现各部门数据的有效整合，为工作方法和内容的创新和改进提供支持。例如，事业单位可以通过固定资产数据共享使每月固定资产折旧和报废处理自动生成凭证，以提升管理效率和水平，减少管理成本投入，促进数据共享和工作效率的提升。

（四）加大财务内部控制监督力度

大数据时代背景下，事业单位必须强化对财务内部控制的监督，通过科学、有效的监督落实各项工作。

1.优化财务内部控制反馈程序

强化与监督部门的沟通和交流，提高内控监督工作的合理性与有效性。同时，引入网络信息技术，通过技术支撑提升效率，及时发现问题，实现对风险的有效控制和防范。

2.完善内部审计监督，保证内审独立性

要充分发挥内部审计监督的作用和价值，保证内部审计的独立性至关重要。因此，事业单位必须进一步强化内部审计监督机制建设，保障相关工作的独立性和权威性。在审计监督过程中，要针对不同情况选用科学、有效的处理方式，以便于通过监督，第一时间遏制可能存在的风险。此外，构建并完善事业单位财务内部控制的监督和评价机制，配备专门的人员负责，以保证监督工作的顺利开展并发挥作用。

3.构建事业单位内部财务风险预警系统

大数据时代背景下，事业单位内部控制监督必须充分利用大数据技术，搭建专门的大数据信息平台，建立内部财务风险预警系统，尽量避免可能出现的风险和损失。与此同时，要构建财务工作人员绩效评价机制，以提高其工作的积极性和主动性。

综上所述，大数据技术的广泛应用给事业单位的财务内部控制工作带来了深刻的影响，其工作内容和形式发生了巨大的变化。大数据技术的应用可以有效地提升事业单位财务内部控制的工作能力和水平，促进事业单位的良好发展，提高事业单位的服务能力，为社会的发展做出更大的贡献。因此，事业单位在开展财务内部控制工作的过程中必须注重对大数据技术的应用，将大数据技术与财务内部控制工作进行深度结合，积极做好以大数据技术为基础的财务内部控制体系建设，加大制度建设和监督力度，保证财务内部控制工作顺利开展。

参考文献

[1]吴灵辉.财务管理[M].北京：电子工业出版社，2023.

[2]贾丽.财务共享及智能财务理论与发展研究[M].北京：中国商业出版社，2023.

[3]谢春林.数字化时代企业财务管理探究[M].长春：吉林文史出版社，2023.

[4]关兴鹏，李娜，周晶石.新经济时代财务管理与创新发展[M].北京：中国商务出版社，2023.

[5]安玉琴，孙秀杰，宋丽萍.财务管理模式与会计审计工作实践[M].北京：中国纺织出版社，2023.

[6]周崇沂，蒋德启.数字化时代的财务数据价值挖掘[M].北京：机械工业出版社，2023.

[7]代冰莹，雷舒靓，樊姣姣.财务会计在企业中的应用研究[M].北京：中国商务出版社，2023.

[8]鲍凯.数字化财务：技术赋能财务共享业财融合转型实践[M].北京：中国经济出版社，2023.

[9]崔肖，李晶.企业财务风险防范实操[M].北京：中国铁道出版社，2023.

[10]蔡智慧，绳朋云，施全艳.现代会计学与财务管理的创新研究[M].北京：中国商务出版社，2023.

[11]邹丰华.财务管理研究与内部控制管理[M].长春：吉林文史出版社，2023.

[12]常维华，潘慧敏，于秋梅.行政事业单位内部控制与资产管理研究[M].延吉：延边大学出版社，2023.

[13]王天，贾海俊，李林.内部控制与内部审计[M].北京：中国商务出版社，2023.

[14]张长胜.企业内部控制[M].上海：立信会计出版社，2023.

[15]邹德军.企业内部控制[M].北京：中国财政经济出版社，2023.

[16]王凌智，张颖萍.内部控制与风险管理[M].天津：天津大学出版社，2023.

[17]李天国.企业内部控制与风险管理[M].北京：中国铁道出版社，2023.

[18]冉湖.企业内部控制与风险管理实战[M].北京：原子能出版社，2023.

[19]张远录.中小企业内部控制与风险管理[M].沈阳：东北财经大学出版社，2023.

[20]冯春阳，张舒，虎倩.企业内部控制[M].武汉：华中科技大学出版社，2022.

[21]盛立军，宣胜瑾.企业内部控制实务[M].北京：北京理工大学出版社，2022.

[22]王剑华.企业管理创新与内部控制[M].长春：吉林科学技术出版社，2022.

[23]石彬.高校财务内部控制的问题与对策研究[M].延吉：延边大学出版社，2022.

[24]荣凤云，周才荣，杨远富.农业科研院所内部控制体系建设研究与实践[M].上海：上海财经大学出版社，2022.

[25]王亚.内部控制视角下农业企业财务风险识别及控制研究[M].哈尔滨：哈尔滨出版社，2022.

[26]李宝琰.财务管理与内部控制[M].北京：经济日报出版社，2022.

[27]王国生.企业内部控制[M].北京：首都经济贸易大学出版社，2022.

[28]陈晗.企业内部控制问题研究[M].兰州：甘肃文化出版社，2022.

[29]宋建波.内部控制与风险管理第3版[M].北京：中国人民大学出版社，2022.

[30]仇立文.内部控制审计功能与质量[M].北京：中国经济出版社，2022.

[31]郑凌洁，冯玉清，刘鸣.企业财务管理与共享模式的内部控制[M].北京：中国石化出版社，2022.

[32]章艳.现代企业财务管理与内部控制研究[M].长春：吉林出版集团股份有限公司，2022.

[33]王海林.企业内部控制缺陷扩散与防扩散[M].北京：经济科学出版社，2022.

[34]张櫋木，孙壮，魏琳.财务会计与内部控制管理应用[M].咸阳：西北农林科技大学出版社，2022.

[35]徐礼礼，谢富生，胡煜中.基于大数据的、内部控制[M].上海：立信会计出版社，2021.

[36]李敏.企业内部控制规范[M].上海：上海财经大学出版社，2021.

[37]王同孝，王以涛.高等学校内部控制理论与实务[M].应急管理出版社，2021.

[38]孙娜，江钰媛，孙绍荣.内部控制与质量监管制度研究[M].北京：中国经济出版社，2021.

[39]常青，王坤，檀江云.智能化财务管理与内部控制[M].长春：吉林人民出版社，2021.

[40]章国标.企业内部控制[M].杭州：浙江大学出版社，2021.

[41]程新生.企业内部控制[M].北京：高等教育出版社，2021.

[42]王廷章.企业内部控制[M].北京：科学出版社，2021.

[43]李璐，李婉，陶成志.现代企业内部控制[M].长沙：中南大学出版社，2021.

[44]丁丽.高等学校内部控制实务[M].北京：经济科学出版社，2021.

[45]杨晶晶，吕铭.企业内部控制与风险管理[M].合肥：中国科学技术大学出版社，2021.

[46]张远录.企业内部控制与制度设计[M].北京：中国人民大学出版社，2021.

[47]韩利燕，江丽红.事业单位财务管理与内部控制[M].长春：吉林出版集团股份有限公司，2021.